◆ 职业教育教学改革丛书：改革·创新·发展

丛书主编　刘子林　甘金明

工程机械产业与职业教育国际化融合发展研究
（俄罗斯与中亚五国）

刘子林　韦林华　吴　星　邓益民　编著

北京理工大学出版社
BEIJING INSTITUTE OF TECHNOLOGY PRESS

版权专有　侵权必究

图书在版编目（CIP）数据

工程机械产业与职业教育国际化融合发展研究. 俄罗斯与中亚五国 / 刘子林等编著. -- 北京：北京理工大学出版社，2023.11

ISBN 978-7-5763-3134-9

Ⅰ. ①工… Ⅱ. ①刘… Ⅲ. ①工程机械－机械工业－关系－职业教育－国际化－产业融合－研究－俄罗斯、中亚 Ⅳ. ①G719.1②TH2

中国国家版本馆 CIP 数据核字（2023）第 219207 号

责任编辑：徐艳君	文案编辑：徐艳君
责任校对：周瑞红	责任印制：李志强

出版发行 ／ 北京理工大学出版社有限责任公司
社　　址 ／ 北京市丰台区四合庄路 6 号
邮　　编 ／ 100070
电　　话 ／ （010）68914026（教材售后服务热线）
　　　　　　（010）63726648（课件资源服务热线）
网　　址 ／ http：//www.bitpress.com.cn

版 印 次 ／ 2023 年 11 月第 1 版第 1 次印刷
印　　刷 ／ 廊坊市印艺阁数字科技有限公司
开　　本 ／ 710 mm×1000 mm　1/16
印　　张 ／ 19.5
字　　数 ／ 288 千字
定　　价 ／ 98.00 元

图书出现印装质量问题，请拨打售后服务热线，负责调换

编委会

主　　任　刘子林

副 主 任　韦　林　韦林华　М. Ю. Щербатая（М. Ю. 谢尔巴塔雅）

编　　委　刘子林　韦　林　М. Ю. Щербатая（М. Ю. 谢尔巴塔雅）

　　　　　　韦林华　吴　星　邓益民　陈立创　吴兆辉　冯美英

　　　　　　李　贝　李光辉　冯春林　韦茂志　徐源俊　洪　悦

　　　　　　王新志　陈　栋　张金烨子

前　言

　　产教融合是培养建设现代化产业体系、打造产业核心竞争力、提升发展新动能、构建新发展格局所需的高质素创新人才和技术技能人才的核心机制。党的十八大以来，产教融合逐渐上升为国家战略，成为国家教育改革、产教资源配置、人力资源开发的整体制度安排。同时，扩大高水平对外开放，要求对我国"引进来"和"走出去"相结合的新时期教育对外开放路线图进行顶层设计，以助力我国吸收国际先进办学经验，实现产教融合的飞跃发展。

　　从国外视角来看，我国自提出"一带一路"倡议以来，多次提出要建多层次人文和合作机制，搭建平台，开辟渠道，推动教育合作，扩大互派留学生规模，提升合作办学水平。教育交流作为推动国与国之间人文交流的重要组成部分，也是推动"一带一路"建设与发展的重要组成力量。我国已推出了一系列政策文件，着力推动共建国家的教育合作，希望通过加强教育互联互通、人才培养培训等工作，对接各国的发展需求，倡议共建国家共同行动，实现合作共赢。通过开展更大范围、更高水平更深层次的教育国际合作，培养一大批共建"一带一路"的急需人才，努力形成"携手同行、顶层设计、政策倾斜、重点突破"的"一带一路"教育行动国际合作新局面。在这一背景下，积极探索多样化和有效的合作办学模式，开展以产教融合为核心的国际合作，培养与"一带一路"建设相适应的具有国际视野和国际标准的人才，对优化"一带一路"教育布局，服务"一带一路"产能合作，支持中国企业"走出去"，推动"一带一路"建设具有重大意义。

　　从国内视角来看，我国要构建以国内大循环为主体、国内国际双循环的新发展格局，力求通过刺激国内需求，特别是刺激经济发展对高新技术和创新的需求，构建从扩大内需转向构建完整需求体系的经济循环系统，从而推动国内经济从高速发展向高质量发展转变。在构建新发展格局的背景下，技能人才的专业化培养和知识的创新生产融入价值链、供应链的各个环节是未来经济社会发展的主要方向。我国在"十四五"规划中明确提出，要以产教融合为依托，大力培养技术技能人才，这是我国教育改革发展的重大战略任务。

当前产教融合在国内已经具备了成熟的理念和成功的范式，正成为职业技术院校内涵发展和可持续发展的动力，促进了教育、人才、产业、创新的有效融合。在新发展格局下，继续深化产教融合，以更宏观的产业发展视野，扎根社会经济发展一线，加强产教实质性合作，重构知识和人才供应链结构，激发产教融合的内生动力并拓展职业教育的成长空间，既是促进经济社会发展、平衡和适应"双循环"系统的战略任务，也是"双循环"格局下提高职业教育的关键。创新产教融合模式，将国内产教融合模式拓展到国际市场，融入国际化产业发展生态，提高我国对外开放水平，加快构建新发展格局，对实现我国产业转型升级、服务"一带一路"产能合作、为中国出海企业提供人才支持以及职业教育国际化发展都具有重要意义。

俄罗斯与中亚五国（哈萨克斯坦、乌兹别克斯坦、吉尔吉斯斯坦、土库曼斯坦、塔吉克斯坦）在地理上相邻、经济上互补，共同的苏联历史使各国关系剪不断理还乱。近年来，随着"一带一路"倡议的深入推进，这些国家在基础设施建设、能源开发等领域取得了显著成果，对工程机械产业发展产生了不断增长的促进作用。在此背景下，研究这些国家工程机械产业与职业教育融合发展的情况，有利于我国工程机械产业和职业教育融合发展，携手开拓原苏联加盟共和国市场，落实好"一带一路"倡议，以更大的国际市场空间更好地促进新质生产力发展。

目 录

第一章 工程机械产业与职业教育产教融合的国际化生态   1

   一、工程机械产业：一种国际化产业生态   1

      （一）工程机械产业的定义和产业链   1

      （二）我国工程机械的发展现状   7

   二、职业教育的归属和目标：融入国际化产业生态   11

      （一）我国职业教育的发展现状   11

      （二）职业教育融入国际化产业生态   15

   三、产教融合模式创新：苏联遗产的价值和继承   19

      （一）苏联产教融合模式的遗产   19

      （二）苏联产教融合模式的继承与创新   22

第二章 俄罗斯工程机械产业生态和校企合作发展   24

   一、俄罗斯社会经济发展概况   24

      （一）人口、城市化与基础设施   24

      （二）宏观经济：GDP 和通货膨胀率   31

      （三）产业结构   35

      （四）对外开放   37

   二、俄罗斯工程机械市场分析   39

      （一）国际制裁前后的俄罗斯工程机械市场   39

三、俄罗斯机械租赁市场供求概况 46
  （一）俄罗斯市场的代表性工程机械制造商 50
  （二）俄罗斯工程机械市场供应链概况 63
四、俄罗斯职业教育发展与校企合作 75
  （一）俄罗斯中等职业教育概况 77
  （二）俄罗斯中等职业教育发展与双元制教育引入 85
  （三）俄罗斯政府支持职业教育的政策举措 90

第三章 哈萨克斯坦工程机械产业生态与校企合作发展 99
一、哈萨克斯坦社会经济发展概况 100
  （一）人口、城市化与基础设施 100
  （二）宏观经济：GDP 和通货膨胀 105
  （三）产业结构 108
  （四）对外开放 114
二、哈萨克斯坦工程机械市场分析 118
  （一）哈萨克斯坦工程机械市场供求分析 119
  （二）哈萨克斯坦工程机械市场制造商和产品类别分析 124
  （三）哈萨克斯坦工程机械本土制造商情况和进口情况 130
  （四）哈萨克斯坦工程机械市场经销商网络 135
三、哈萨克斯坦职业教育发展与校企合作 143
  （一）哈萨克斯坦教育概况 143
  （二）哈萨克斯坦劳动力市场供求分析 145
  （三）职业教育政策和代表性教育机构 150

第四章 乌兹别克斯坦工程机械产业生态与校企合作发展 167
一、乌兹别克斯坦社会经济发展概况 167
  （一）人口、城市化与基础设施 167
  （二）宏观经济：GDP 和通货膨胀 172

（三）产业结构　　174
　　（四）对外开放　　177
二、乌兹别克斯坦工程机械市场分析　　183
　　（一）乌兹别克斯坦工程机械市场的供需情况　　185
　　（二）乌兹别克斯坦本土机械制造业发展情况　　186
　　（三）乌兹别克斯坦国际工程机械品牌市场情况　　188
　　（四）乌兹别克斯坦工程机械市场的供应链情况　　191
三、乌兹别克斯坦职业教育发展与校企合作　　196
　　（一）乌兹别克斯坦职业教育发展概况　　196
　　（二）乌兹别克斯坦职业教育的改革与发展：现实问题与发展趋势　　199
　　（三）企业与教育机构的合作：问题及其解决措施　　201
　　（四）工程机械产业人力资源的供需情况　　202

第五章　吉尔吉斯斯坦工程机械产业生态与校企合作发展　　205
一、吉尔吉斯斯坦社会经济发展概况　　205
　　（一）人口、城市化与基础设施　　206
　　（二）宏观经济：GDP 和通货膨胀　　208
　　（三）产业结构　　211
　　（四）对外开放　　213
二、吉尔吉斯斯坦工程机械市场分析　　219
　　（一）吉尔吉斯斯坦工程机械市场的供需情况　　219
　　（二）吉尔吉斯斯坦工程机械供应链　　221
　　（三）吉尔吉斯斯坦的中国工程机械品牌　　223
三、吉尔吉斯斯坦职业教育发展与校企合作　　224
　　（一）吉尔吉斯斯坦职业教育概况　　224
　　（二）吉尔吉斯斯坦劳动力市场供求分析　　227
　　（三）吉尔吉斯斯坦的校企合作概况　　229

第六章　土库曼斯坦工程机械产业生态与校企合作发展　232
一、土库曼斯坦社会经济发展概况　232
（一）人口、城市化与基础设施　233
（二）宏观经济：GDP 和通货膨胀　237
（三）产业结构　240
（四）对外开放　243
二、土库曼斯坦工程机械市场分析　246
（一）土库曼斯坦工程机械市场的需求　247
（二）土库曼斯坦工程机械的市场供给　248
（三）土库曼斯坦工程机械的市场供应链　251
三、土库曼斯坦职业教育发展与校企合作　253
（一）土库曼斯坦职业教育概况　254
（二）土库曼斯坦劳动力市场供求分析　258
（三）土库曼斯坦的校企合作概况　259

第七章　塔吉克斯坦工程机械产业生态与校企合作发展　263
一、塔吉克斯坦社会经济发展概况　264
（一）人口、城市化与基础设施　264
（二）宏观经济：GDP 和通货膨胀　269
（三）产业结构　272
（四）对外开放　277
二、塔吉克斯坦工程机械市场分析　280
（一）塔吉克斯坦工程机械市场供需影响因素　281
（二）塔吉克斯坦工程机械本土制造商　283
（三）塔吉克斯坦工程机械供应链分析　284
（四）塔吉克斯坦的中国工程机械品牌　286
三、塔吉克斯坦职业教育发展与校企合作　289

（一）塔吉克斯坦职业教育体系概况　289
（二）塔吉克斯坦劳动力市场分析　292
（三）塔吉克斯坦职业教育改革实践　294

结语　298

第一章
工程机械产业与职业教育产教融合的国际化生态

一、工程机械产业：一种国际化产业生态

（一）工程机械产业的定义和产业链

1. 工程机械产业的定义

工程机械产业是经济社会发展的重要支柱产业之一，工程机械作为装备工业的重要组成部分，是用于国民基础建设工程的施工设备的总称。工程机械用于道路建设、国防、水利、电力、交通运输、能源工业等事关人民生活的各方面。通俗来讲，工程机械即土石方施工工程、路面建设与养护、流动式起重装卸作业和各种建筑工程所需的综合性机械化施工工程所必需的机械装备。工程机械产业产品属于资本、劳动、技术密集型产业，目前已为各行各业提供了约20大类、109组、450种机型、1090个系列、上万个型号的产品。我国工程机械品类齐全，系列化、成套化优势突出，为国家经济建设提供了装备保障。

按主要用途分类，工程机械可大致分为9个大类，见表1-1。

表1-1 工程机械类别

主要大类	细分品种
1. 挖掘机械	单斗、多斗、流动、铣切挖掘机
2. 铲土运输机械	推土机、装载机、平地机、自卸机
3. 起重机械	塔式、自行式、桅杆、抓斗起重机

续表

主要大类	细分品种
4. 压实机械	轮胎、光面、单足式压路机，夯实机
5. 桩工机械	旋挖钻机、工程钻机、打桩机、压桩机
6. 钢筋混凝机械	混凝土搅拌机、混凝土搅拌站、混凝土搅拌楼
7. 路面机械	平整机、道蹅清筛机
8. 凿岩机械	凿岩台车、风动凿岩机、内燃凿岩机和潜孔凿岩机
9. 其他工程机械	架桥机、气动工具（风动工具）等

数据来源：中国工程机械协会。

城市化是指工业化进程中人口向城市聚集、城市规模扩大以及由此引起一系列经济社会变化的过程。城市化进程包含了经济结构、社会结构和空间结构的变迁，通常由工业化、产业升级、经济或行政手段等因素驱动。

工程机械是人类工业化进程中技术积累和城市化进程中市场需求共同作用的产物，它的诞生旨在提高生产效率，解放劳动力，尤其是服务于建筑业、采矿业和相关特种行业。

工程机械的需求增长幅度与基本建设投资规模息息相关，行业的景气度也与固定资产投资的增幅保持正相关关系。一个国家的城市化进程将催生大量的基础设施建设，带动大规模的建筑业和基本建设投资的发展。随着城市人口的增长，城市对公用设施、交通设施、居民住宅和商业广场等功能性建筑的需求逐步提升，城市化为建筑业提供巨大的发展空间，必然会增加对工程机械的需求，因此，城市化对工程机械产业繁荣的巨大作用是不可否定的。

基于工程机械产业的这种发展背景，城市化带动住宅和基础设施建设发展，而建筑业的发展带来工程机械的持续性需求，因此，工程机械产业有着独特的发展属性。一方面，伴随着商业周期循环中固定资产更新投资，工程机械产业呈现明显的周期性波动，但政府的经济逆周期政策又会在一定程度上熨平周期性波动；另一方面，伴随着经济的长期发展，工程机械产业又呈现出显著的成长性，市场需求增速与经济增速正相关，但市场需求波动相对于经济波动更显著。纵观中国改革开放以来的发展历程，尽管短期的市场和政策冲击影响了工程机械产业的市场需求，但工程机械产业跨周期的长期成长性特征始终非常明显。

2. 工程机械产业的产业链

从产业链角度看，工程机械产业的产业链比较长。围绕核心生产企业，工程机械产业可以清晰地划分为上下游产业链，整个产业链包括核心生产企业、供应商（国内、国外）、进出口公司、销售代理商、租赁公司、终端用户，以及为上下游提供配套服务的运输、保险等辅助机构。从生产销售环节来看，整个产业链涵盖核心制造商零部件设备、供应商选择、管理、设备投招标、采购、付款结算、组织生产、运输、销售等多个环节。

从产业链上下游的主要行业来看，产业链上游主要是为制造工程机械提供原材料和零部件的行业、电机行业、零部件制造业等，如工程机械所用的钢材、内燃机、液压系统、轴承等；产业链中游主要是工程机械的制造企业，如挖掘机、装载机、起重机、压路机等不同类型的工程机械制造商；产业链下游主要是对工程机械有需求的行业，如基础设施建设、房地产、矿山开发、水泥建材以及其他建设等行业（见图1-1）。

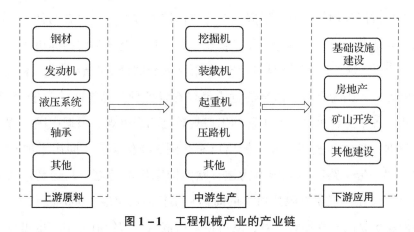

图1-1　工程机械产业的产业链

工程机械产业的供应链以工程机械生产制造商为核心，联通上游零部件和材料供应商，为下游销售代理商、终端用户提供产品，构建出一个典型的"1+N"模式的采购-制造-销售的供应链网络。从产业链上可以看到，工程机械产业具有产品多样、生产过程离散、供应链复杂的特征。

也正是工程机械产业和产业链条长、生产过程分散这一特点，造成了工程机械产业全球化生产程度较其他产业更高的特点。从产业发展的角度来看，任何产业的发展过程都要经历从单一厂商到产业集聚的过程，而随着经济全球化的浪潮，集聚在某一区域的产业集群也逐渐向着国际化的方向发展，从而将产业链从局限于某一区域向着不同国家延长，即嵌入全球价值链。产业集聚嵌入全球价值链是实现国际化发展的一个必然过程。有学者认为，产业集聚国际化发展是指产业集群通过某种形式嵌入全球价值链进行产品与服务营销、生产要素配置以及与国际组织往来，从而在国际经济发展中实现发展和升级的过程。

工程机械产业的产业链上游主要由原材料和零部件生产等企业组成，由于我国矿产资源相对缺乏，且某些精密零部件的工艺技术尚未达到国际领先水平，因此通过国际贸易的方式获取来自国外的先进零部件进行生产组装反而能降低生产成本，提高产品质量。经济全球化时代的一个重要特征就是市场全球化和产品国际化。克鲁格曼认为贸易利益的主要来源是贸易参与国可获得的产品种类增多以及单个产品生产规模的递增，递增的生产规模会导致单位产品的生产成本下降，因此，开放经济往往能使参与贸易的双方实现互利。

以工程机械为例，产业集群嵌入全球价值链的方式，主要有两种：一种是与其他国家或地区的经济主体进行业务合作；另一种是充分利用国际市场，进行商品和服务贸易。其中，商品贸易是产业集群嵌入全球价值链最简单、最直接也是最重要的方式，因为全球价值链的竞争最终都以各种产品之间的竞争表现出来。当前，我国各大工程机械产业集群的出口规模已相当可观。根据中国工程机械工业协会数据，2021年我国工程机械出口额达到340亿美元，同比增加62.78%；出口地以"一带一路"共建国家为主，欧美国家热销度也一路走高，其中三一重工（"三一重工股份有限公司"的简称）销售额已突破1 000亿元。

从商品贸易的实现形式来看，既可以直接嵌入全球价值链中，也可以通过专业市场间接嵌入全球价值链与国际市场相联系。不同的产业集群更具自身发展的不同阶段和市场情况，可以采取不同的商业贸易方式嵌入全球价值链。我国工程机械产业通过委托进出口、自营进出口、建立或收购国外生产基地和销售渠道、设立海外研发基地和产业园等方式，直接或间接嵌入全球价值链并实现了较好的发展。在间接嵌入价值链的过程中，产业集群以及周边的专业市场发挥了重要作用，集群和专业市场密不可分、相互促进。专业配套市场包括销售市场、原料市场等，在产业链上游，原料市场依靠嵌入价值链中的集群，同样获得了巨大的市场规模，从而实现了发展。

专业配套市场中的销售市场则位于产业链下游位置，除销售市场外，产业链下游还包括售后服务、维修等服务市场，特别是对于工程机械这类使用时间长、成本巨大的产品来说，售后服务在整个产业链中也有重要地位。从销售市场的角度来看，专业市场伴随着产业集聚也迈入了国际化阶段，特别是随着当前数字经济的飞速发展，数字信息技术广泛应用，加快了国内外需求信息的传递速度，缓解了产业集群中的小企业信息闭塞难题，降低了供需双方的搜寻、交流成本。

售后服务处于产业链的下游，同时也是间接嵌入全球价值链的方式之一。从更加宏观的角度来看，售后服务属于服务贸易的一种方式。在当前新一轮的全球产业调整和布局中，全球服务贸易的规模增长迅速，且服务业向着新兴市场国家转移的趋势日渐明显，这一发展趋势为发展中国家提供了重要机遇。对于工程机械产业来说，服务贸易的一部分是伴随着商品贸易进行的，如在出口大型机械的同时，提供各种土建、安装、保养等方面的劳务服务；也有一部分则是通过产业集群内的各种中介组织完成的，如金融服务机构提供的各类进出口信贷、各种汇兑服务。

工程机械产业的产业链已从局限于区域的产业集聚延长到了嵌入全球价值链中的全球化生产模式，产业链上游由世界各地的原材料供应商和零件供应商向制造商提供生产材料，制造商生产后通过产业链下游的销售商销售至全球各地，并提供一部分服务产品同步出口。

这种全球化生态的产业模式从生产要素配置的角度更加明显，生产要素的可获得性、质量、价格和运输距离等，都是促进或者制约产业发展的重要因素。工程机械产业对产业链上游的原材料和零部件的需求较高，因此非常适合实施原材料和零部件的国际化战略。通过进入自然资源比较丰富或零部件生产较发达的国家或地区，获得或控制各类原材料资源，如建立共同的采购中心、大批量地购买原材料等，使各项成本下降，最终使单位产品的生产成本下降，提高产品在价值链中的竞争力。

从生产角度来看，工程机械的生产技术与设备是其生产所必需的因素，也是影响产品质量的重要因素，生产技术更是推动产业转型升级的关键因素。对发展中国家来说，由于长期资金的缺乏以及技术研发与积累、总体技术水平的落后，自主创新能力较低，相比自主研发，更倾向于从发达国家引进技术和设备，即大众所描述的"造不如买"。但这种发展模式极易形成对发达国家的技术和设备依赖，因此，在引进设备和技术的同时，要采取引进、吸收与创新相结合的原则，使得引进的技术和设备真正能提升产品的国际竞争力，并尽快摆脱发达国家的技术垄断优势，破除技术封锁。

当下经济全球化的趋势正从产品国际化向资本国际化演变，资金和资本在各主体之间加速流动，而流动的方式也多样化。因此，资本的国际化也是产业发展过程中越来越重要的方式。资本参与国际化主要有三种方式：招商引资、境外融资和境外投资。对发展中国家而言，招商引资是最常见的方式，如我国各地的产业园、开发区等，通过给予外商投资各种优惠政策，解决产业发展初期的资金问题，同时也能够引进国外的先进技术和设备。境外融资则是通过股票上市和发行债券融资等方式解决资金问题。境外投资相对于前两种方式要求更高，它是一个国家或地区经济发展到一定阶段的必然结果。当境外的市场、资源与本地的产业所在区域存在互补关系或对嵌入价值链能起到支持作用时，特别是当积累了一定的资金、技术、人才与国际商业投资经验后，产业内的某些企业或整个产业共同"走出去"投资，在国外形成一个新的生产基地或产业集群，形成既能利用东道国的资源优势，又能绕开各种贸易壁垒的方式。目前，我国工程机械产业积极实施"走出去"战略，在海外建立生产基地，提升整个产业的竞争力，向高端价值链攀升。例如，2021年，徐工（"徐工集团工程机械股份有限公司"的简称）出资9 900万美元建立徐工美国公司及其子公司，承担徐工国际化主战略在北美的施行和落地。徐工形成了出口交易、海外绿地建厂、跨国并购和全球研发"四位一体"的国际化展开形式。

当前我国人口进入老龄化的步伐加快，自加入世界贸易组织以来的人口红利正逐渐消失，而工程机械产业对劳动力较大的需求和当前我国人力成本逐渐上升的矛盾正逐渐加深。因此，我国工程机械产业加快实施"走出去"的投资战略，通过在发展中国家投资建厂，利用发展中国家廉价的人力资源优势，以降低生产过程中的人力成本。而国内企业则通过数字化转型升级和自主创新的方式升级生产模式和产品，以增强在全球价值链中的竞争优势，进而形成向价值链上端攀升的动力。

采取产业转移的方式，将成熟的低端产业通过直接投资的方式转移到其他发展中区域。产业转移包含了行业的产业转移、区域产业转移和国际产业转移。产业转移的意义在于，可以调整行业、区域和国家的经济结构，优化经济关系。输入的一方，可通过吸收引进自身发展所急需的产业，加速技术进步、产业和区域之间的协调发展，如我国在经济发展初期，引进国外先进企业，以市场换取技术，通过吸收和改良国外先进技术，实现我国工业生产质和量的飞跃；输出的一方，则可通过向外输出其富余、落后的产能，获取利润的同时，为新产能腾出发展所需的空间。

通过转移低端产品的生产对国内产业进行升级的方式在一定程度上具有一定的优势，但相应地带来新的问题，即东道国的劳动力技能水平能否与投资国所需的技术相匹配。一旦东道国的劳动力水平过低或与生产所需的技能不符，那么企业非但不能降低生产过程中的人力成本，反而需要对劳动者进行技能培训，造成企业的成本依然高居不下。对品种复杂、预期使用期限长的工程机械来说，后续的维修保养等服务依然十分重要，因此除了对生产工人进行培训，还需要培训一批售后服务人员，既能快速地解决售后需求，同时又降低了外派人员进行维修保养所需要的费用。

综上所述，在当下经济全球化的大潮中，机械工程产业的全球化生态已逐步建立，从产业链的上游原材料、零件供应，到下游的销售和应用，乃至产业链中间的生产制造，都可通过商品贸易的方式由境外的产业集群分别完成。而这种全球化的生产制造生态不仅需要实体商品贸易的发展，也需要服务贸易做好配套，从而完成整个产业链的迭代升级。

（二）我国工程机械的发展现状

我国的工程机械产业在国家政策的支持指导下，伴随国民经济快速发展，特别是随着我国城市化的快速发展，在各类基础设施建设以及房地产业投资不断刺激下，工程机械需求量大幅增长，目前发展为一个有相当规模、拥有自主知识产权等核心技术、产供销一体化的产业；同时我国优秀的工程机械制造企业也在不断向国际化、规模化和综合化的方向发展，推动我国成为世界工程机械制造强国。

从2008年全球金融危机爆发以来，西方国家工程机械产业发展步入低潮，而我国工程行业发展却持续向好，目前已成为全球工程机械制造第一大国，我国作为全球工程机械制造中心的趋势愈加明显。我国在工程机械产业发展模式转变、经济结构调整上均取得优异成绩，工程机械产业整体综合实力迅速加强，国际竞争力和产业领先地位得到大大提升。

我国工程机械产业销售额连年攀升。2019年年末开始，全球工程机械市场开始下降，欧美日系成熟市场需求出现波动；而与此同时，我国工程机械产业则继续保持高速发展。随着产业持续升级转型，高端市场连续扩展，创新能力强化，智能化、数字化、信息技术的深度普及和应用，我国工程机械制造商保持了强劲的成长势头，运营质量进一步提升。根据英国KHL集团旗下《国际建设》杂志发布的2020年度全球工程机械制造商50强排名显示，2019年全球建筑设备销售额达到了2 027亿美元，首次超过2 000亿美元，同比增长了10%左右。

尽管2019年全球建筑设备销售额逐节攀升，但增速正在放缓。Yellow Table的数据显示，2017年与2016年相比增长了25%，2018年增长了13.5%，2020年受新冠疫情影响，全球销量大幅下降。而从全球前十的制造商数据来看，我国相关企业的表现较为亮眼（见表1-2）。徐工、三一重工和中联重科（"中联重科股份有限公司"的简称）均有所上升，而且由于中联重科首次进入前10，因此我国企业在前10名中占据了三个席位。

表1-2 2020年全球工程机械制造商榜单前5名

排名	公司名称	注册国家	主要营业收入国家	销售额/百万美元	市场份额/%
1	卡特彼勒	美国	美国	32 882	16.2
2	小松	日本	美国	23 298	11.5

续表

排名	公司名称	注册国家	主要营业收入国家	销售额/百万美元	市场份额/%
3	约翰迪尔	美国	美国	11 220	5.5
4	徐工	中国	中国	11 162	5.5
5	三一重工	中国	中国	10 956	5.4

从国内市场来看，尽管疫情对整个市场造成了一定的冲击，但整个产业依然潜力巨大。2020年，中国工程机械产业总营业收入突破7 000亿元。而在当下，面对更加复杂的国际环境和经济下行的局面，工程机械产业凭借稳中向好的宏观经济和稳定的固定资产投资，产业转型升级的成果进一步显现。工程机械产业随着数字化浪潮所产生的转型催生了更丰富的平台应用场景以及更加细致的业务落地解决方案，而市场上的二手设备更新加快、大气污染防治环保政策等对市场产生积极作用、"一带一路"建设拉动出口业务增长和建设施工领域的新技术新工法的推动等多种因素的相互叠加，使得工程机械市场显示出了巨大的潜力。

从工程机械产业的市场结构来看，挖掘机仍然为工程机械中的明星产品，占据整个市场的巨大份额，2019年销量占比为57.84%（见图1-2）。

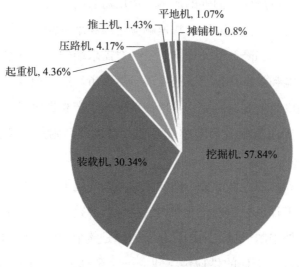

图1-2 2019年工程机械产业的市场结构

数据来源：中国工程机械协会

工程机械产业具有规模经济效应。我国工程机械产业经过多年的发展，可以称为巨头的企业有四家，分别是徐工、三一重工、中联重科和柳工（"广西柳工机械股份有限公司"的简称），其营业收入都在百亿元以上，其中徐工和三一重工的营业收入超过400亿元。这四家企业产品覆盖面广、技术领先，其旗下多项产品达到了国际领先水平，同时其核心业务的整个管理链条高度信息化，实现了全链条的互联互通和闭环控制。

其他企业则在某些细分领域具备领先优势，在生产环节上能够实现"产品混装+流水线"的高度柔性生产，提高产品质量，降低生产成本。规模较小的企业由于产业研发投入有限，因此其产品同质化较高，技术含量较低，只能依靠价格优势抢占低端产品市场。

随着数字经济的蓬勃发展，市场对工程机械产业的需求也向着全流程和数字化的需求靠拢，使得工程机械产业的演化出现了新的趋势。一是设备按需维护。传统的定期维护和保养无法有效和迅速地处理突发异常故障，也会产生一些不必要的拆卸安装，降低设备的使用年限；基于数字技术在线收集设备参数信息、状态信息，而后通过算法分析，及时确定设备运行过程中的问题，按需进行维护和保养。二是对备件的供应管理。传统的仓储模式在一定程度上能够缓解备件的需求压力，但相应地也产生了额外的成本，运用物联网、大数据等信息技术，加强供应链管理，提高备件流通效率，快速响应生产和维修需求，及时、按需、智能调配，提高生产效率和降低额外成本。三是对需求端的服务升级。当前工程机械产业的技术、产能和效率获得了飞速发展，然而市场逐步饱和，产品制造商必须向着解决方案提供商的方向转变，从以往单纯的生产和提供设备运营维护、提供个性化定制需求等向着服务环节继续延伸，增加产品附加价值，塑造企业综合优势。

在国际环境和国内经济形势不断变化的复杂环境下以及数字经济蓬勃发展的大背景下，我国工程机械制造企业对内转换经营思路，进行数字化转型升级已是必由之路；而对外中国机械走向国际化，同样是整个产业发展的必然趋势。工程机械产业可借助贯穿全球的供应链，建立一个全球的生态圈，利用"生态圈经济"模式，为未来产业的国际化发展注入新的动能，助力中国品牌的全球可持续发展，以更高的品质、更可靠的产品、更优的服务和更高效协同的团队，打造更具竞争力的中国品牌。

二、职业教育的归属和目标：融入国际化产业生态

职业教育是人类工业化发展的产物。我国的职业教育发展可以追溯至清末洋务运动时期，辛亥革命后、民国时期有所发展，但受制于国家积贫积弱和工业化水平，还谈不上体系化的职业教育。中华人民共和国成立后，我国工业化发展突飞猛进，职业教育体系与之相伴而生，伴随着学习苏联工业化经验，在复制苏联模式的基础上，我国初步建立起了完整的职业教育体系。

（一）我国职业教育的发展现状

计划经济时期，职业教育以行业办学和管理为主，从不同的行业部委到国有企业办学，产教关系紧密。改革开放以来，随着我国经济社会的不断发展，职业教育的发展也经历了不同的阶段，从学习国外先进的职业技术教育体系到走出了一条具有中国特色的职业教育发展道路。党的十八大以来，我国把职业教育作为与普通教育同等重要的类型教育，不断加大政策供给和进行创新制度设计，加快建设现代职业教育体系，构建了多元办学格局和现代化的治理体系。

随着经济向高质量发展模式转型，我国职业教育也逐步从规模扩张为主的外延式发展向提升质量、完善机制为主的内涵式发展转变，在标准体系构建、师资队伍建设、校企双主体育人、数字信息化实践等方面取得了积极成效。从职业教育的建设体系来看，我国建立了专业、教育、课程、实习、实训条件"五位一体"的国家标准体系和校企双主体育人机制。

从职业院校规模来看，2011—2020 年，我国职业院校总体规模呈逐年递减趋势，其中，中等职业院校从 2011 年的 13 093 所下降到 2020 年的 9 896 所，减少了 3 000 多所（见图 1-3）；而高职院校数量呈逐年递增趋势，从 2011 年的 1 280 所增长至 2020 年的 1 468 所，增长了 188 所（见图 1-4），说明高职院校在职业教育体系中所占份额越来越大。

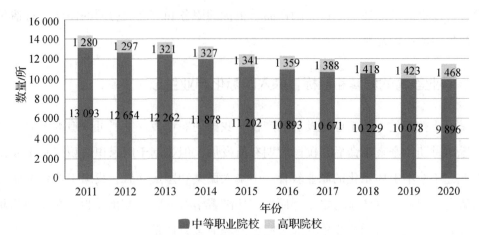

图1–3　2011—2020年我国中高职院校数量变化趋势

数据来源：《中国教育统计年鉴》（2011—2020）

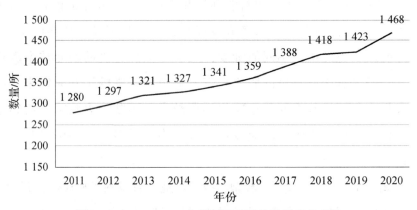

图1–4　2011—2020年我国高职院校数量变化趋势

数据来源：《中国教育统计年鉴》（2011—2020）

从职业教育的学生规模来看，2010—2019年，学生规模的扩张仍然是高等职业教育的基本趋势，且增幅逐步加大（见表1–3和图1–5）。我国高职院校招生规模一直呈增长趋势，从2010年的218万人增长到2019年的389万人；在校生规模则从657万人增长到1 004万人，毕业生人数从2010年的199万人增长到2019年的273万人。可见，我国高职院校的总体招生规模、在校生人数和毕业生规模都在不断扩大。

表 1-3 2010—2019 年我国高职院校招生数、在校生数及毕业生人数

单位：万人

年份	招生数	在校生数	毕业生数
2010	218	657	199
2011	228	662	211
2012	229	680	214
2013	235	698	217
2014	250	723	215
2015	263	768	224
2016	262	807	234
2017	272	841	256
2018	293	881	273
2019	389	1 004	273

数据来源：《中国教育统计年鉴》(2011—2019)。

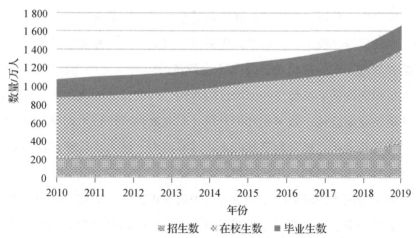

图 1-5 2010—2019 年我国高职院校招生、在校生及毕业生数量变化

数据来源：《中国教育统计年鉴》(2011—2020)

高等职业教育在校生在高等教育在校生中所占比例也从 39.4% 上升至 42.2%，2020 年达到 44.4%。与此同时，我国高等教育的毛入学率从 2013 年

34.5%增长到2020年的54.4%。这一数据表明,高等职业教育作为我国高等教育的一部分,在我国高等教育普及化进程中发挥了重要的作用。从总体上看,我国高等职业教育的发展较为稳定,作为职业教育体系中的一部分,其发展速度要快于中等职业教育,在现代职业教育体系中的主体地位更加突出。

从职业教育的专业布局来看,我国职业教育的专业设置主要为国家战略服务,全国职业学校开设了1 200余个专业和10万余个专业,覆盖了经济社会的各个领域,每年能为我国各个专业领域培养1 000万左右高素质的技能型人才。在当前现代制造业、新兴产业和服务业等领域,有70%的一线新增从业人员来自职业院校毕业生。从各专业在校生规模来看,财经商贸类、电子信息类、医药卫生类、教育与体育类、装备与制造类的在校生规模占比较大,总规模占比超过50%。

职业教育的发展为我国现代化建设做出了巨大的贡献。在我国加快推进经济结构调整和产生转型升级的过程中,职业教育作为对接产业最密切、服务经济最直接的教育类型,在经济高质量发展的过程中起到了重要的人力资源供给和生产力转化作用。这一作用首先体现在职业教育为产业经济提供了源源不断的人才红利。职业教育由于贴近经济实体,能主动适应经济结构调整和产业变革,紧盯产业链条、市场信号、技术前沿以及民生需求,以其广阔的专业覆盖面促进中国人口红利的释放与实现,推动先进技术和设备转换为现实生产力,为我国产业链、供应链保持强韧提供了基础性和保障性的作用。其次,伴随我国数字经济的不断发展,伴随工业信息化、数字化转型升级,职业教育紧跟技术前沿,加快专业升级改造,布局新专业,提升数字技能人才培养能力,使人才能够适应企业数字化转型,服务数字化产业和产业数字化。

当下经济全球化的趋势已成为世界各国的共识,我国不仅需要将产业和商品通过贸易运输到全世界,同时也需要将技能型人才所具有的知识和经验以服务贸易的方式扩散到全世界,通过这种方式进一步提升我国对外开放水平。为此,可与世界各国构建职业教育服务国际产能合作框架,实施职业教育服务国家产能合作行动,团结世界各国合力应对人类共同挑战,为促进产教融合、拉动就业、减贫脱贫提供系统性、高质量的中国职教方案。

中国的职业教育发展取得了较为显著的成就，走出了一条具有中国特色的现代职业教育发展道路，但其中仍有许多不足，为支撑我国经济高质量发展、促进我国产业数字化转型，仍需不断改进。当前，全球经济增长乏力，对世界经济格局产生了重要影响，职业教育必须在逆境中发挥更大的作用，我国应抓住机遇发展职业教育，推进职业教育国际化，以此更好地提升我国对外开放水平。

（二）职业教育融入国际化产业生态

1. 职业教育的属性：准公共产品和产业生态的组成部分

随着我国社会工业化进程的推进，我国职业教育的概念界定也随之发生变化。当前，我国狭义上的职业教育指由专门的学校进行教育，培养出具有基础文化知识和相关专业技能的人才。职业教育作为高等教育的重要组成部分，其目标主要是为产业市场的发展提供更为专业的高技能人才，从而为经济发展和产业发展提供更为有效直接的服务。

从具体内容来看，职业教育是一种"传授某种职业或生产劳动所必需的知识、技能的教育"，与普通的学术教育是截然不同的，但具有同等重要的地位。职业教育之所以作为一种单独教育类型，是因为其自身在办学格局、社会价值等方面具有独立的特征。首先，职业教育的核心在于职业知识、技能的教育，特点在于实训性、社会性、职业性和定向性等，与社会和行业、企业需求有着天然的联系。其次，职业教育的办学格局是双元或多元主体共同办学，在现代职业教育中，不仅有学校这一传统办学主体，还有企业、其他社会机构组织的共同参与，学习地点也不仅仅局限于学校这一固定地点，还有企业提供的贴近现实生产的实习、学习场所等。最后，职业教育得以发展的社会价值来源有两个，即职业教育除满足社会现实产业发展的需要外，还要满足培育人文精神的教育需求，两者加在一起，才构成了职业教育不同于普通教育的社会价值。从职业教育的教育内容和社会价值我们不难发现，职业教育与产业发展、与行业企业需求之间存在密切的联系，特别是在经济全球化的今天，国际化产业生态的发展、全球价值链产业链的构建，使得职业教育亟须适应这种产业生态，职业教育伴随产业的发展而发展，是职业教育概念所包含的必然要求。

从职业教育促进经济发展的底层逻辑来看，职业教育对经济发展的贡献主要在于为经济发展提供了具有高技能的人力资源,即人力资本的提升。正如亚当·斯密在《国富论》中指出的那样,人的能力和知识在国民经济和国民财富增长过程中发挥着重要的作用。人们在接受教育的过程中,所付出的资本也是一种具有利润回报的投资行为。一方面,在劳动者通过接受教育或培训获得一定的专业知识技能后,能够提升劳动主体的生产效率和生产质量,从而促进生产的增长。如同资本的增加能够促进产出一样,人力资本的增加同样可以促进产出。另一方面,劳动者通过接受教育和培训,可以进一步提升自身的职业发展适应性,从而为自身的职业选择提供更为有利的砝码。

当前我国产业结构转型不断深入,职业教育所培养的人才必须要服务于产业转型,保障经济的平稳发展,因此职业教育在本质上是为经济发展提供内在动力。职业教育对产业发展的促进主要体现在三个方面:首先,职业教育为产业发展提供各类人才与技术技能,即职业教育要适应产业经济的发展现状,通过合理地发展职业教育,培养出更多当前产业所需的人才,缓解产业人才紧缺的现状,保证经济快速增长;职业教育通过专业化的知识培训,实现对人力资本的再造,培养出大量专业化技术人才,满足产业转型升级发展的需要。其次,职业教育可实现产业技术提升和产品结构优化。职业教育通过参与到科技创新和产品创新的过程中,从而实现经济的再生能力,实现产业的可持续发展;同时,职业教育所培养的技术技能人才,能够将科技成果更好地转化成生产力,从而进一步提升产出。在企业层面上,职业教育通过教育培训的方式,使更多的人才掌握科学技术,缩短了劳动者的劳动时间,从而提升企业的生产效率和经济的发展速度。

2. 职业教育目标:融入国际化产业生态

工程机械产业的国际化产业生态是顺应经济全球化的产业生态模式。而职业教育与产业发展存在的密切联系,使职业教育适应当前全球化生态模式,成为未来职业教育的必然发展方向;特别是在我国扩大对外开放的背景下,扩大教育层面特别是职业教育层面的对外开放,既是适应全球化趋势及我国改革开放政策的有效途径,同时对我国职业教育人才培养质量的提升具有重要意义。

从理论角度来看,这种适应国际化产业生态的职业教育需要实现人员、教育项目、教育提供者、政策、知识、观点以及服务等要素的跨国境的自由流动,而这种自由流动的动力来源主要是国家与职业教育院校的利益诉求。从教育输出国的角度来看，由于输出国在高等教育领域的优势，在教育服务贸易上处于优势地位，出于对经济利益的追求，输出国向输入国输出高等教育产品。从输入国的角度来看，由于其高等教育资源相对缺乏，为避免高层次人才外流，因此希望通过引入跨境教育，以此提升本国高等教育的质量和水平。从职业院校的角度来看，跨境教育有助于提高自身教学质量，实现利润方面的提高，同时能够增强学校的国际化教育水平，开阔学生的国际视野，有利于赢得良好的国际教育评价和实现学校的全方位发展。

教育区域化是跨境教育的一种方式，是指在区域范围内建立更加紧密的合作和联盟的过程。教育的区域化发展和国际化进程共同存在，并且相互兼容和互补，其目的在于建立共同的区域政策框架，通过相互承认学历，促进教师、学生的区域流动，通过建立学分转换体系等措施，确保质量保护机制有效进行，从而提升区域内的教育竞争力。可以看到，教育区域化相对于跨境教育更强调教育的区域性、合作的紧密性，有利于提高区域内的整体教育水平。

我国职业教育融入国际化产业生态的根本原因，在于我国经济结构的转型升级和满足新动能培育和发展的要求。当今世界新一轮的科技革命和产业革命正加速变革，经济全球化的深入发展、全球范围内的技术创新不断呈现，加速了新产品、新模式和新业态的产生和发展，并和传统产业加速融合，全球产业处于升级的关键时期；同时在经济全球化的推动下，各类生产要素在全球范围内配置，各国均可实现比较优势，使得各国在参与全球化的过程中都可获得益处。也正是这样的外部经济环境，使得职业教育和产业一样，面向世界的特征显得越发明显，职业教育的归属和目标逐渐融入国际化的产业生态中。

从我国产业发展的角度看，随着我国经济从高速发展阶段向着高质量发展阶段的转型，我国需要通过产业转移调整行业、区域以及整个国家的经济结构，优化经济关系，通过向外输出落后产能，在获得利润的情况下，为自身的发展腾出新的发展空间，为新动能和新业态提供良好的外部条件。

作为世界最大的发展中国家，在产业转移的过程中，我国既是产业的输入方，同时也是产业的输出方。在承接发达国家产业转移的同时，通过吸收、学习国外的先进技术和知识，借助自身优势对输入产业进行适应本地经济环境的改造和改进，形成本国的比较优势，从而进行新的一轮产业转移，将已经发展成熟的产业向其他欠发达地区转移，成为产业转移的输出方。但需要注意的是，由于产业输入国之间的资源禀赋、产业发展水平、职业技能培训、教育水平和产业工人技术水平参差不齐，导致产业转移的过程中不可避免地会产生阻力和损失，无法百分百完全地转移，这不利于产业发展。因此只有通过和输入国进行多方面全方位的合作，才能尽量减少产业转移过程中的损失和阻力。而我国在进行产业转移时，倡导通过产能合作的方式，将我国产业优势、资金优势与国外需求相结合，强调合作的实效与供应，充分考虑输入国国情和实际需求，并与当地政府和企业开展合作，以此来解决资源禀赋和产业发展水平对产业转移所造成的影响。而对于职业技能培训、劳动者的技术技能等人力资本与产业不匹配的问题，则需要在产业转移的同时，通过职业教育的国际化方式，利用教育服务贸易，采取职业教育培训的方式，提升输入国劳动者的职业技能和教育水平，以此达到与转移产业所需技能相匹配的目的，从而进一步减小产业转移过程中的损失，使输入国加快适应新产业，提升生产效率。这也是我国职业教育融入国际化产业生态的直接原因。

推动职业教育融入国际化产业生态，不仅在于职业教育的发展能够促进产业的发展，而且职业教育的国际化能够提高职业教育自身教育水平和质量的提高。更重要的一点在于，职业教育国际化，是与国际产业转移相辅相成的，是伴随产业转移而产生和发展的。产业转移不仅需要技术、组织和政策的支持，还需要与产业发展相适应的技术技能型人才的支持。对于产业升级和产业转移而言，产业在国家间、区域间的转移，需要职业教育的服务与保障，而职业教育国际化带来的人员流动、项目流动、计划与服务流动及政策流动，在实现职业教育培育水平不断提高的同时，又推进了产业的转型升级。对于产业转移输入国来说，只有培育能匹配所转移的产业技能需求的劳动力，才能将产业转移所带来的技术加速吸收和利用，并使之对产业发展和区域发展的协调作用显现出来，从而促进本国产业升级。

从职业教育院校的角度出发，高职院校作为职业教育的重要载体，与先进产能之间存在紧密协作的关系。一方面，产能的更新升级会引导高职院校调整和更新专业标准与课程设置，创新人才培养体系，提高职业院校的教育与研究质量；另一方面，高职院校不仅可以向先进产业输送大量优质技能型人才，并且可以成为先进产能的孵化中心，为企业和产业培育先进产能模式，搭建产业与先进产能之间的桥梁。最后，高职院校的国际化办学是高职院校内涵式、高质量发展的必然要求，高职院校通过国际化办学能够借鉴、吸收、整合国际资源，与世界各国的政府、企业、学校等在合作中实现优势互补、资源共享、协同发展，为产能的转换和输出创设环境与渠道。

职业教育发展离不开产业的发展，而产业的转移和升级离不开职业教育所培育的具有高技能水平的人才。随着产业在国际的转移和升级，以及全球价值链和全球产业链的构建，职业教育必须适应国际化的产业生态模式，通过创新国际化的办学模式，融入国际化的产业生态中，以此促进我国转移成熟产业，实现新动能的转型升级，并促进产业转移输入国产业发展，完善输入国的产业体系，加速技术进步，以此实现两国的合作共赢，共同推动世界经济焕发新的生机。

三、产教融合模式创新：苏联遗产的价值和继承

中华人民共和国成立初期，我国职业教育模式全面学习苏联，对我国工业化发展产生了巨大的影响，直至今日，苏联职业教育思想和教育模式对我国职业教育仍有深刻的影响。尽管当前我国的社会情况已发生较大的变化，但回顾苏联职业教育的发展历程和教育改革，仍会给当前我国的职业教育创新带来很多有益的启示。

（一）苏联产教融合模式的遗产

苏联的职业教育起始于十月革命，十月革命胜利后苏维埃政权便立即对沙俄时期的教育制度予以废除，并建立了社会主义的学校制度。这一时期的职业教育改革可总结为五点：一是建立了新的管理体制，国家教育委员会作为苏联教育的领导机构，以保证学校领导的统一性；二是剥夺了教会对学校的领导权，消除了教会和宗教对学校的影响，保证了教育的世俗化和民主化；三是以法律的形式取消了等级学校制度；四是免费教育，实行义务教育；五是强调教育与生产劳动相

结合，这一点贯穿了苏联职业教育，同时也是我国职业教育发展初期所遵循的原则之一，而这也可看作是产教融合的雏形。

苏联职业教育改革的第二个时期是在第二次世界大战后，在美苏冷战的背景下，苏联职业教育主要进行了三次重大改革。这三次改革的内容主要集中于教育内容和教育结构，而其中不变的是职业教育的培养目标，即培养具有高等职业技能的熟练工人，与此同时也要培养良好的文化素养，将职业技术教育和普通教育相结合，即教育与生产相结合。原苏联加盟共和国独立后，继承了这种教育遗产并在一定程度上继续发挥作用。

中华人民共和国成立后，我国教育事业面临既要提升国民政治思想文化知识等整体素质，又要为社会主义工业化培养工农干部和技术人才的任务。于是我国制定了立足本土，学习苏联，建设符合国情的、面向大众的、先进科学的新教育体系的整体战略方针。这一方针指引着我国职业教育的发展方向，既继承和吸收了中华人民共和国成立前"旧教育"的办学经验，又是用"引进模仿、反思调整"的方式将苏联教育经验"本土化"的过程。

从教育方针可以看出，苏联教育模式为新中国早期教育体系的建立提供了大量的经验，这一点在职业教育方面体现得更为明显。我国职业教育发展初期基本上是在照搬苏联模式的同时进行本土化的改造，这一发展方式为我国早期工业化建设做出了巨大的贡献。特别是在培养技能型人才方面，通过学习苏联职业教育模式，在教育与劳动相结合的教育思想的指导下，职业教育以工学结合、半工半读的形式进行实践和探索，解决了中华人民共和国成立初期计划经济体制下，分散、落后的个体经济难以满足国家工业化建设需要的难题，为我国提供了大量的工业化建设人才，加快了我国实现工业化的建设速度。

苏联时期的产教融合模式，除了体现在职业教育中教育与生产的相结合，对现代产教融合模式也有一定的启发作用。在"156"项目中，苏联通过贸易的形式出口各类工业所需的机械设备特别是成套的设备，而我国则向苏联出口苏联经济发展所需的原材料，通过贸易偿还进口设备的价值。除了设备援助，苏联还对我国提供了大量的技术援助，为中国提供技术资料以及派遣专家将技术传授给我国的技术人员。

工业是技术的载体，苏联向中国援助设备和提供各类技术，从选址到建筑施工，再到设备的安装调试，提供产品设计和技术资料，培养技术管理骨干等工作，参与了工厂建设的全过程，并指导中方人员完全掌握生产技术。而我国工作人员则在各个环节向苏联学习，使得科研、设计、生产工艺和设备制造等方面的能力随着设备和技术的引进、消化而逐步得到提高，从而使得苏联的工业技术大规模地转移到中国。尽管当时苏联向中国转移的技术大部分都是相对落后的，但对新中国来说仍然是必不可少的，这也为新中国的工业化奠定了基础。

此外，苏联接收了中国派遣的留学生加以培养，中国留学生通过在苏联学习先进的科学文化技术，回国后为我国的工业化做出了巨大贡献。

这种通过援建设备，进而传授技术知识，并培养专业技能人才，从而使输入国实现工业升级的援建模式，类似于当前的产业转移模式，区别在于援建的机械设备是通过贸易的方式交换得到，其目的是输出国帮助输入国建立现代化工业；而产业转移是以资本投资的方式，在他国建立工厂，其目的是转移输出国成熟和低端的产业，从而为产业的转型升级提供良好的发展空间。

快速实现国家工业化以及和平稳定的发展，不仅需要机械设备以及高技能人才，更需要大量具备基本技能素质的工人。因此，我国职业教育初期建立了政府部门和行业企业共同举办的职业技术学校，为企业和行业的发展培养了大量的技术工人和工程技术人员。中华人民共和国成立后的一段时间内，我国职业教育主要由行业企业举办，办学经费、招生与就业、师资和实训设备都由行业企业统一调配和统一管理，校企关系是一体的，即职业学校是企业的附属单位，与所属行业紧密相连，完全依据行业企业的行政指令办学，即行业需要什么样的人才，就培养具备相应技术的人才。

从校企关系和教学组织来看，企业处于主导地位，职业学校是其附属单位，职业学校完全按照企业生产来组织教育教学并服务于企业发展。这一发展模式尽管局限性明显，但在当时为国家工业化建设和社会培养了大量急需人才，保障了社会主义事业的建设，对今天的产教融合模式具有一定的启发性。

苏联时期的职业教育模式，特别是教育与劳动相结合的教育观念，与当下产教融合的职业教育发展理念相契合；而苏联派遣技术专家到我国进行培训和指导的援助方式，也为今天职业教育国际化的发展提供了有益的思路。此外，企业办学的教育组织模式，能够实现有针对性地培养具备所需专业技术的熟练工人，同时培养出的工人能够有针对性地服务于企业；而职业学校也不用面临生源困境、经费困境、学生就业困境等一系列问题。综上，苏联时期所体现出的产教融合的萌芽，对当下职业教育融入国际化生态以及职业教育国际化等问题具有一定的启发作用。

（二）苏联产教融合模式的继承与创新

尽管苏联已经解体，但苏联职业教育模式依然对原苏联加盟共和国产生深刻的影响。随着当前经济全球化发展以及我国提升对外开放水平的现实需求，加之我国处于传统产业转型升级，新产业、新业态正蓬勃发展，新发展格局构建的关键时期，产业升级所带来的产业转移以及国际产能合作要求我国势必需要将成熟的低端产能转移到周边国家，以此为产业转型升级腾出空间。以工程机械产业为例，工程机械产业的国际化产业生态以及产业自身向着数字化、智能化发展的趋势，使得旧的以人工操作为主的生产模式已不适应当前的发展方向；同时伴随工程机械产业产品制造商向着解决方案提供商的转变，产业链向着服务环节的延伸等新趋势的出现，产业转移的趋势也愈发明显。

从职业教育的角度看，职业教育的归属在于融入国际化的产业生态之中，即职业教育的国际化发展。这种国际化发展是一种双向的发展，既包括国际人才"引进来"，又包括国内职业教育"走出去"。特别是在产业转移的大背景下，通过职业教育国际化，在产业转移东道国培养能够适应所转移产业的技能人才，既能提升东道国职业教育水平，又能匹配转移产业所需的技能人才，提升企业竞争力。

当前，我国职业教育国际化中的产教融合，依然是依靠政府主导的中外合作办学等方式进行，而由于国家间教育水平的不同以及所培养人才与产业所需人才之间存在不对应的情况，我国职业教育国际化的发展举步维艰。回顾苏联为我国职业教育提供的培养模式，可以为当下我国提升职业教育国际化，促进产业转移过程中的产教融合提供新的思路。

苏联对我国职业教育的影响概括起来可分为两个方面：一是向我国派遣专

家,全程指导,同时同意我国派出留学生,前往苏联学习科学技术;二是在教育与生产相结合的思想指导下,以及为了有针对性地培养具有专业技术技能的劳动者,出现了企业办学的教育模式。这两大影响对我国在产业转移和职业教育国际化的过程中,实现产教融合的教育模式提供了新的思路。

在产业转移的过程中,企业在他国投资建厂时,可以和两国政府共同建设职业学校。学校可根据企业所需要的技能人才,有针对性地设置课程和实训内容,且实训教育可直接进入企业进行,毕业后所获学历两国互认,既可进入企业学习,也可自主择业就业。以此实现职业教育国际化,满足企业的技能人才需求。

从产业生态来看,这一职教融合模式发挥了市场经济中优化资源配置的作用,但并未完全依靠市场经济,是一种"市场引导"而不是"市场主导"的模式。政府在其中的作用在于推动模式的实现,通过制度安排保证相关环节的推广实施,即:在市场引导的过程中,政府推动实现市场在校企发展中的作用,以及政府组织和其他非政府组织在职业教育校企关系发展中职能和行为活动的市场化取向。

从企业的角度来看,企业作为职业教育的主体,在宏观层面所追求的是在自身发展过程中对接产业发展的现状,同时迎合未来产业发展的需求;而在微观层面,企业作为生产的主体,着眼于生产产品,所培育的技能人才正是能满足自身所需要的,能够完全满足对人力资源的需求。

从教育的角度来看,这种产教融合模式,更加强调教育的灵活性与弹性,在劳动中进行教育,符合马克思主义教育观,能培育出道德高尚、德智体美劳全面发展的高素质技能人才。

这一模式可为境外企业培养急需的高素质技能人才,而同时企业也可为学校提供学生实践的场所和指导,两者在人力资源供需和人才培养上彼此适配。学校覆盖了企业所需的各个专业,且聚集了优质教育资源和科技创新能力,为企业在境外提供技术和创新支持。在当前我国扩大对外开放的政策下,企业和职业教育两者相互兼容、相互作用,为提升我国对外开放水平、加快产业转型升级提供了新的动力。

第二章
俄罗斯工程机械产业生态和校企合作发展

一、俄罗斯社会经济发展概况

作为一个曾经的超级大国继承者,俄罗斯的社会经济发展活动是一个非常复杂的系统,涉及社会生活的各个方面和部门。

近年来,尽管俄罗斯面临国际制裁、外部市场萎缩、原材料价格波动等挑战,但总体来看,俄罗斯仍然积极参与国际分工和国际贸易,发挥自己的能源出口优势,加强与各国的经济贸易联系,经济仍然维持了总体稳定形势并有所增长。

目前,俄罗斯正在努力恢复并成为世界领先的科技创新强国之一,重视教育和科学研究,加强人力资本开发,支持创新,加强区域均衡发展,支持中小企业发展;积极加强基础设施建设,大量投资于运输网络、能源和信息技术的现代化,并为所有公民创造有利的社会环境。

(一)人口、城市化与基础设施

目前,俄罗斯是世界上人口最多的国家之一,民族构成多样,但全国人口分布密度不均匀,人口出生率低。根据2021年全俄人口普查结果,俄罗斯统计局给出的确切数字为1.47亿人。但2022年年底,俄罗斯人口不到1.47亿人,在一年内减少了55.5万人。

俄罗斯的劳动力人口指年龄在15岁至64岁之间的人口,非劳动力人口指儿童和65岁以上的老年人。2022年俄罗斯人口性别年龄分布见图2-1。

第二章 俄罗斯工程机械产业生态和校企合作发展 25

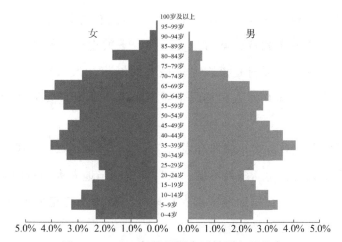

图 2-1 2022 年俄罗斯人口性别年龄分布

根据 2021 年 4 月调查数据，2021 年 4 月 15 岁及以上劳动力人口为 7 510 万人，其中 7 120 万人被归类为从事经济活动，390 万人被归类为符合国际劳工组织标准的失业者。2021 年 4 月的失业率为 5.2%，2021 年 2—4 月俄罗斯 15 岁及以上劳动力平均规模见表 2-1。就业率（就业人口与 15 岁及以上总人口之比）为 59.0%。

2023 年 1 月俄罗斯官方失业率为 3.6%，再次刷新历史最低水平。

表 2-1 俄罗斯 15 岁及以上劳动力规模

地区	劳动人口/万人	就业人员/万人	失业人员/万人	劳动参与率/%	就业率/%	失业率/%
全国	7 506.02	7 099.38	406.64	62.1	58.8	5.4
中央联邦区	2 122.82	2 039.74	83.08	63.8	61.3	3.9
西北联邦区	742.63	710.35	32.29	63.4	60.7	4.3
南部联邦区	818.3	773.23	45.07	60.2	56.7	5.5
北高加索联邦区	460.58	396	64.58	60.0	51.6	14.0
伏尔加联邦区	1 470.03	1 401.61	68.43	60.9	58.1	4.7
乌拉尔联邦区	631.1	599.6	31.5	63.4	60.2	5.0
西伯利亚联邦区	838.54	782.32	56.22	60.6	56.5	6.7
远东联邦区	422.01	396.54	25.47	64.3	60.4	6.0

数据来源：2021 年 2 月至 4 月劳动力抽样调查。

俄罗斯的城市化水平很高,约74%的人口居住在城市,包括大城市和市镇,俄罗斯的主要城市和特大城市是莫斯科、圣彼得堡、新西伯利亚、叶卡捷琳堡等。俄罗斯首都莫斯科是该国人口最多的城市,人口约1 260万;第二大城市圣彼得堡大约有540万人;这两个城市是俄罗斯最重要的政治、经济和文化中心。

然而,俄罗斯也有许多小城镇和农村定居点,其中一些位于偏远地区,那里的基础设施不太完善,生活条件不便,人口稀少,当地人大都希望搬到城市,年轻人尤其如此。同时,在偏远地区和农村地区,根本没有充足数量的工作岗位,从农村到城市的移徙往往是被迫的。

俄罗斯政府采取多种政策支持区域均衡发展,包括:改善农村及偏远地区的生活条件;为发展区域经济社会发展中心提供政策支持,促进人口从农村向城市迁移,从而实现人口均衡分布。

根据俄罗斯统计局2019年的数据,俄罗斯各联邦区城市化水平见图2-2。

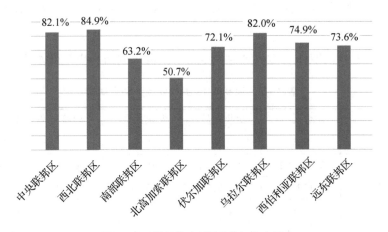

图2-2 俄罗斯各联邦城市化水平

俄罗斯疆域辽阔,拥有世界上规模最庞大的公共基础设施网络。基础设施建设对俄罗斯的社会经济发展起到了非常重要的作用,俄罗斯政府正在积极扩大投资,采取广泛措施加强本国的基础设施建设,推动基础设施建设和现代化,包括但不限于交通、能源、通信和社会服务等方面,其中公路、铁路、机场和海港受到了特别关注,如"大战略伙伴关系"运输走廊和"西伯利亚大铁路"倡议等项目得到了优先关注。

（1）住房建设发挥着重要作用。俄罗斯居民对新住房的需求持续增长，政府支持开发居民负担得起的住房。公寓楼、个人住房和大众住房部门的建设对于满足居民的住房需求十分重要。

（2）能源基础设施是发展的一个关键方面。俄罗斯拥有大量的能源资源，包括石油、天然气和煤炭。俄罗斯正在积极投资建设新的发电厂、输电网络和天然气管道，以确保能源独立和满足行业发展需求。

（3）社会基础设施建设也是重点。俄罗斯正在发展学校、医院、体育设施和文化设施等社会设施并使之现代化。国家政策旨在提高人们获得社会服务的机会和质量，以确保人们过上舒适的生活。

（4）数字基础设施建设是基础设施建设的重点领域之一。考虑到信息技术和数字经济的增长，俄罗斯正在努力扩大宽带互联网网络，为新一代移动通信引入 5G 技术，发展数字公共服务、电子商务和其他数字创新。

（5）环境和可持续发展也日益成为基础设施建设的重要方面。俄罗斯正在积极投资建设环境基础设施，包括建设污水处理厂、废物管理系统、保护水资源和引进节能技术。

（6）交通基础设施建设包括改造现有结构、建设新的基础设施、扩建或拆除设施等广泛的建设活动。俄罗斯交通运输基础设施建设市场按运输方式（公路、铁路、机场、港口和内河航道）和重点城市（莫斯科、圣彼得堡和喀山）细分。

俄罗斯政府特别重视交通基础设施现代化，交通部制定了交通基础设施现代化的规划方案①。俄罗斯政府拨款 6.3 万亿卢布用于改进公路、机场、铁路、港口和其他交通基础设施；此外，俄罗斯政府还向"安全优质公路"项目拨款 4.8 万亿卢布。这些项目改善了俄罗斯各地区的道路交通条件。

2022—2027 年，俄罗斯交通基础设施建设市场预计有年均超过 5% 的增长。2030 年前，政府计划铺设 11 000 千米的新铁轨，将连接莫斯科、圣彼得堡、萨

---

① 俄罗斯交通部，https://rlw.gov.ru/proekt_modernizaciya_raschireniye_infrastructury。

马拉、克拉斯诺达尔和新西伯利亚。此外，俄罗斯铁路公司主导的铁路路网建设也在积极推进。2020年，俄罗斯铁路公司正在建设20 000千米的新线路，预计将于2030年建成，预计耗资超过610亿美元。

据俄罗斯远东发展部消息，中国铁路建设股份有限公司正在考虑参与滨海边疆区的大型基础设施项目。在新冠疫情冲击下，2021年前5个月远东联邦区（滨海边疆区）与中国的贸易额比2020年同期增长14%，达到42亿美元。此外，中国在俄罗斯远东地区的58个基础设施项目上投资超过116亿美元。

俄罗斯政府还发布了重大基础设施项目现代化改造综合方案。作为这项为期6年的现代化计划的一部分，政府已拨款6.3万亿卢布，用于在2024年之前重建公路、机场、铁路、港口和其他交通基础设施，并开发战略航线，包括欧洲—中国西部运输走廊和北海航线。

据2021年8月2日塔斯社报道，米舒斯金总理签署了莫斯科—下诺夫哥罗德或莫斯科—圣彼得堡高铁建设合同，以及莫斯科—下诺夫哥罗德或莫斯科—圣彼得堡的客运服务。同时，俄罗斯将建设祖博卡—索契高速公路，以减少两个黑海度假胜地之间170千米路段的夏季交通拥堵。

2021年7月，俄罗斯政府投资530亿卢布用于道路基础设施建设和维修。其中，总投资的约81%用于连接莫斯科、下诺夫哥罗德和喀山的M-12高速公路项目的建设，该项目是"欧洲—中国西部"国际交通走廊的组成部分。这条走廊是俄罗斯、哈萨克斯坦、中国共同开发的大规模综合投资项目，全长8 500千米，其中俄罗斯段为2 192千米，哈萨克斯坦段2 787千米，中国段3 181千米，计划于2024年建成。① 剩余110亿卢布分配给俄罗斯20个地区，用于修复地区、市政和地方道路，其中包括叶卡捷琳堡市环路、克拉斯诺亚尔斯克边疆区和列宁格勒州的桥梁建设。

2021年年初，俄罗斯拨款1 600多亿卢布用于道路基础设施的建设和维修。2020年，用于各类交通基础设施的支出超过143.5亿欧元，主要投资

---

① 中国铁建股份有限公司参加了该项目建设。

于公路运输和铁路运输。其中，公路运输金额为67亿欧元，占比46.7%；铁路运输占比46.0%；航空运输占比2.62%；内河航道占比1.0%；海运占比3.3%。

俄罗斯政府正在投资一些大型基础设施项目，如鞑靼斯坦共和国下卡姆斯克—切尔尼复线、加里宁格勒州普列戈利亚河铁路桥和公路桥、后伏尔加铝罐厂等，这些项目于2021年第四季度启动，投资额超过18亿美元，预计2024年第四季度完成。

根据俄罗斯统计局数据，2022年俄罗斯的建筑工程量按可比价格计算比上一年增长了5.2%，达到12.9万亿卢布。一年来增长放缓：2021年增长了7.0%。但总的来说，它高于新冠疫情前一年（2020年为2.1%）。此外，按可比价格计算，这一数字首次超过了1990年的建筑工作量，这个在苏联解体后一直没有实现的指标。

过去两年增长的主要原因是国家对基础设施的投资显著增加，包括在国家项目框架内，以及住房建设领域的持续增长，全年投产住宅面积增长了11%。但工业建设表现更加中性，这是由于一些投资项目的结束和规模相当的新项目的启动暂停造成的。

根据俄罗斯统计局的数据计算，2022年建筑行业公司的营业额为11.69万亿卢布，按现价计算，比2021年增长13.9%。2021年与2020年相比，这一增长达到27.1%。这是由于2021年一些限制放宽，且2020年基数较低。然而，以可比价格计算，2022年的收入增长仅为0.5%。也就是说，尽管建筑工程量有所增加，但这些公司的收入实际上与一年前大致相同。长期保持这种情况可能会给公司财务的可持续性带来风险。

2022年建筑工程量最大的10个地区（见表2-2）占全国总规模的45.8%，2021年度为46.7%，同比下降0.9个百分比，其中四个地区的建筑工程量有所下降：亚马尔-涅涅茨自治区、克拉斯诺达尔边疆区、圣彼得堡和汉特-曼西斯克自治区。这表明建筑市场规模较小的地区开始更积极地建设。

表 2-2　2022 年建筑工程量最大的 10 个地区①

序号	地区	联邦区	2022 年建设规模（10 亿卢布）	增长率/% 现行价格	增长率/% 可比价格	2021 年排名
1	莫斯科	中央联邦区	1 690	24.4	13.4	1
2	莫斯科州	中央联邦区	775.8	45.0	27.9	3
3	亚马尔-涅涅茨自治区	乌拉尔联邦区	593.7	-11.9	-20.2	2
4	鞑靼斯坦共和国	伏尔加联邦区	573.1	37.7	20.4	5
5	圣彼得堡	西北联邦区	508.5	8.9	2.0	4
6	汉特-曼西斯克自治区	乌拉尔联邦区	414.3	2.4	-5.5	6
7	克拉斯诺亚尔斯克边疆区	西伯利亚联邦区	363.3	58.2	37.3	12
8	克拉斯诺达尔边疆区	南部联邦区	330	2.0	-9.5	7
9	斯维尔德洛夫斯克州	乌拉尔联邦区	329.3	23.3	10.4	10
10	下诺夫哥罗德州	伏尔加河联邦区	310.4	50.9	29.1	16
	总计		5 888			

（7）建筑业在基础设施的发展中发挥着重要作用。建筑业从事住宅和商业建筑、道路、桥梁、机场、能源和工业设施的建设，它的发展有助于经济增长和创造就业机会。

俄罗斯知名建筑商如下：

①俄罗斯路桥集团（ПАО Мостотрест）是俄罗斯最大的建筑公司，专门从

---

① https://sherpagroup.ru/analytics/zdh3wpc。

事桥梁、道路、隧道和其他基础设施的建设。

（2）俄罗斯天然气交通建设集团（ПАО СК Стройтрансгаз）从事天然气管道、石油管道、天然气工业综合体和其他能源基础设施建设。

（3）西伯利亚煤炭能源公司（ПАО СУЭК）是一家大型煤炭生产商，积极参与能源和基础设施部门的建设。

（4）梅切尔矿山冶金公司（ПАО Мечел）是一家从事煤炭开采和加工、钢铁和其他建筑材料生产以及工业项目建设的公司。

这些公司在各自行业领域内居领先地位，它们积极参与实施大型基础设施项目建设，并为建筑业提供优质材料和资源，是工程机械制造商的重要终端客户群体。

俄罗斯建设基础设施具有战略意义，它有助于促进产业发展、创造就业机会、提高人民生活水平和创造有利的投资环境。反过来，基础设施投资又有助于吸引外国投资者，刺激经济增长。但基础设施建设是一个长期和复杂的过程，需要大量财政资源、战略规划和各利益攸关方的合作。俄罗斯政府正在努力建设和完善基础设施项目，以确保国家的可持续和创新发展；同时，这为工程机械市场带来了广阔的市场需求。

（二）宏观经济：GDP 和通货膨胀率

独立之初，俄罗斯经济陷入崩溃状态。而后实施的"休克疗法"造成严重的通货膨胀，国内经济秩序紊乱，人民生活水平大幅下降。

国内生产总值（GDP）和通货膨胀率是观察俄罗斯宏观经济发展的两个重要指标。在俄罗斯，GDP 取决于石油和天然气价格、国际贸易、国家政治局势、基础设施水平等多重因素。同时，俄罗斯的通货膨胀率始终是政府政策的重点关注指标。通货膨胀率表征了经济中商品服务价格水平的变化，高通货膨胀率可能导致居民购买力下降，使国家的社会经济状况恶化，经济计划目标难以实现。

俄罗斯政府进行了政策调整，开始走市场经济之路，尤其是 21 世纪普京执政后，明确将经济现代化视为国家发展的前提。在国际油价高涨的背景下，俄罗斯经济高速发展。2000—2007 年，俄罗斯 GDP 年均增长率为 6.9%，超过同期世界经济平均水平。2008—2014 年，俄罗斯经济经历了曲折的发展过程，出现明显的衰退态势。2009年因全球金融危机，俄罗斯出现自2000年以来的首次经济负增长，GDP同比下降7.9%。2010年与2011年GDP增长率均为4.3%，但2012年又降为-3.4%，2013年为1.3%，经济仍处于低迷状态。

2014年乌克兰危机后，俄罗斯经济复苏进程缓慢。在外部需求萎缩、国际贸易增速放缓的大背景下，加之西方国家的制裁、国内投资乏力、内需不振等多方面因素，近年来俄罗斯经济保持低速增长。虽然俄罗斯政府对外实施了一系列反制裁措施，对内制定经济支持计划，但2016—2019年，俄罗斯GDP年均增长率仅为1.45%。2020年，在新冠疫情与西方制裁的双重压力下，俄罗斯经济再次下降，GDP增长率为-3.1%。2021年，俄罗斯不断采取应对措施，经济出现好转，GDP达到17 758.00亿美元，同比增长4.7%（见表2-3）。

表2-3 2016—2021年俄罗斯宏观经济情况

年份	GDP		人均GDP/美元
	亿美元	增长率/%	
2016	12 767.87	0.2	9 730
2017	15 741.99	1.8	9 210
2018	16 573.29	2.5	10 250
2019	16 931.14	1.3	11 280
2020	14 883.22	-3.1	10 740
2021	17 758.00	4.7	11 600

资料来源：根据俄罗斯历年发布的经济统计报表整理。

按现价计算，2022年俄罗斯的GDP为153亿卢布，相比2021年下降了2.1%，而平减指数相比2021年年均价格为115.8%，低于俄罗斯经济发展部的下降2.9%的预测，更远远低于俄乌冲突爆发之初的7.8%的预测。2022年GDP下降的幅度并没有那么大的原因有三个：首先，俄罗斯反制裁措施有效避免了金融冲击，信贷活动保持了稳定；其次，尽管乌拉尔原油销售价格折扣加大，但石油产量水平仍然很高，原油出口收入未受影响；最后，国防和基建开支的增长弥补了私营部门投资的下降。

如果以美元计价，由于国际制裁下的卢布大幅升值，2022年俄罗斯GDP以美元计价接近2.3万亿美元，GDP增长率达24.72%，俄罗斯已经成为全球第八大经济体。

俄罗斯GDP的增长是由多种因素推动的。在俄罗斯的产业结构中，2021年第一产业（农、林、牧、渔业）增加值占GDP的4.2%，第二产业（采矿业、制造业、电力、燃气及水的生产和供应业、建筑业）增加值占36.9%，第三产业增加值占58.9%（见表2-4），产业结构呈现"三、二、一"排列。在2012—2021年，第一产业发展较为平稳，且占GDP比重较小，基本维持在3%~4%。第三产业同样变动不大，服务业的发展在GDP增长中发挥着重要作用，金融、贸易、运输、信息技术和旅游等产业都对经济做出贡献，并创造就业机会，使第三产业增加值占GDP比重保持在55%~60%。

第二产业增加值占比整体呈现增长态势，工业部门的发展也有助于GDP的增长，从2012年占GDP的29.3%增长至2021年的36.9%。生产效率的提高、现代化和高技术产业的发展为增加商品生产和出口创造了机会。

工业在俄罗斯国民经济中的比重增加，但是工业的能源、原材料化趋势却在继续。石油天然气产业长期以来在俄罗斯经济中发挥核心作用，采矿业在俄罗斯工业中的比重有所增加，而机械制造业和轻工业的比重却在缩小，这也不可避免地导致俄罗斯工业结构的畸形发展。

GDP增长得到了出口发展的支持。俄罗斯是石油、天然气和煤炭等能源出口大国，能源产业的发展对俄罗斯经济意义重大；但农业、机械产业、信息技术业和旅游业等产业也同样重要，它们使经济多样化，减少对单一产业的依赖。

投资对经济增长具有重要影响。增加对经济的投资有助于发展生产能力，完善基础设施，提升科技教育医疗水平，发展人力资本，培养能够高效工作创新的熟练劳动力，从而提高经济发展效率，这对促进经济发展具有长期促进作用。

表 2-4 2012—2021 年俄罗斯各产业增加值占 GDP 比重

(单位:%)

年份	各产业增加值占 GDP 比重		
	第一产业	第二产业	第三产业
2012	3.2	29.3	54.1
2013	3.2	28.1	56.0
2014	3.5	27.9	55.6
2015	4.1	29.8	55.9
2016	4.1	29.3	56.6
2017	4.0	31.0	56.0
2018	4.7	33.0	53.0
2019	3.7	36.0	60.3
2020	4.0	30.0	56.0
2021	4.2	36.9	58.9

资料来源：根据世界银行相关数据整理得出。https://databank.worldbank.org/reports.aspx?source=2&series=NY.GDP.MKTP.CD&country(访问时间:2022 年 8 月 15 日)。

通货膨胀对居民生活、企业投资和国家经济稳定产生深远的影响。控制通货膨胀是俄罗斯宏观经济政策的重要目标，俄罗斯政府采取了一系列措施，包括但不限于货币政策、财政政策、控制食品价格以及降低税率。但是，俄罗斯的通货膨胀率始终偏高，对经济发展和居民生活产生负面影响。

新冠疫情暴发前，在俄罗斯政府的努力下，2016 年通货膨胀率为 5.4%，2017 年为历史最低的 2.5%，2018 年为 4.3%，2019 年为 3.0%，2020 年为 4.9%（比年度计划目标低 0.4 个百分比），俄罗斯的通胀水平有了显著改善。但随着俄乌冲突加剧，国际制裁加码，俄罗斯统计局数据显示，2022 年年底的通货膨胀率已经从 2021 年的 8.39% 上升到 11.94%，为 2015 年以来的最高水平。

高通货膨胀率降低了居民购买力，降低了对外国投资者的吸引力，导致本国货币贬值,增加了进口商品和服务的成本。俄罗斯政府继续采取削减开支、收紧货币政策等降低通货膨胀率的措施,以确保未来经济的稳定和可持续性。

(三) 产业结构

俄罗斯是世界上少数几个拥有基本完整的工业体系的国家。按照联合国划分的标准,现代社会所有的工业总共可以划分为 39 个工业大类、191 个中类、525 个小类。完整的工业体系更注重的是大而全,而非高精尖,有一定的技术基础、人口规模和资源储备。在这方面,俄罗斯拥有得天独厚的条件。无论从经济总量来看,还是从工业产能、科技潜力和区域布局来考察,俄罗斯继承了苏联时期工业化成果的绝大部分,形成了以 9 大工业部门(能源、黑色冶金、化学和石油化工、机器制造和金属加工、木材加工和造纸、建筑和材料、轻工、食品和微生物)为中心的完整的工业体系。

俄罗斯拥有丰富的能源资源,是世界上唯一一个能源完全自给并可保持一定出口的国家,在世界能源市场上占据着领先地位。燃料和能源产业是俄罗斯的关键产业,包括石油、天然气、煤炭及其深加工、发电。著名企业有:俄罗斯天然气工业股份公司(Газпром),是世界上最大的天然气生产和销售公司;俄罗斯石油公司(Роснефть),是主要的石油和天然气公司,专门从事石油和石油产品的生产、加工、销售。

冶金业也是俄罗斯的重要产业,俄罗斯是世界市场上的钢铁、铝、铜、镍和其他金属产品的主要生产供应国。其中钢铁业在该国基础设施建设和满足工业发展方面发挥着基础性的关键作用。代表性钢铁企业为新利佩茨克冶金联合企业(ПАО НЛМК:Новолипецкий металлургический комбинат)和北方钢铁(ПАО Северсталь);新利佩茨克冶金联合企业是俄罗斯垂直一体化钢铁联合企业,资产配置遍布世界;而北方钢铁是俄罗斯最重要的国际化钢铁板材生产商,公司治理现代化程度很高。

俄罗斯机械制造业比较发达,机械制造业在俄罗斯的产业结构中也占有重要地位,包括机械、设备、汽车、飞机、舰船和其他军事装备都在这个行业生产,它是促进技术进步和创新的关键产业之一。俄罗斯国家技术集团(ПАО Ростех)

和乌拉尔机车厂［ПАО Уралвагонзавод（УВЗ）］在这一产业发挥着重要作用。俄罗斯国家技术集团是一家国有集团公司，集团所属企业涉及机械制造和国防工业在内的不同行业；乌拉尔机车厂是轨道运输工具、载重卡车和坦克的主要制造商之一。

俄罗斯的化学工业主要以碳氢化合物为原料进行深加工，为建筑、食品、医药、农业、汽车等许多其他国民经济部门提供关键中间产品和原材料。作为俄罗斯石化行业的领先企业，西布尔控股集团（ПАО Сибур Холдинг）和卢克石油公司（ПАО Лукойл）是俄罗斯最有代表性的垂直一体化石化生产联合企业，专业生产聚烯烃、化肥和其他化工产品。其中，西布尔控股集团旗下拥有26个生产基地，分别位于俄罗斯的不同地区，43%的产品出口至海外80个国家，在黑海、波罗的海以及中国沿海等主要港口设有仓库，方便货物的存放、装载和运输。

食品业是保障国家粮食安全的重要产业。俄罗斯生产的食品种类繁多，包括谷物、肉类、乳制品、鱼类、糖果和饮料等。食品工业在满足人口需求和农产品出口方面发挥着关键作用。俄罗斯最大的肉制品公司切尔基佐沃公司（ПАО Черкизово）具有重要影响。

俄罗斯拥有丰富的森林资源，林木加工业在俄罗斯的产业结构中也很重要。林木加工业从事木材的砍伐加工，生产木质材料和家具、纸张、纸浆等木材加工产品。主要的木材和木质建筑材料生产商"俄罗斯林业"与从事木材采伐加工的科米共和国的"塞克特夫卡尔森工联合企业"是该行业的头部企业。

另外，俄罗斯的汽车、电信、制药、ICT、航空航天等行业都在世界市场上占有一席之地。

工业是俄罗斯增长和创新的引擎之一，是俄罗斯实体经济发展的基础，它们提供了满足人口需求和发展国家经济所必需的各种商品和服务，构成了确保国家安全、社会经济增长和提高民众生活质量的基础。不同行业的公司在国内市场和国际舞台上积极合作，参与全球商品和服务的供应与出口，有助于提升俄罗斯在世界市场上的竞争力。

俄罗斯工业面临着与技术发展、创新、可持续发展和在世界舞台上的竞争力相关的挑战与机遇。俄罗斯政府和企业界正在努力为工业发展引进先进技术、吸引投资和开发人力资本创造有利条件。

受国际制裁影响,2022 年俄罗斯工业生产指数下降了 0.6%,总体保持稳定。

(四) 对外开放

俄罗斯是世界上最大的商品和服务进出口国之一,中国、德国、荷兰、白俄罗斯和土耳其是其主要出口伙伴。2021 年,俄罗斯最主要的外贸伙伴国分别是中国、德国、荷兰、美国和土耳其,这些国家与俄罗斯的外贸额分别占俄罗斯外贸总额的 17.82%、7.22%、5.88%、4.36% 和 4.18%。就地区贸易而言,俄罗斯与欧盟的外贸额最大,达到 2 820 亿美元,占俄罗斯外贸额的 35.72%,其次是中国。

一国的出口产品结构可综合反映该国的经济发展水平、产业结构、资源禀赋和贸易政策等。俄罗斯以原材料(石油和石油产品、天然气、矿石、原木、煤炭)、黑色金属与有色金属、宝石、化工产品、武器装备等商品出口为主。以 2020 年为例:矿产品所占比重最大,占出口比重的 50% 以上[①],金属、宝石及其制品是俄罗斯的第二大出口产品,在俄罗斯的出口比重中占 19.40%;如果再算上食品和农业原料出口所占比重的话,俄罗斯初级产品的出口比重则为 79.4%;制成品的比重则为 11.2%,技术密集型和高附加值的机器、设备和交通工具的比重则仅有 7.4%;但是在进口产品结构中,这类产品的比重却高达 47.6%,其次是化工产品和橡胶的进口[②]。由此可见,俄罗斯出口商品主要是以能源类初级产品为主,进口商品则以技术密集型和高附加值产品为主。

俄罗斯还寻求发展其在农产品、汽车、高科技和服务等领域的出口能力,正在亚洲、拉丁美洲和非洲积极寻求新的市场和经济伙伴关系,这有助于使俄罗斯经济多样化并减少对个别市场和商品的依赖。

据俄罗斯海关署数据,2021 年,俄罗斯外贸总额达 7 894 亿美元,同比增长

[①②] Товарная структура экспорта. https://customs.gov.ru/folder/519(访问时间:2022 年 7 月 13 日)。

37.9%。其中，出口4 933亿美元，同比增长45.7%；进口2 961亿美元，同比增长26.5%；贸易顺差1 972亿美元，同比增长88.4%（见表2-5）。

表2-5 2016—2021年俄罗斯对外贸易额一览表

单位：亿美元

年份	2016	2017	2018	2019	2020	2021
贸易总额	4 712	5 876	6 926	6 720	5 719	7 894
出口额	2 876	3 591	4 521	4 246	3 382	4 933
进口额	1 836	2 285	2 405	2 474	2 337	2 961
顺差	1 040	1 306	2 116	1 772	1 045	1 972

资料来源：根据俄罗斯海关署相关数据整理得出。

2012年，俄罗斯成为世界贸易组织成员国。2009年，俄罗斯政府提出了"现代化战略"，推行国有资产私有化，并修改相关法律法规、简化外资手续、调低外资准入门槛，以及成立"俄罗斯直接投资基金"等使吸引外资呈回暖趋势。营商环境的改善对于吸引外资极为重要。根据2020年世界银行全球营商环境报告结果，俄罗斯的营商环境改善十分明显，从2011年全球第123位上升到2020年的第28位①。俄罗斯吸引外资流量也不断攀升。2021年，俄罗斯吸引的外商投资额为382亿美元，比2020年的317.4亿美元增长了20.35%。

俄乌冲突爆发后，加拿大取消俄罗斯的贸易最惠国待遇，俄罗斯进口加拿大的产品现在都将被征收35%的总关税。随后美国、英国、日本和欧盟也加入其中，涉及贸易总额每年超过1 000亿美元。

俄罗斯的国内市场是世界上最大的市场之一，具有巨大的消费需求。截至2021年年底，俄罗斯有360多家外国零售商。2022年2月底，其中180家公司决定暂停在俄罗斯的业务，但只有20家公司完全退出。留在俄罗斯的外国零售

---

① 根据世界银行全球营商环境报告得出的欧亚经济联盟各成员国的全球营商环境指数排名。

商主要来自美国（22.4%）、意大利（15.1%）、法国（10.5%）、土耳其和德国（均为9.9%）。

国际制裁对俄罗斯的发展影响巨大，工程机械产业也承受着冲击，产业国际化发展被迫停滞，市场竞争格局出现剧变。但俄罗斯进口替代政策的效果更加显著，对非欧美厂商的俄罗斯市场地位演变产生深远影响。

二、俄罗斯工程机械市场分析

俄罗斯工程机械市场规模很大，开放程度很高，工程机械种类繁多。俄罗斯工程机械市场发展受制于供求两方面因素：工程机械的市场需求受制于宏观经济发展、基建投资、国家政策、上下游行业发展以及企业客户的需求，工程机械在建筑、道路、矿业、农业等各个行业发挥着重要作用。工程机械的市场供应受制于本土和外国制造商数量、市场竞争水平、关税和非关税保护政策、销售金融服务以及技术创新和行业的新发展。

2021年工程机械制造商在俄罗斯的市场销量排名如下：

（1）卡特彼勒（CATERPILLAR）；

（2）小松（KOMATSU）；

（3）徐工（XCMG）；

（4）利渤海尔（LIEBHERR）；

（5）斗山（DOOSAN）；

（6）三一重工（SANY）；

（7）约翰迪尔（John Deere）；

（8）杰西博（JCB）；

（9）中联重科（ZOOMLION）；

（10）柳工（LiuGong）。

（一）国际制裁前后的俄罗斯工程机械市场

出于国际制裁等原因，2022年俄罗斯工程机械市场萎缩了3.9%，但仍然达到213万台。根据预测，2027年前俄罗斯市场的年均复合增长率指标将达到5.89%。

俄罗斯市场对建筑机械和矿山机械有巨大需求，俄罗斯一直是世界最大的煤炭出口国，且始终是位居世界前三的石油和天然气的供应国。根据 2018 年数据，俄罗斯的工程机械市场规模至少应该是英国的 2 倍，毕竟俄罗斯的矿业生产规模不是英国能够比拟的，但俄罗斯工程机械销量与英国相比相差无几，分别为 7 800 台和 8 000 台。①

根据世界银行数据，俄罗斯每 100 平方千米有 6 千米的硬化道路，在中央联邦区的情况略好，这个指标是 36 千米。相比之下，瑞典是 129 千米，波兰是 132 千米，法国是 192 千米。

俄罗斯正在调整基础发展规划，计划在 2021—2024 年对 9 个项目投资 4 万亿卢布，而在 2025—2030 年再追加 2 万亿卢布，其中交通基础设施将成为俄罗斯政府重点支持项目。这些项目包括：建设"欧洲—中国西部"国际运输走廊，发展海港和北海航线、东部铁路网、亚速海—黑海、西北海港群的铁路通道，发展中央交通枢纽的铁路基础设施、区域机场和高速铁路。

2018 年俄罗斯的压路机销量为 1 250 台，德国为 1 750 台，但德国早已完成了高速公路网建设。未来俄罗斯的压路机市场规模将会快速增长，应该会超过德国。

2020 年，俄罗斯的欧洲商业协会工程机械委员会（AEB）首次将压路机和摊铺机纳入整体销售统计。② 该类产品在俄罗斯出现了显著增长，例如：履带式摊铺机市场增长了 49.1%，达到 258 台；双辊式振动压路机增长了 43.2%，达到 265 台；单辊压路机增长了 35.7%，达到 190 台；气动轮压路机增长了 76.5%，达到 30 台。

其他细分市场中，增长最显著的是自行平地机，销量同比增长 3.8%，达到 710 台；履带式挖掘机的销量同比增长 2.6%，为 4 300 台；挖掘装载机的销量继续保持增长，为 3 700 台，但同比增长仅为 0.2%。有些细分市场则出现负增长：转向装载机的销量同比下降 4.8%，降至 1 200 台；履带式挖掘机的销量同比下

---

① https://news.ati.su/article/2019/09/26/rynok-stroitelnoj-tehniki-v-rossii-paradoksy-razvitija-220163。

② https://www.kommersant.ru/doc/4684304。

降 2.1%，为 1 100 台；轮式挖掘机的销量同比下降 12.1%，仅为 631 台；铰接式自卸车的销量同比下降 18%，为 169 台；刚性车架自卸车的销量同比下降 38.9%，为 149 台。

2021 年俄罗斯工程机械市场总量（表观消费量）增长 51.1%，达 221 万台。2017—2021 年，CAGR（年均复合增长率）指标维持在 10.84% 的水平。市场产品结构中农用机械占比最大，2021 年达到了 77.6%，近年来该细分市场的比重在 73% 至 78% 之间变化。建筑和采矿机械市场份额总体下降。

2021 年，产品进口对市场总量的贡献最大，增长了 50.5%，本土产量增长了 50.1%，但出口增长了 40.9%，这反映了俄罗斯的进口替代政策已经发挥作用。

1. 市场供求

由于俄乌冲突爆发，2021 年年底和 2022 年 1 月签订的预付款合同交付推迟，春季订单数量急剧下降，这对工程机械的产量和销量增长产生了重要影响，但很快在夏季开始恢复增长。

根据 AEB 的数据，2022 年第三季度俄罗斯市场道路建筑机械和特种机械销量分别下降 43.4% 和 25.1%。三季度销量从 2021 年同期的 5 289 台减少到 2 992 台，2022 年前三个季度销量从 2021 年同期的 14 282 台减少到 10 699 台。

装载机和挖掘机的销量变化更明显，2022 年第三季度销量同比下降 81.9%，前三个季度销量同比下降 53%。其中，侧翻装载机第三季度销量同比下降 60.9%，前三个季度销量同比下降 48%；铰接式自卸车分别为 93.3% 和 42%；伸缩装载机分别为 97.4% 和 36%。轮式挖掘机第三季度销量同比增长 34.9%，前三个季度销量同比增长 6%；轮式推土机第三季度销量下降 25.6%，但前三个季度销量同比增长 4%。

但是，AEB 分析报告没有覆盖市场所有的产品，只统计了部分品牌：Кранекс（小松俄方合作企业）、彼得堡拖拉机厂、切特拉、山猫（BOBCAT）、卡特彼勒、CNH、约翰迪尔、斗山、锐斯塔（DRESSTA）、HIDROMEK、日立（HITACHI）、现代（HYUNDAI）、杰西博、小松、科勃海尔、UMG SDM、沃尔沃和维特根（WIRTGEN）。许多俄罗斯制造商，尤其是中国企业没有被纳入统计。

实际上，2022年年初以来中国企业在俄罗斯的销售额大幅增加。国际制裁背景下，俄罗斯市场上中国品牌制造商受益明显，来自中国的建筑和道路工程机械，产品成本和价格优势明显，市场需求量大。物美价廉的中国工程机械正在迅速取代欧洲和美国的产品，同时俄罗斯本土品牌的销量也在增长。

徐工、华南重工（"福建华南重工机械制造有限公司"的简称，SOCMA）、山推（"山推工程机械股份有限公司"的简称）等正在积极拓展俄罗斯市场。除此之外，还有山河智能（"山河智能装备股份有限公司"的简称，SUNWARD）、中联重科、三一重工和河北宣工（"河北宣工机械发展有限责任公司"的简称，SHEHWA）等品牌。根据Rospetsmash（俄罗斯工程机械协会）数据，2019年俄罗斯进口中国道路工程机械的金额为400亿卢布，但在2022年的前5个月内就进口了540亿卢布，超过俄罗斯本土制造商9个月的销售额。①

工程机械零部件的通用性比较强，客户并不担心质量和维护问题。不同制造商的零部件往往相同，例如，山猫微型装载机使用的是日本的久保田发动机。此外，个别制造商为其产品提供长达两年的保修期。

2021年，俄罗斯从中国进口工程机械最多，超过48%。欧洲企业曾经供应俄罗斯道路工程机械市场的80%，如今三一重工、徐工、中联重科、山东临工（"山东临工工程机械有限公司"的简称）、山推等中国工程机械企业正在取而代之。中国的工程机械在租赁公司的承租人中有稳定的需求，维护人员非常熟悉此类设备的维护程序，零部件供应有保障。

据俄罗斯《生意人报》报道，中国工程机械现在在俄罗斯处于"领先地位"。2022年年初，俄罗斯工程机械进口前3名的公司依次是日本的小松、美国的卡特彼勒和英国的杰西博；2022年年底，来自中国的三一重工、徐工和中联重科三家企业取而代之，柳工、龙工（"中国龙工控股有限公司"的简称）等其他中国企业也紧随其后。

由于制裁影响，俄罗斯本土制造商面临备件供应困难问题，在俄外国企业则没有遇到这类问题，竞争优势明显。这意味着进入工程机械进口替代生产领域的

---

① https://expert.ru/expert/2022/50/dvoynyye-sanktsii-dlya-spetstekhniki/.

外国企业将会挤压本国企业。目前，俄罗斯工程机械产业已经出现"采取反倾销措施和提高进口设备报废率政策保护国内市场"的呼声。① 据 Rospetsmash 估计，为了发展俄罗斯建筑和道路机械制造业，国家需要拨款支持工程机械零部件的生产，完善产业链，2022—2026 年所需资金至少为 100 亿卢布。有必要参考农业机械制造业模式，根据制造商的实际需求，积极利用试点补贴计划，制定和启动"联邦租赁"计划，支持工程机械产业发展。

2022 年 4 月，市场担心在役建筑机械的维修保养会遇到困难，毕竟大多数建筑机械都是进口产品。但预测的困难并没有出现，所有必要备件都在市场上有供应，其中中国供应商发挥了很大作用。尽管春季价格大幅上涨，但很快价格稳定下来。

2023 年第一季度，俄罗斯工程机械销量同比增长 31%，其中轮式挖掘装载机是销售大户，进口工程机械 2.04 万多台。

2. 进口替代和本土产品供应

国际制裁发生前，2021 年，俄罗斯工程机械制造业发展势头强劲，俄罗斯本土制造商生产 64.21 万台，同比增长 50.1%，比 2017 年增长 68.7%。

从产品类别看，农用机械产量占比为 59.0%，建筑和采矿专用机械产量占比为 29.1%。2021 年发展势头最为强劲的是建筑和采矿专用机械，产量增长 113.6%。

从地区产能分布看，2021 年，伏尔加联邦区工程机械产量占比为 35.5%，共 22.82 万台，同比增长 72.3%；中央联邦区工程机械产量占 35.1% 的市场份额。

2022 年俄罗斯本土工程机械产量增长 0.2%，达到 64.33 万台。2027 年，预计将达到 99.05 万台。

3. 起重机和装载机

2021 年俄罗斯起重机和装载机产量为 4.19 万台，比 2020 年增长 22.8%。截至 2022 年年底，该类产品产量为 4.55 万台，增长 8.6%。该产品类别在 2020

---

① https://expert.ru/expert/2022/50/dvoynyye-sanktsii-dlya-spetstekhniki/。

年发展最为活跃，产量同比增长24.0%。

起重机（包括桥式起重机、龙门起重机、悬臂起重机、塔式起重机和其他起重机）这一细分市场的发展更为活跃，2021年产量增长50.7%。其中，吊车和装载机产量最多的是南部联邦区，占比49.3%，产量为2.06万台，同比增长25.3%；西伯利亚联邦区占据了18.9%的市场份额。2022年，起重机产量的市场份额达到14.0%。

2022年，特种装载机产量的市场份额已达到74.7%，其中包括畜牧装载机、农用拖拉机的悬挂式装载设备等。

4. 建筑和采矿专用机械

2021年，俄罗斯建筑和采矿专用机械市场非常活跃，总产量为18.68万台，比2020年增长113.6%。其中，混凝土搅拌机和砂浆搅拌机的产量占比为86.3%，采矿专用机械只占6.7%。其他类别的挖掘和建筑机械细分市场表现更活跃，包括砂浆混凝土输送机械和路面沥青摊铺机械，产量增长127.9%。

2021年，建筑和采矿专用机械产量最大的是中央联邦区，占比为53.2%，产量为9.93万台，同比增长67.2%；伏尔加联邦区产量占比为38.5%。

国际制裁发生后，大批欧美企业退出俄罗斯市场，进口工程机械和零部件出现了短缺，供应链复杂化，零部件供应物流渠道重建也很困难。由此，国内市场的进口替代需求很高，俄罗斯本土制造商和非欧盟企业获得了填补俄罗斯市场空白的发展机会。

这是俄罗斯本土制造商的一个重要机遇，有利于提高企业业绩、开发新领域、联合研发生产项目。2022年5月俄罗斯建筑机械博览会上展出AGB3CR挖掘机（JCB 3CX ECO型号的复制品），制造商代表表示，俄罗斯政府推动平行进口政策，相关组件进口后再组装为整机产品，准备每年生产多达750台，鲍曼技术大学和莫斯科汽车公路技术大学参与建立了进口替代工程技术实验室，大部分零部件已经本地化。

根据Rosspetsmash统计，2022年前三季度，俄罗斯本土建筑和道路机械制造商的产量显著增加，产值为533亿卢布，同比增长38%。从产品类别统计，伸缩式装载机的产量增长 2.2 倍，挖掘机产量增长 59%，前置式装载机增长 50%，小型装载机增长 20%，自动平地机增长 11%，随车起重机增长 9%。

但是，2022 年产品出货量整体下降，挖掘机装载机下降 52%，压路机下降 28%，起重机－铺管机下降 17%，汽车起重机下降 4%。2021 年年底和 2022 年 1 月签订的预付款合同的交付对产量及销售的整体增长产生了重大影响。通常，春季订单数量急剧下降，夏季开始恢复增长。

面对国际制裁，俄罗斯政府对本土工程机械制造商给予扶持，给予各类优惠政策，鼓励企业发展，做强产业，吸引投资。2022 年上半年公布的工程机械项目清单如下：

（1）克拉斯诺达尔边疆区罗斯托夫农机制造有限责任公司拖拉机厂项目。罗斯托夫农机制造有限责任公司正在罗斯托夫市建造一家拖拉机厂，项目投资 60 亿卢布，生产拖拉机、市政设备和收割机，年产 5 000 台。该项目被列入区域投资项目清单，能够获得规定的政策优惠，2021 年 9 月启动建设。

（2）基洛夫集团的圣彼得堡市政府工程机械生产专项。基洛夫集团子公司圣彼得堡拖拉机股份有限公司计划生产市政和道路建设机械，包括 6 种类型的建筑机械：前端装载机、通用道路车辆、轮式推土机、拖拉机、除雪机、载体。该项目在圣彼得堡市政府社会采购框架下实施，产品专供市政府，圣彼得堡市提供投资方面支持。

（3）克拉斯诺达尔边疆区"白俄罗斯"拖拉机厂本地化生产项目。明斯克拖拉机厂计划在克拉斯诺达尔边疆区斯塔罗明斯基村实施"白俄罗斯"拖拉机本地化生产项目。克拉斯诺达尔边疆区工业部以税收优惠、国家工业发展计划框架内的地区补贴、工业发展基金的地区优惠贷款等形式支持该项目。

（4）乌法市"AMKODOR"新工厂项目。AMKODOR 公司是一家白俄罗斯工程机械跨国公司，投资和市场遍及原苏联加盟共和国，公司计划在巴什基尔乌法工业园区建设一座新工厂，投资额为 10.5 亿卢布，生产谷物净化和烘干机械。同时，在乌法市十月区设立一个产品服务中心。

（5）切博克萨雷市越野卡车"SILANT"项目。SILANT 越野卡车的生产已在切博克萨雷市启动，切博克萨雷动力装置厂负责实施。第一批产品已经送去测试。SILANT 汽车可以进行改装升级，加装属具后可以用于公共清扫，载重为 3 吨到 8 吨不等。

（6）莫斯科州 TK Lift 公司基于中国第一汽车集团有限公司（以下简称"中国一汽"）底盘的垃圾清运车和多功能升降设备项目。2022 年 5 月，中国一汽东欧汽车有限公司与专业生产垃圾清运车的 TK Lift 公司签署合作协议，以中国一汽的 CA3250 和 CA331 底盘、帕尔菲格（PALFINGER）升降机、希尔博（HIAB）液压设备、TAM 传感器等组装多功能装卸设备，生产基地位于莫斯科州柳贝尔齐镇，远期生产带液压机械手装置的升降自卸车和后装垃圾车。

俄罗斯本土工程机械品牌在市场上占有重要地位。俄罗斯的工程机械制造商不断采用新技术，提高工程机械的效率和安全性，努力满足国内和国际市场的需求，为各种工业、建筑和采矿业提供优质可靠的工程机械，这更有利于俄罗斯企业的进口替代和进一步的开放合作发展。

三、俄罗斯机械租赁市场供求概况

企业经营必须考虑降低成本。当工程机械造价和使用成本高时，俄罗斯企业就会倾向于使用廉价劳动力，这是合乎经济理性的。但在一个创新、自动化解决方案无处不在和全球竞争的时代，这种状况不仅看起来过时，而且从企业的长期发展来看也存在问题，企业将无法在新经济的要求范围内组织业务流程。因此，作为高货值生产装备产品，金融租赁服务市场对于企业降低成本意义重大，对于工程机械产业的健康发展也意义重大。

我们可以从租赁市场的产品结构间接观察俄罗斯工程机械市场的产品供需结构。

全球设备租赁市场的收入每年超过 700 亿美元。在俄罗斯，工程机械市场的快速增长为商业创造了有利条件，由于基础设施建设和采矿业的发展，工程机械租赁已经成为独立于汽车的重要品类。工程机械租金收入总额每年超过 120 亿卢布，年均增长率达到 21.2%。

工程机械租赁是俄罗斯服务市场增长最快的行业之一。据统计，2008 年金融危机前，仅莫斯科市建筑机械市场每年的营业额就在3亿美元左右，圣彼得堡市为1.1亿美元。金融危机对俄罗斯各行业冲击很大，但工程机械租赁市场所受影响较小，该领域市场需求每年增长都在20%以上。

目前，租赁设备在工程机械保有量中所占比例在12%至16%之间波动，不足以涵盖俄罗斯对工程机械服务的所有需求，进而影响了建筑材料需求的增加。

俄罗斯货物运输占交通流量的86%以上，以汽车公路运输为主，铁路运输的市场份额约为10%，水路运输不到4%。根据俄罗斯统计局公布的社会经济发展数据，2022年，俄罗斯公路货运市场规模达1 309亿卢布，但回程空驶率超过40%。尽管运输企业面临燃料成本上升和合格司机短缺的问题，但货运需求和客运需求仍然强劲，市场发展空间很大。2023年年初俄罗斯租赁市场产品订单结构和产品供应结构见图2-3和图2-4。

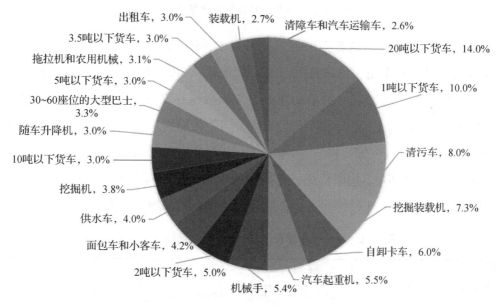

图2-3 2023年年初俄罗斯租赁市场产品订单结构

俄罗斯货物运输主要企业有DHL、CDEK、Деловые Линии、Gruzovichkoff和Other-Line等，它们都是重要的专用车和工程机械租赁的稳定客户。

根据俄罗斯石油天然气工业银行汽车租赁公司（Газпромбанк Автолизинг）的内部研究报告，在俄罗斯25大热门工程机械品牌排行榜中，中国品牌占比超

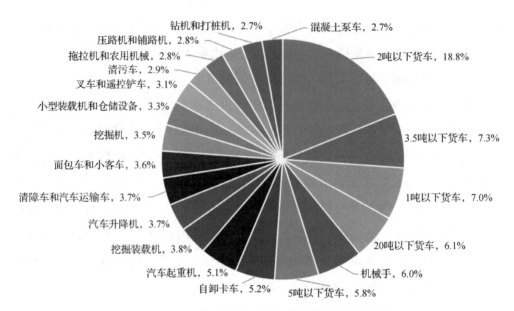

图 2-4 2023 年年初俄罗斯租赁市场产品供应结构

过一半，这 14 个中国品牌为三一重工、龙工、徐工、山推、中联重科、柳工、SEM 山工（"山东山工机械有限公司"的简称）、山工机械（卡特彼勒旗下）、临工建机（LGCE，现已合并到山东临工工程机械有限公司，即"山东临工"）、福田雷沃（"福田雷沃国际重工股份有限公司"的简称）、山东欧泰隆（"山东欧泰隆重工有限公司"的简称）、山东临工、江汽集团（"安徽江淮汽车集团股份有限公司"的简称）、山河智能，其他品牌包括 3 个土耳其品牌（CUKUROVA、MST、HIDROMEK）以及日本、韩国、美国、英国的品牌（见表 2-6）。

表 2-6 2023 年一季度工程机械销量排名前 25 的品牌[①]

排名	品牌	2023 年一季度		2022 年一季度		同比增长/%
		数量/台	市场份额/%	数量/台	市场份额/%	
1	三一重工	92	7.03	10	1.78	820
2	龙工	88	6.72	8	1.43	1 000

---

① https://exkavator.ru/main/news/inf_news/143158_v_top-25_populyarnih_marok_spetstehniki_dlya_biznesa_bolshe_polovini_kitayskih_brendov.html。

续表

排名	品牌	2023年一季度		2022年一季度		同比增长/%
		数量/台	市场份额/%	数量/台	市场份额/%	
3	徐工	81	6.19	10	1.78	710
4	明斯克（MT3）	62	4.74	35	6.24	77.1
5	山推	58	4.43	4	0.71	1350
6	中联重科	56	4.28	7	1.25	700
7	柳工	50	3.82	16	2.85	212.5
8	山工	48	3.67	23	4.10	108.7
9	斗山	46	3.51	11	1.96	318.2
10	小松	46	3.51	25	4.46	84
11	临工建机	40	3.06	0	0.00	—
12	福田雷沃	33	2.52	2	0.36	1 550
13	现代	32	2.44	20	3.57	60
14	杰西博	27	2.06	49	8.73	−44.9
15	CUKUROVA	24	1.83	5	0.89	380
16	山东欧泰隆	20	1.53	2	0.36	900
17	山东临工	20	1.53	39	6.95	−48.7
18	MST	18	1.38	11	1.96	63.6
19	凯思	17	1.30	25	4.46	−32.0
20	HIDROMEK	16	1.22	4	0.71	300
21	日立	16	1.22	16	2.85	0
22	江淮	15	1.15	3	0.53	400
23	山河智能	13	0.99	3	0.53	333.3
24	BIZON	11	0.84	0	0.00	—
25	AURORA	11	0.84	0	0.00	—

2022年以来,中国产品在俄罗斯石油天然气工业银行汽车租赁公司的工程机械和汽车的营业额中占比一直保持在40%左右:2022年为43.1%;2023年1月为42.6%,2月为40.9%,3月为39.3%。

根据俄罗斯工程机械进口统计数据,中国是俄罗斯的第一大工程机械供应来源国,在品牌数量上占主导地位。其中个别品牌的增长率非常高,例如,2022年第一季度俄罗斯石油天然气工业银行汽车租赁公司的龙工、福田雷沃和山推产品的客户是2021年一季度的10~15.5倍。实际上,参与国际制裁国家(英国、美国、日本、韩国等)的主要制造商离开俄罗斯之前,中国工程机械品牌的市场主导趋势就已经开始形成(见表2-7和表2-8)。例如,柳工在2023年2月和2022年2月都是最受欢迎的五个租赁采购品牌之一。

表2-7 中国工程机械品牌市场份额变化(一)

年份	2021	2022
市场份额	32.10%	43.10%

表2-8 中国工程机械品牌市场份额变化(二)

年份	1月	2月	3月
2021	20.8%	23.1%	27.0%
2022	30.8%	33.1%	32.6%
2023	42.6%	40.9%	39.3%

数据来源:https://exkavator.ru/main/news/inf_news/143158_v_top-25_populyarnih_marok_spetstehniki_dlya_biznesa_bolshe_polovini_kitayskih_brendov.html。

(一)俄罗斯市场的代表性工程机械制造商

2023年1月,俄罗斯圣彼得堡ARG市场调查公司以2021年度《俄罗斯国民经济行业分类(第二版)》中工程机械类别的133家公司作为分析对象,对其经营活动进行了研究,包括起重运输机械制造(代码28.22)、农林机械制造(代码28.3,但不包括28.30.82~28.30.85)、采矿和建筑机械制造(代码28.92)

和特殊用途汽车的生产（代码29.10.5）。这些企业的营业收入为5 985亿卢布，营业收入在10亿~25亿卢布的企业占比最大，为64.7%，25亿~50亿卢布的企业占比为16.5%。

2020—2021年营业收入排名前20的工程机械制造商情况见表2-9。

表2-9 2020—2021年营业收入排名前20的工程机械制造商情况

排名	制造商名称	纳税人识别号	地区	营业收入/千卢布		净利润/千卢布	
				2020年	2021年	2020年	2021年
1	罗斯托夫农机制造有限责任公司	6166048181	罗斯托夫州	58 745 675	75 249 536	11 107 046	4 451 123
2	凯斯纽荷兰工业（俄罗斯）有限责任公司	1650202670	鞑靼斯坦共和国	18 040 570	30 061 042	-39 853	2 058 585
3	朗玛迪股份公司（杰西博旗下）	7714095226	莫斯科州	18 361 479	29 487 151	225 181	1 880 699
4	彼得堡拖拉机厂（Петербургский тракторный завод）	7805059867	圣彼得堡市	19 070 471	26 860 147	302 796	653 641
5	约翰迪尔（俄罗斯）有限责任公司	5610085533	莫斯科州	18 110 475	25 595 386	-497 331	729 969
6	科乐收（俄罗斯）有限责任公司	2312104023	克拉斯诺达尔边疆区	13 725 463	19 800 493	2 480 468	2 275 295
7	日立欧亚有限公司	6950130168	特维尔州	14 893 218	19 268 071	-1 056 303	686 946
8	车里雅宾斯克锻压机器股份公司	7449006184	车里雅宾斯克州	11 179 589	15 494 154	178 521	526 333

续表

排名	制造商名称	纳税人识别号	地区	营业收入/千卢布		净利润/千卢布	
				2020 年	2021 年	2020 年	2021 年
9	伊兹卡特克斯有限责任公司（ООО ИЗ - КАРТЭКС）	7817301375	圣彼得堡市	15 025 370	15 070 816	3 681 187	2 032 213
10	乌拉尔机械制造股份公司	6663005798	斯维尔德洛夫斯克州	13 941 593	14 436 583	22 534	264 093
11	小松（俄罗斯）股份有限公司	7604126295	雅罗斯拉夫尔州	6 119 249	11 137 343	68 261	408 171
12	欧洲技术股份公司	6317033655	萨马拉州	7 243 903	11 027 171	1 239 927	1 874 138
13	三叶草股份公司	6166094050	罗斯托夫州	7 773 275	10 166 465	1 253 184	1 684 939
14	工业拖拉机有限责任公司（ООО ПК Промтрактор）	2130006695	楚瓦什共和国	5 994 730	9 524 501	-72 853	61 630
15	专业有限责任公司（ООО Профессионал）	3702512911	伊万诺沃州	6 462 202	8 701 027	175 691	612 022
16	加利奇汽车起重机股份有限公司（АО ГАКЗ）	4403000875	科斯特罗马州	5 685 841	6 619 204	463 620	722 045
17	飞马农机有限责任公司（ООО Пегас - Агро）	6330041285	萨马拉州	3 119 553	6 448 734	1 322 466	2 555 008

续表

排名	制造商名称	纳税人识别号	地区	营业收入/千卢布		净利润/千卢布	
				2020年	2021年	2020年	2021年
18	莫斯科电梯股份有限公司（АО МЭЛ）	7718014620	莫斯科市	4 104 914	6 209 881	537 072	505 977
19	西伯利亚石油机械科工有限责任公司（ООО НПП Сиббурмаш）	7203258777	秋明州	5 094 335	6 069 372	957 003	951 149
20	西伯利亚石油机械制造有限责任公司（ООО ППН Сиббурмаш）	7204186388	秋明州	4 373 462	6 055 749	356 351	398 938

资料来源：ARG 公司 Интегрум 数据库。

作为世界知名农业机械制造商之一，罗斯托夫农机制造有限责任公司以 752 亿卢布营业收入排名第 1。

紧随其后的鞑靼斯坦共和国的凯斯纽荷兰工业（俄罗斯）有限责任公司的营业收入为 301 亿卢布。

第 4 名为彼得堡拖拉机厂，这是基洛夫集团的成员企业，是唯一一家大功率轮式农用拖拉机的本土制造商，营业收入为 269 亿卢布。

第 5 名为来自莫斯科州的约翰迪尔（俄罗斯）有限责任公司，生产销售农业、建筑和森工机械，营业收入为 256 亿卢布。克拉斯诺达尔边疆区的科乐收（俄罗斯）有限责任公司紧随其后，这是一家世界领先的农机制造商，营业收入为 198 亿卢布。

从调查数据看，俄罗斯的工程机械制造业的特点如下：首先，俄罗斯工程机械制造业的国际化程度很高，前 20 名企业中 7 家为非俄罗斯本土企业或合资企业，外资企业以欧美日韩企业为主。其次，俄罗斯工程机械制造业与本国优势产业关系密切，前 20 名企业中农业机械和矿山机械制造商表现突出。再次，俄罗斯工程机械制造商普遍历史悠久，底蕴深厚，如彼得堡拖拉机股份公司有基洛夫集团的渊源，伊兹卡特克斯有限责任公司有伊若尔集团（伊若尔集团是俄罗斯历史最悠久的装备制造业集团，1722 年由彼得大帝下令建立）和乌拉尔重型机械制造集团的背景，但这也反映了新兴制造商中小企业多、实力不够，本土产业竞争力还有很大提升空间。俄罗斯本土工程机械的产品强度、越野能力和恶劣自然条件下的工作冗余度，对于建筑、采矿、伐木、农业、公用事业、能源等行业的客户尤为重要，行业产能集中在中央联邦区和乌拉尔联邦区。

1. 俄罗斯市场的本土工程机械制造商

虽然俄罗斯工程机械市场上外国品牌的市场份额较高，但俄罗斯本土制造商的产品知名度并不逊色。俄罗斯拥有发达的机械制造业，工程机械是其重要的产品之一。俄罗斯制造商在国内外市场拥有良好的商誉，拥有卡玛斯（KAMA3）、乌拉尔（Урал）和嘎斯（ГАЗ）等多个世界知名制造商，产品线丰富。

卡玛斯是俄罗斯最杰出的制造商之一，生产卡玛斯品牌产品已有 50 多年，专业生产卡车、自卸车、混凝土搅拌车、装载机、汽车起重机等工程机械，种类繁多，共有 60 多种主要型号，市场需求广阔。卡玛斯还是俄罗斯最大的卡车制造商，产品大量出口，拥有世界级的市场影响力和知名度，同时在相关友好国家部署了很多产品组装厂。

高尔基汽车厂（ГАЗ）是俄罗斯最大的汽车制造商，历史悠久，为汽车市场供应各类产品，产品线从覆盖轻型商务轿车、各种类别的中巴车和小型货车、各种工程机械产品，生产自动化水平为 90%。该厂从 1934 年启动生产制造业务至今，虽经历多次危机，却始终是一家现代化的技术领先的企业。

乌拉尔是俄罗斯著名的军民两用工业品牌，乌拉尔汽车厂是联合机械制造集团工程机械分公司的子公司，专业生产军用和特种装备，包括越野汽车、卡车、汽车起重机、消防车等。乌拉尔汽车厂历史悠久，在行业内拥有良好的美誉度。

罗斯托夫农机制造有限责任公司是世界上最大的国际化农业机械制造商之一。该公司有近百年的历史，曾经生产出苏联第一台联合收割机，拥有自己的创新研发中心、实验基地和全工艺周期的现代化生产流程，以 ROSTSELMASH 品牌生产各种型号的农业机械设备，集团包括 13 家生产 ROSTSELMASH、VERSATILE、FARM KING、BUHLER 等子品牌产品的企业。公司产品线包括粮食和饲料收割机、拖拉机、喷雾机、饲料和粮食加工设备等 24 种机械的 150 多种型号。2022 年 2 月，该公司在莫斯科获得了农业和食品领域年度国家奖"年度农业投资者"的奖项。世界上有 40 多个国家购买该公司的设备，通过广泛的经销商网络，公司产品供应四大洲数十个国家的市场。2007 年公司收购了加拿大农机制造商 Buhler Industries Inc 的资产，在俄罗斯、美国、加拿大和欧盟建组装厂，制造从整地和播种到收获和加工的一整套机械和设备。2022 年 10 月，公司成为俄罗斯年度最佳出口商之一。

彼得堡拖拉机厂是俄罗斯传奇工业巨头基洛夫集团的成员企业。基洛夫集团是俄罗斯拖拉机制造的鼻祖，是俄罗斯最古老的机械制造商之一，成立于 1801 年，1924 年制造出苏联第一批拖拉机，至今仍然是唯一一家大功率轮式农业拖拉机的本土制造商，主要产品和服务包括农业拖拉机、建筑机械、筑路机械和森工机械及其附件的设计、开发、生产、安装和维护，通过覆盖广泛的代表处和经销商网络（俄罗斯和独联体国家的 50 多个中心）提供保修和服务。产品广泛应用于农业备耕和播种生产，泥泞、冲刷、高车辙、越野、过水障碍等复杂路况下运输，高速公路、跑道、采石场道路、森林道路和冬季临时道路等的建造、修理及维护，油气管道铺设，矿山开采面作业，港口铁路物流转运，森林防火等领域。公司客户包括生产全国 70% 粮食的俄罗斯最大的农业企业、著名的石油天然气开采公司、最大的冶金和煤炭控股公司、国有和私营公司以及境内外企业，如天然气工业公司、白俄罗斯石油公司、鞑靼斯坦石油公司、俄罗斯石油公司、诺里尔斯克镍业矿冶公司、俄罗斯农业租赁公司等。

乌拉尔重型机械制造集团是俄罗斯最大的冶金和采矿设备制造商，产品包括电动、行走式、液压式矿用挖掘机，粉碎磨碎设备，矿井提升装置，冶金、造船业用重型桥式起重机和冶金用转炉，是俄罗斯唯一的步履式挖掘机和焙烧输送机的制造商。作为苏联工业化成就的标志性企业，该集团拥有近百年的历史，总部位于斯维尔德洛夫斯克州。公司旗下工程机械制造业务主要由伊兹卡特克斯有限责任公司承担。伊兹卡特克斯有限责任公司是俄罗斯最大的挖掘机制造商,生产基地位于科尔皮诺(圣彼得堡市)。公司为俄罗斯国内外的采矿公司提供设备,包括哈萨克斯坦、白俄罗斯、乌兹别克斯坦、印度和蒙古。在销售结构中,70%~80%是出口。

联合机械制造集团工程机械分公司是俄罗斯大型机械制造联合企业,旗下包括著名的俄罗斯卡车制造商乌拉尔汽车厂和若干个工程机械制造商,主要产品包括轮式和履带式挖掘机、工业装载机、平地挖掘机、自动平地机、伸缩式装载机。此外,产品线包括前置装载机、公用机械、汽车底盘上的挖掘机、拖拉机。生产基地分布在特维尔、车里雅宾斯克和布良斯克。

车里雅宾斯克拖拉机厂是苏联第一个五年计划期间引进外国技术首批建成的拖拉机制造厂。2011年3月,俄罗斯著名的乌拉尔车辆厂从车里雅宾斯克州政府手中收购了车里雅宾斯克拖拉机厂63.3%的股份,成为该厂的控股母公司,车里雅宾斯克拖拉机厂开始生产道路施工机械等重型设备。乌拉尔机车车辆集团是从事军事装备、道路工程机械和铁路车辆开发生产的大型科研生产综合体,由研究机构、设计中心和生产企业组成,实际控制人为俄罗斯国家技术集团。车里雅宾斯克拖拉机厂生产与销售轮式和履带式道路机械(如推土机、管道铺设机、轮式装载机)及其零部件,以及其他高科技机械制造产品。客户为从事石油和天然气、采矿、建筑、林业等活动的数千家企业,以及一些政府部门。

工业拖拉机康采恩机械工业集团是俄罗斯大型企业集团,成员企业分布在俄罗斯、白俄罗斯和摩尔多瓦等国,产业链完整,实力比较雄厚,由俄罗斯国家技术集团管理。切博克萨雷工业拖拉机股份公司是集团内核心企业。切博克萨雷工业拖拉机股份公司建于20世纪70年代至80年代,是苏联当时唯一的一家重型工业拖拉机制造商。该公司的"切特拉"品牌拖拉机、推土机、农业机械和管道敷设设备,在独联体成员国和世界其他23个国家享有不错的口碑。国际制裁背景下,升级的切特拉推土机还出口到了匈牙利,用于燃料和能源行业、黄金开采业、石油和天然气行业、煤炭业、采矿业、建筑业和道路施工。公司客户包括俄罗斯天然气工业股份公司、秋明英国石油公司、阿尔罗萨金刚石公司、卢克石油公司、俄罗斯铁路公司等。在萨哈林-2项目(俄罗斯)、赤塔—哈巴罗夫斯克联邦公路（俄罗斯）、泰舍特—纳霍德卡石油管道（俄罗斯）、蒙德拉—德里天然气管道（印度）、中哈石油管道、北溪天然气管道（俄罗斯—德国）、蓝溪管道（俄罗斯—土耳其）和里海石油管道（哈萨克斯坦—俄罗斯）大型基础设施项目建设中发挥作用。该公司是俄罗斯拖拉机制造企业中第一家组建服务中心网络和租赁公司的，为合作伙伴提供全面的保修、技术、维修和金融服务。2018年，俄罗斯国家技术集团重组了该公司的国防工业板块业务。2022年，俄罗斯国家技术集团整合车里雅宾斯克拖拉机厂和工业拖拉机康采恩合作，在车里雅宾斯克生产推土机。

叶拉布戈汽车股份公司是俄罗斯和其他独联体成员国石油和天然气行业专用设备、道路建设和市政设备、汽车底盘工程机械制造商，是俄罗斯石油和天然气设备制造商联盟的成员，是生产用于石油和天然气行业钻井与维护移动设备的三大制造商之一，公司位于鞑靼斯坦共和国叶布拉戈市。受益于苏联的工业化体系，俄罗斯本土工程机械产业具备基本的产业链生态，如起重设备制造商就有加利奇汽车起重机股份公司，伊万诺沃汽车起重机股份公司和科林佐夫汽车起重机股份公司，还有车里雅宾斯克机械股份公司。这些制造商与卡玛斯、乌拉尔、明斯克等卡车制造商以及基洛夫、切特拉等拖拉机制造商形成协作关系，为俄罗斯和其他独联体成员国提供汽车和拖拉机底盘的起重和吊装设备。

加利奇汽车起重机股份公司是俄罗斯一家历史悠久的液压起重机制造商，位于科斯特罗马州加利奇市，专业生产25~100吨级的汽车底盘起重机，其"加利查宁"品牌起重设备多次获得俄罗斯产品评比优胜奖并入选"俄罗斯100种最佳商品"目录。

伊万诺沃汽车起重机股份公司是俄罗斯一家有代表性的起重设备制造商，自1950年成立以来，该公司生产了16万多台起重机，并在70个国家找到了客户。公司是俄罗斯历史最悠久、规模最大的汽车起重机制造商之一，是俄罗斯领先的转向支架制造商。目前的产品线包括容量为16吨、25吨、35吨、40吨和50吨的汽车起重机，特别是25吨城市起重机，能够在城市街道的狭窄区域运行。2011年，公司进行了生产设施和研发中心的现代化改造，建成了一条机器人生产线。

科林佐夫汽车起重机股份公司是俄罗斯重要的起重设备制造商，生产履带起重机、汽车起重机、自动液压起重机和机械臂起重机、松土和铺管设备。公司产品适应俄罗斯多变的地理气候条件，参加了克里米亚大桥和索契奥运会设施建设。公司的客户包括建筑组织、石油公司、住房和公用事业公司等，2019年，其"科林奇牌"汽车起重机在俄罗斯的市场份额为28%。

除了上述专业制造商，还有白俄罗斯共和国阿姆卡道尔机械控股公司等，产业链和供应链与俄罗斯市场结合非常紧密。

总体上，俄罗斯工程机械市场上本国制造商的市场地位比较弱。其中，俄罗斯建筑机械市场上外国产品市场份额超过82%。2021年建筑工程机械市场结构中，进口量是国内产量的4.1倍，逆差数量达4.99万台。俄罗斯本土产量前3名为凯斯纽荷兰工业（俄罗斯）有限责任公司[①]、乌拉尔机械制造股份公司和小松（俄罗斯）股份有限公司，其中两家为外资品牌俄罗斯制造基地。哈萨克斯坦购买俄罗斯产品出口总量的57%以上。

2. 俄罗斯市场的欧美日工程机械制造商

欧美国家的工程机械品牌历史悠久，产品研发投入大，自动化和自动控制、安全系统、能源效率等方面技术创新迭代迅速，产品线丰富，包括挖掘机、装载机、推土机、平地机、起重机、混凝土泵车、专用车等，产品广泛应用于交通、建筑、矿山、农林等领域，满足客户多样化的需求。

通过代表处或与俄罗斯公司合作等方式，这些制造商采取产品出口或本地化生产方式，满足俄罗斯市场需求，为本土制造商和消费者提供了符合世界标准的高质量设备。与外国制造商的合作，促进了俄罗斯工程机械产业的技术发展和现代化，促进了俄罗斯和外国制造商之间的投资流入和经验交流。

外国工程机械制造商在俄罗斯的存在补充了本土制造商的供应缺口，并以多样化和高质量的产品丰富了市场，满足了各个行业的需求，并有助于俄罗斯基础设施和工业的发展。

---

① 2022年3月，该公司暂停向俄罗斯市场供应产品。4月20日，塔斯社报道，全球最大的农业机械制造商CNH Industrial宣布以约6 000万美元的价格出售其在俄罗斯的业务。

俄罗斯工程机械市场各细分市场的外国制造商如下：

约翰迪尔是全球领先的农业、伐木和道路设备制造商。约翰迪尔和俄罗斯的合作历史可以追溯到沙皇俄国时期，苏联工业化和集体化时期也批量进口了约翰迪尔的拖拉机产品。约翰迪尔（俄罗斯）有限责任公司于2005年在奥伦堡开始运营，采取SKD（半散装）模式生产通用耕作拖拉机和全轮驱动拖拉机两种型号。莫斯科州多莫杰多沃市开设了联合收割机、拖拉机和建筑设备组装工厂，投资总额超过2亿美元。2011年，面向独联体客户的约翰迪尔培训中心开始在这里运作。2020年，多莫杰多沃的生产转移到奥伦堡，生产场地规模达到12万平方米，主要产品是播种和土壤处理设备、8R拖拉机、联合收割机。约翰迪尔向俄罗斯市场供应微型装载机、推土机、挖掘机和筑路工程机械等产品，德国工程机械企业维特根集团是约翰迪尔旗下企业。2022年3月10日，由于国际制裁该公司暂停了在俄罗斯的经营活动。

科乐收是一家世界级的农业机械制造商，生产拖拉机、收割机、打捆机、装载机。受益于苏联解体后俄罗斯对农业发展的政策支持和农业的繁荣，科乐收在俄罗斯市场地位稳定，公司发展顺利。1992年，科乐收开始在俄罗斯境内开展销售业务。2003年，科乐收（俄罗斯）有限责任公司在克拉斯诺达尔边疆区注册成立，开始在俄罗斯境内生产联合收割机，这是第一家在俄罗斯境内生产农业机械的外国制造商。2007年，科乐收（俄罗斯）有限责任公司组装ATLES拖拉机；2008年，生产TUCANO型联合收割机；2011年，生产XERION系列拖拉机；2012年，生产AXION系列拖拉机。2016年，科乐收（俄罗斯）有限责任公司与俄罗斯工业和贸易部签署了特别投资合同，旨在实现联合收割机生产的现代化和国产化。政府提供农机政府补贴、税收政策稳定和许多其他支持条件。公司承诺投资7.5亿卢布，扩大员工就业，5%产品出口，从德国向俄罗斯进行技术转移，提高收割机生产本地化水平。合同条款设计期限为10年。2021年，公司生产的TUCANO型联合收割机、AXION和XERION系列拖拉机出货量较2020年增长63%，其中1/3产品通过俄罗斯农机租赁公司的金融工具销售。2021年年底公司完成了大规模的现代化改造，总投资达9.5亿卢布。2022年10月，公司产量增加34%；2022年2月，公司宣布达到最高产量。2022年3月，公司暂停了联合收割机厂的运营。

卡特彼勒是世界上最大的建筑和采矿机械制造商之一,它生产土方和运输设备、建筑机械、柴油发动机和其他产品,业务分布在五大洲50个国家,由480多个部门组成。它在俄罗斯设有生产代表处和销售机构,提供各种工程机械,包括挖掘机、推土机、装载机等,广泛应用于建筑、道路和采矿业。1973年,卡特彼勒在俄罗斯开设了第一个办事处,为出口到苏联的挖掘机提供支持。1997年,公司开始在俄罗斯列宁格勒州托斯诺市建造自己的装配厂;2000年,该装配厂启动,生产CAT773E和CAT777E重型自卸车、320D(21吨)和336D(36吨)液压挖掘机,以及配套生产公司的欧洲工厂所需零部件。截至2019年,投资额超过1亿美元,占地面积24公顷,生产面积2.5万平方米。该装配厂的生产能力为每年20 000吨金属结构、1 600台挖掘机和300辆自卸车。2010年,卡特彼勒在俄罗斯新西伯利亚建立了第二个生产基地,为TOSNO生产的采石场自卸车生产车身。2022年3月10日,卡特彼勒宣布,由于国际制裁导致零部件供应受限,装配厂的生产经营存在困难,暂停在俄罗斯的经营活动。

小松是日本的一家跨国公司,全球共有182家分公司,专注于为采矿企业、建筑企业和物流公司生产高品质工程机械及其零部件,产品包括挖掘机、装载机、推土机等各类工程机械。

小松于1969年进入苏联市场,供应挖掘机和推土机等工程机械,产品广泛应用于天然气管道建设、石油生产和林业生产,当地的恶劣工况条件促进了小松产品设计的迭代优化。2022年,独联体成员国的销售额占小松总销售额的7%。小松独联体工厂和培训中心位于俄罗斯雅罗斯拉夫尔市,还有一家合资企业,位于伊万诺沃市。小松在独联体成员国共有120多个办事处和分支机构,提供销售、维保和培训服务。由于国际制裁,小松暂停了对俄罗斯的发货和当地的生产,但继续通过代理商为其设备提供各类维保服务。

利勃海尔是全球领先的建筑和采矿机械德国制造商,在俄罗斯设有工厂和办事处,生产各类起重机、挖掘机、装载机、自卸卡车和推土机等。苏联时期,利勃海尔与敖德萨重型起重机厂(现为乌克兰拥有,已破产)成立过合资企业。2000年,俄罗斯代表处利勃海尔-鲁斯兰公司在莫斯科成立,负责公司产品在俄罗斯境内的销售和服务,在莫斯科、克麦罗沃和哈巴罗夫斯克有3个大型维修仓储综合体和7个区域服务中心。2006年,利勃海尔在下诺夫哥罗德州捷尔任斯克市建设了两家工厂,总投资1.7亿欧元,2011年投产,其中一家专门从事建筑工程机械制造业务。利勃海尔与俄罗斯工业巨头卡玛斯在发动机研发制造业务进行合作,KAMAZ 54901卡车搭载了第一款联合研发的"KAMAZ-910.12-450"发动机。2014年以来,利勃海尔与西伯利亚商业联盟及克麦罗沃化工机械厂生产基地开展合作,生产利勃海尔重型建筑设备、LIEBHERR T264自卸车和LIEBHERR 1566前装载机大型附件。2022年3月以来,由于国际制裁,利勃海尔陆续停止了在俄罗斯的投资活动。

日立工程机械株式会社是一家专业生产建筑和矿山机械的日本公司,研发生产和销售挖掘机、装载机、推土机等。日立在俄罗斯市场设有生产基地——日立建筑机械欧亚有限责任公司,该公司位于特维尔州加里宁区列别捷沃村,该区域总部负责在独联体成员国的生产和销售。自2013年以来该公司一直在运营,每年生产约2 000台挖掘机。2021年,该公司更新了设备,并开始组装新型号ZX400LCH-5G挖掘机,生产液压挖掘机、建筑机械、采矿设备,以及备件销售、技术支持和培训。2022年3月10日,日立宣布暂停对俄罗斯工程机械产品出口,并逐步关闭俄罗斯市场的地区销售总部和特维尔的公司。

杰西博是一家著名的英国建筑和农业机械制造商,公司在俄罗斯设有生产代表处和经销商网络。2016年,在莫斯科州杰列诺格勒耶里诺村与俄罗斯代理商"ЗАО Лонмади"合作设立产品组装厂,生产20吨履带式挖掘机和带侧面转向的小型装载机。由于国际制裁,英国政府禁止向俄罗斯出口机械制造产品,该公司声明暂停俄罗斯业务,但该公司的俄罗斯办事处仍在继续运营。该公司实际上正在绕过国际制裁,在俄罗斯生产和销售组装产品。

3. 俄罗斯市场的中国工程机械制造商

目前,俄罗斯市场有许多国际知名的中国工程机械制造商,其产品应用于各行各业。

徐工是中国最大的工程机械制造商之一,提供起重机、挖掘机、装载机、推土机和其他工程机械。徐工拥有60多家生产机械、零部件、预制建筑以及从事信息技术服务的企业。工程机械制造商排行榜上徐工排名中国第1、世界第3。在俄罗斯受国际制裁之前,徐工产品在俄罗斯市场的销量仅次于卡特彼勒和小松。目前,该公司在俄罗斯的产品销量占俄罗斯市场总销量的1/3。徐工XC6系列装载机深受俄罗斯市场欢迎,这些机器配备了更坚固的伸缩臂以及最新的智能冷却系统和改进的液压驱动系统,能够在困难条件下和最大负载下不间断地工作。俄罗斯市场上比较流行的徐工产品还有LW300F、LW300FN、LW500FN、ZL50G、ZL50GV、LW300FN等型号装载机和GR215平地机。

三一重工是世界第五大、中国最大的建筑设备制造商,公司的主要业务是混凝土机械、钻机、港口机械、履带式起重机、挖掘机、筑路机械等设备的销售和维修,主要产品类别为挖掘机(36.7%)、混凝土设备(30.8%)、起重设备(18.6%)、打桩设备(6.4%)和道路设备(2.9%)。截至2020年年底,三一重工共销售挖掘机9.87万余台,居世界第1位(占全球挖掘机市场的15%)。三一重工参与了莫斯科联邦大厦高层综合体建设、沃罗涅日核电站建设、远东海港建设项目、喀山世界杯体育场馆建设等重大项目。其产品在可靠性、运行效率、技术支持和完善服务方面具有优势,赢得了俄罗斯市场众多客户的信赖。三一(俄罗斯)公司同时代表普茨迈斯特公司和三一帕尔菲格俄罗斯公司,销售和服务网络覆盖俄罗斯全境,在中央联邦区、西北联邦区、南部联邦区、伏尔加联邦区、乌拉尔联邦区、西伯利亚联邦区、远东联邦区建立了授权经销商和官方代理商网络。三一(俄罗斯)公司在莫斯科的中央仓库以及24小时热线,为客户提供高质量的保修服务。

中联重科是一家专业生产工程机械的公司,主要从事工程机械(起重机、挖掘机、混凝土泵等)和农业机械等高新技术装备的研发制造。中联重科是从国家级研究院孵化而来的企业,是行业标准的制订者,位居全球工程机械企业第5。中联重科重视俄罗斯市场开拓,与斯堪尼亚合作研发并在俄罗斯组装。2022年7月公司制定了在俄罗斯业务发展活动的计划,推出了新产品——PL2304拖拉机、TF120联合收割机和拖拉机PS1804,公司计划进一步销售配备自动变速箱的PS1804拖拉机和TF120谷物收割机。

柳工是中国著名的工程机械制造商,公司生产了中国第一台现代化的轮式装载机 Z435。2000 年以来，柳工开启全球化经营，产量逐年增长，品牌影响力不断扩大。2018 年，在公司成立 60 周年之际，公司生产了第 40 万台前置装载机。公司拥有 30 多个海外办事处、300 多家经销商和 17 000 多名员工。2023 年，柳工位居全球工程机械制造商排行榜第 17。柳工深耕俄罗斯市场多年，不断推出新产品。2022 年，柳工在莫斯科建筑机械技术博览会上举办了规模最大的产品展览，展示了平地机、推土机、挖掘机、装载机、压路机、仓储设备等产品。公司在俄罗斯市场销售的主要产品包括 ZL50CN、855H、835Ⅲ、CLG 856L 型号装载机，计划推出最新 855N LNG 装载机。

山推是中国专业生产建筑和矿山机械的公司，跻身全球工程机械制造商前 50 名。2023 年，山推是中国大陆唯一排名上升的工程机械制造商。公司产品覆盖推土机系列、道路机械系列、混凝土机械系列、装载机系列、挖掘机系列等 10 多类主机产品和底盘件、传动件、结构件等工程机械配套件。山推拥有全球最大的推土机生产基地，推土机产销量全球持续领先，国内连续 18 年排名第 1。山推致力于远程遥控、智能网联、新能源、大马力产品等领域的研究。2019 年，全球首台 5G 远程遥控大马力推土机实现商业化，5G 技术应用和智能制造水平进一步提升，通过 5G 网络打造的智能工厂日渐成熟，自主设计的智能生产线和装配检测设备投产应用。

（二）俄罗斯工程机械市场供应链概况

俄罗斯市场工程机械产品供应链因不同品牌而异，每个制造商都有其独特的产品分销和市场策略，包括授权经销商和分销商网络。著名工程机械制造商在俄罗斯各地拥有广泛的授权经销商和分销商网络，这些经销商和分销商有自己的汽车经销商、零件仓库和服务中心，与制造商密切合作，为客户提供销售、供应、服务和技术支持服务。每个品牌的经销商和服务中心数量可能因各地的经济发展水平和地理条件而异，但所有这些品牌都为其在俄罗斯的客户提供优质的服务和技术支持。客户从众多品牌和车型中进行选择，同时考虑自己的需求和预算。俄罗斯工程机械市场的竞争促进了新技术的发展、产品质量的提高，并为客户提供了更多选择。

总体而言，客户一般选择符合其性能、可靠性和效率要求的产品，以成功完成任务并提高运营效率。

1. 俄罗斯工程机械经销商网络概况

截至2020年3月1日,在俄罗斯共有4 425个经销商中心从事工程机械销售、维护和保障。日本品牌小松拥有俄罗斯最大的经销商网络,共有217个销售中心;其次是韩国斗山和卡特彼勒旗下的山猫分别拥有168个和155家销售中心;莫斯科、鞑靼斯坦共和国和斯维尔德洛夫斯克州拥有数量最多的经销商中心(见表2-10和表2-11)。①

表2-10 经销商网点数量前10名企业

排名	品牌	数量/个
1	小松	217
2	斗山	168
3	山猫	155
4	现代	144
5	日立	128
6	山东临工	128
7	迪耶奇	126
8	凯斯	123
9	纽荷兰	122
10	利勃海尔	115

表2-11 经销商网点分布前10名地区

排名	地点	数量/个
1	莫斯科市	239
2	鞑靼斯坦共和国	144

---

① https://napinfo.ru/infographics/dilerskiye-tsentry-spetsialnoy-tekhniki-tor-10-regionov/。

续表

排名	地点	数量/个
3	斯维尔德洛夫斯克州	140
4	车里雅宾斯克州	133
5	克拉斯诺达尔边疆区	130
6	圣彼得堡市	125
7	伊尔库兹克州	117
8	克麦罗沃州	115
9	萨马拉州	103
10	莫斯科州	100

俄罗斯工程机械市场国际化程度高，拥有一个国际化的市场供应链体系，建筑业、采矿业和工业装备等众多细分市场在其中占比高，市场上国内和国际品牌制造商众多。本土制造商市场份额占比不高，欧美日传统优势制造商优势明显，但中国制造商作为一个整体已经占据了可观的市场份额。这个市场态势在2022年国际制裁之前已经形成，尤其是2022年俄乌冲突后，中国制造商的市场份额增长趋势更加明显。2023年1月有关机构统计数据显示，中国制造商的市场份额已经超过70%，相比上一年同期增长了30%。[①]

建筑机械市场：俄罗斯建筑行业的工程机械种类繁多，包括挖掘机、推土机、装载机、卡车、起重机等，世界知名制造商卡特彼勒、小松、日立、沃尔沃、杰西博等在俄罗斯都有授权的经销商和分销商，此外，中国的徐工、三一重工、中联重科、柳工等品牌也在俄罗斯市场销售工程机械。

矿山机械市场：俄罗斯采矿业使用各类工程机械进行开采、矿建以及从事采矿行业的其他工作。世界知名制造商卡特彼勒、小松、山特维克等的矿山机械种类繁多，在俄罗斯拥有众多经销商和分销商；同时，徐工、三一重工、中联重

---

① https://reis.zr.ru/news/10-luchshikh-lidery-rynka-stroitelnoi-tekhniki/。

科、山推等中国品牌在俄罗斯矿山机械市场的地位也不断加强。

工业装备市场：俄罗斯制造业在生产过程中使用各种设备，如机床、焊接和切割设备、泵、压缩机等。西门子、博世、ABB、施耐德电气等品牌提供广泛的工业设备，并在俄罗斯拥有授权的经销商和分销商。

通常，著名工程机械品牌的官方网站都有具体经销商和分销商网络的详细信息。每个授权经销商和服务中心可能有不同的工作条件、服务时间表、可提供的服务和设备范围，如果需要具体了解授权经销商和服务中心的更多信息，可以直接联系这些品牌的客户代表，也可以访问其官方网站。

俄罗斯知名的工程机械经销商如下：

ТехноКом（Technocom）公司是杰西博、安迈（AMMANN）、山猫、特雷克斯（TEREX）、HIDROMEK 等品牌的授权经销商。

黄金城公司（Золотой Город）同时供应卡特彼勒、小松、沃尔沃、日立等品牌的工程机械。

АТЭК 集团专业供应利勃海尔、森尼伯根（SENNEBOGEN）、BELL、维特根、宝马格（BOMAG）等品牌的工程机械及其技术维护服务。

Инком – Трейд（Inkom – Trade）公司是现代重工（Hyundai Heavy Industries）的品牌授权经销商，提供挖掘机、装载机、压路机等各种工程机械。

Katex 公司专业供应各种品牌的建筑和筑路机械及其相关技术服务，包括斗山、山河智能、徐工、山东临工等品牌。

RusDiesel 公司提供康明斯（CUMMINS）、珀金斯（PERKINS）、哈茨（HATZ）、MTU、道依茨（DEUTZ）等制造商的工程机械发动机，并提供服务。

Автодор – Москва（Avtodor – Moscow）公司是小松、悍马（HAMM）、维特根、福格勒（VOEGELE）等知名工程机械品牌的经销商。

Атлантис Моторс（Atlantis Motors）公司是凯斯、阿特拉斯（ATLAS）、戴纳派克（DYNAPAC）和曼尼通（MANITOU）等品牌的授权经销商。

Росдортехника（俄罗斯交通科技）公司专业供应徐工、三一重工、山推、中联重科等品牌的筑路机械及其技术服务。

АТЭК – Компани 公司是杰西博、斗山、悍马、凯斯、博世（BOSCH）品牌的授权经销商。

Техимпорт 公司供应柳工、山东临工、山河智能和 HIDROMEK 等品牌的工程机械。

ТехноКом – Сервис（Technocom – Service）公司专门供应杰西博、特雷克斯、吉尼（GENIE）、伟博麦斯（VIBROMAX）等品牌的工程机械及其技术服务。

СпецТехМаш（Spetstekhmash）公司是现代、竹内（TAKEUCHI）、梅洛（MERLO）、马斯唐（MUSTANG）等品牌的授权经销商。

ИнтерторгМаш 公司专业提供神钢（KOBELCO）、斗山、多田野（TADANO）、山推等品牌的工程机械及其技术服务。

俄罗斯工程机械销售前 50 名经销商见表 2 – 12。

表 2 – 12　俄罗斯工程机械销售前 50 名经销商

单位：百万卢布

排名	企业	收入	资产	地区
1	ООО Техмашюнит（纳税人识别号:7725844727）	22 779	11 822	莫斯科市
2	ООО Стройресурс（纳税人识别号:6926002207）	4 193	3 889	特维尔州
3	ООО Славинвестстрой（纳税人识别号：7706809798）	3 085	3 213	莫斯科市
4	АО Автокран Аренда（纳税人识别号：7805045230）	2 964	5 511	圣彼得堡
5	ООО Фортрент（纳税人识别号:7806131019）	2 339	2 047	圣彼得堡
6	ООО Строительная Холдинговая Компания Старый Город – Карст（纳税人识别号:7801223058）	1 973	907	圣彼得堡
7	ООО Лайер（纳税人识别号:7801441722）	1 532	2 338	莫斯科市
8	ООО ТопРесурс（纳税人识别号:5190915500）	1 180	1 224	莫斯科市
9	ООО Спецмаштранс（纳税人识别号:7716709680）	975	512	莫斯科州

续表

排名	企业	收入	资产	地区
10	ООО УМ-77（纳税人识别号：5040084253）	959）	776	莫斯科州
11	ООО Вектор（纳税人识别号：2308233072）	873	184	克拉斯诺达尔边疆区
12	ООО Техар（纳税人识别号：5024200488）	806	582	莫斯科州
13	ООО Профмастер（纳税人识别号：9715332240）	787	292	莫斯科市
14	АО Автокран Аренда К（纳税人识别号：7820338921）	779	1 725	圣彼得堡
15	ЗАО Уптк（纳税人识别号：6604013162）	766	1 218	斯维尔德洛夫斯克州
16	ООО Гк Дорстрой-М（纳税人识别号：7727049153）	757	151	莫斯科州
17	ООО Энергостройтех（纳税人识别号：7814498839）	752	504	圣彼得堡
18	ООО Коммтех（纳税人识别号：7708393400）	722	227	莫斯科市
19	ЗАО ТрансАвто-I（纳税人识别号：7813563203）	672	369	圣彼得堡
20	ООО Стк（纳税人识别号：7716953350）	658	1 014	莫斯科市
21	ООО Атик Констракшн（纳税人识别号：7729711661）	647	816	莫斯科市
22	ООО Техстрой（纳税人识别号：7734708505）	641	266	莫斯科市
23	ООО Транспортная компания Тсс（纳税人识别号：4027134256）	640	1 313	卡卢卡州
24	ООО Трансстрой（纳税人识别号：7730581463）	614	583	莫斯科市
25	ООО Скайлайн Констракшн（纳税人识别号：9725021501）	601	665	莫斯科市

续表

排名	企业	收入	资产	地区
26	ООО СТРОИТЕЛЬНОЛОГИСТИЧЕСКАЯКОМПАНИЯ（纳税人识别号：7811747237）	574	369	圣彼得堡
27	ООО Ст – Аренда（纳税人识别号：7733569464）	571	497	莫斯科市
28	ООО Стк（纳税人识别号：9725053905）	570	466	莫斯科市
29	ООО Комфорт（纳税人识别号：5835117343）	551	691	奔萨州
30	ООО Фора（纳税人识别号：2543123320）	541	504	滨海边疆区
31	ООО Стемма（纳税人识别号：6453126531）	537	533	莫斯科州
32	ООО Трансстрой – 1（纳税人识别号：7730581456）	528	466	莫斯科市
33	ООО Кран Сервис И Логистика（纳税人识别号：7841095878）	508	426	圣彼得堡
34	ООО Жирафф Рент（纳税人识别号：7449097329）	499	622	车里雅宾斯克州
35	ООО Акр（纳税人识别号：8602270697）	491	610	汉特－曼西自治区（南）
36	АО Лимакмараштехника（纳税人识别号：9725025351）	473	763	莫斯科市
37	ООО Модулар（纳税人识别号：5003082890）	470	669	莫斯科市
38	ООО Монтажспецстрой（纳税人识别号：2540222001）	469	249	滨海边疆区
39	ООО Каскад（纳税人识别号：9721039628）	451	348	莫斯科市
40	ООО Спецтранс（纳税人识别号：7722443903）	447	504	莫斯科市
41	ООО Титул（纳税人识别号：2801205130）	442	282	阿穆尔州
42	ООО Профтехколонна（纳税人识别号：6163148501）	432	430	罗斯托夫州
43	ООО Таврдорстрой（纳税人识别号：2366016920）	418	548	克拉斯诺达尔边疆区

续表

排名	企业	收入	资产	地区
44	ООО Технопланет（纳税人识别号：7813439566）	394	148	圣彼得堡
45	АО Джи Эм Пи Констракшн（纳税人识别号：7729613801）	388	489	莫斯科市
46	ООО Тран Строй Компания（纳税人识别号：5027222916）	381	393	莫斯科市
47	ООО Craномонтаж（纳税人识别号：9703011059）	379	291	莫斯科市
48	ООО Проминвест Авто（纳税人识别号：7814736586）	349	229	圣彼得堡
49	ООО Рестрада（纳税人识别号：1650352178）	336	544	鞑靼斯坦共和国
50	ООО Инвехтиционно-Производственная Компания Межрегионресурсы（纳税人识别号：7804685004）	335	84.9	圣彼得堡

2. 欧美日工程机械制造商的供应链概况

卡特彼勒、小松、沃尔沃、日立、利勃海尔等工程机械制造商在俄罗斯工程机械市场占有相当大的份额，这些制造商经验丰富，技术可靠，产品质量高，它们为包括建筑、采矿、道路建设和其他行业在内的各种行业提供各种各样的专用机械。

卡特彼勒在俄罗斯拥有 20 多个授权经销商和服务中心，提供广泛的服务，包括新设备和二手设备的销售、租赁、服务、零部件供应和操作员培训。卡特彼勒的俄罗斯授权经销商包括 Уралтрак（Uraltrack）、Вектор（Vector）、Строительная Техника（Stroitel'naya Tekhnika）等公司。

小松在俄罗斯拥有 50 多个提供全方位服务的授权经销商和服务中心网络，负责销售小松的新设备、零部件、保养和维修，并为客户提供咨询服务。小松的俄罗斯授权经销商包括 Техносерв（Technoserv）、Техмаш（Techmash）、Промтек（Promtek）等公司。

沃尔沃在俄罗斯拥有30多个授权经销商和服务中心，它们提供沃尔沃新设备的销售、零部件、服务和维修服务。沃尔沃的俄罗斯授权经销商包括CMT（SMT）、Сканвест（Scanvest）、АВТ‑Техника（AVT‑Tekhnika）等公司。

俄乌战争爆发后，随着欧美国家对俄罗斯实施多轮经济制裁，工程机械产业无疑受到当前地缘政治局势的影响。小松、日立、约翰迪尔、卡特彼勒、依维柯、福特、斯堪尼亚、MAN、沃尔沃等约20家工程机械和商务车制造商陆续宣布在俄罗斯停止运营。

自2022年7月起，欧盟进一步出台制裁政策，禁止向俄罗斯进口鞍式拖拉机、中型卡车、混凝土搅拌机、推土机、拖拉机、公用事业和其他车辆。2022年7月31日，欧盟在第七轮制裁中禁止向俄罗斯出口总功率为298千瓦及以上的发动机，将其等同于军民两用产品。至少有3台发动机符合这些参数：德累斯塔公司的TD‑40E（康明斯QSK19522马力）、利勃海尔公司的PR 766（利勃海尔D9508422马力）和利勃海尔公司的PR 776（利勃海尔D9512768马力），这会影响俄罗斯有关本土推土机制造商的产品供应链。但是，2022年前9个月，德累斯塔向俄罗斯交付了4台，利勃海尔交付了48台。

实际上，参加制裁的欧洲各国的工程机械制造商正在以各种方式进入俄罗斯市场，比如通过白俄罗斯或哈萨克斯坦进入俄罗斯市场，但是在制裁和困难的采购物流条件下，产品服务和零部件供应问题将加剧。尽管相关产品市场上仍有销售，但是其成本明显高于市场上出现的同类产品的价格，价格上涨明显。例如，利勃海尔通过其俄罗斯官方经销商（Liebherr Rusland LLC）在2022年前9个月内销售了90台推土机，略低于去年同期的97台，其中一些型号产品突破了制裁标准。同时，一些来自对俄罗斯实施制裁的国家的工程机械制造商公开参加了俄罗斯设备展览会。①

3. 中国工程机械制造商的供应链概况

目前，中国工程机械制造商在俄罗斯市场不断发展壮大，占据了相当大的市场份额，产品深受客户欢迎，中俄两国不断加强的经济合作关系在工程机械市场

---

① https://expert.ru/expert/2022/50/dvoynyye‑sanktsii‑dlya‑spetstekhniki/。

也得到了充分反映。在俄罗斯面临严峻的国际制裁背景下，俄罗斯的客户越来越多地转向中国工程品牌，中国工程机械在俄罗斯以其实惠的价格、现代化的技术和产品质量得到了认可，正在成为从建筑到采矿业等各行业具有竞争力的替代品，并帮助俄罗斯企业提高运营效率。

中国工程机械制造商积极发展俄罗斯市场的销售服务网络，它们的授权经销商和服务中心在为客户提供优质服务方面发挥着重要作用。它们提供全方位的服务，从咨询如何选择特殊设备的正确型号到确保其在整个使用寿命期间不间断运行，客户可以享受专业的服务、快速的问题应对和及时的零部件供应。同时考虑俄罗斯工程机械的使用特点，提供售后服务以及操作人员的培训，以确保产品的有效和安全运行。

中国工程机械制造商在俄罗斯市场占有相当大的份额，这与中国工程机械制造商以合理价格向客户提供高质量产品密切相关。

中国工程机械的优势之一是价格实惠。此外，中国工程机械制造商还积极投入科技开发和生产技术，以提高其技术的质量和可靠性。

中国工程机械的另一个优势是其通用性和对不同工况的适应性。例如，中国工程机械的许多型号都配备了在恶劣气候条件下工作的功能，以及在不同类型的土壤和不同的工作模式下工作的功能。

中国工程机械制造商努力使其产品对环境更加友好。它们在生产中引进新技术，使用更多的环保材料，从而减少对环境的负面影响，提高机械运行效率。

俄罗斯市场有 5 家代表性的中国工程机械制造商处于领先地位，它们是徐工、三一重工、中联重科、柳工和山推，这 5 家公司提供多种设备，以满足不同行业的需求，并以产品的高品质、可靠性和价格实惠而受到客户的信赖。

2022 年 2 月以后，欧盟国家连续实施国际制裁，为俄罗斯的进口替代政策实施带来了市场空间，也为中国工程机械制造商带来了发展机遇，俄罗斯对中国工程机械制造商寄予了很高期待，以取代所有欧美日品牌。

徐工、山推、中联重科、三一重工、柳工抓住机遇正在积极开拓俄罗斯市场。山河智能、华南重工、厦工（"厦工机械股份有限公司"的简称）、福田雷沃、鲁青（"青州装载机厂有限公司"的品牌）等其他一些中国工程机械制造商也在开拓俄罗斯市场，但目前市场总份额有限，这些企业更多集中于一些细分市场。如青州装载机厂有限公司在俄罗斯销售其鲁青品牌小型多功能装载机和前置装载机，可配备各种悬挂设备，性价比高，零部件供给及时。另外，河北宣工、美斯达（"广西美斯达工程机械设备有限公司"的简称）等企业在俄罗斯市场也很活跃。

三一重工在俄罗斯设有授权经销商和服务中心，其授权经销商包括 Технический центр строительной техники（Technical Center of Construction Machinery）和 Русские строительные машины（Technical Center of Construction Machinery）。授权经销商为客户提供全方位的服务，包括三一重工产品的销售、服务、零部件供应和技术支持，产品种类包括挖掘机、推土机、起重机、混凝土泵等。三一重工的授权经销商和服务中心与客户加强合作，满足俄罗斯市场对建筑和采矿机械的需求。

中联重科在俄罗斯设有授权经销商和服务中心，它们为客户提供中联重科新设备的销售，并提供维修和零部件供应等服务。中联重科在俄罗斯的授权经销商提供广泛的设备，包括起重机、混凝土泵、挖掘机和其他类型的工程机械。

柳工在俄罗斯设有授权经销商和服务中心，为客户提供优质的服务。它们提供柳工新设备的销售、服务、维修和零部件供应。柳工在俄罗斯的授权经销商提供多种工程机械，包括挖掘机、装载机、平地机等。

山推在俄罗斯设有授权经销商和服务中心，为客户提供全方位的服务。它们销售新设备，并提供维修和零部件供应服务。山推在俄罗斯的授权经销商提供各种型号的履带式和轮式拖拉机、推土机及其他工程机械。

总之，俄罗斯市场上中国工程机械制造商正在积极扩大市场份额，依靠高可靠性、操作便捷、功能齐全的产品，以及市场反应灵活和产品迭代更新迅速，赢得了俄罗斯客户的信赖，并进一步扩大了市场需求。中国工程机械制造商成为俄罗斯各行业值得信赖的合作伙伴。

中国工程机械制造商在俄罗斯的供应链大同小异，一般而言，其供应链包括以下几个关键环节：

（1）生产环节：中国工程机械制造商在中国拥有自己的生产设施，在中国进行设备生产和组装。公司投资先进的设备、工艺流程和质量控制，以确保高水平的生产。

（2）进出口环节：中国工程机械制造商完成生产后，将产品出口到俄罗斯，主要通过海运和陆运手段实现跨境供货。

（3）授权经销商和分销商环节：产品运抵俄罗斯后，中国工程机械制造商建立授权经销商和分销商网络。授权经销商是制造商的官方合作伙伴，负责在俄罗斯境内的产品销售和分销，为客户提供多种型号的产品、选购和销售咨询以及售后服务。

（4）服务中心及配件供应环节：中国工程机械制造商依托经销商网络建立服务中心，在俄罗斯提供售后服务及零部件供应，它们为客户提供可靠、专业的技术支持，维修和保养设备。服务中心配有专门的设备和训练有素的人员，以开展维修工作，提供优质服务。

（5）客户支持环节：客户支持是俄罗斯市场选择中国工程机械的重要因素之一，从事中国工程机械销售和供应的公司通常提供客户支持服务，以确保满足客户的需求，并解决出现的困难或问题。

中国工程机械制造商在俄罗斯的授权经销商和分销商通常提供以下类型的客户支持：

①产品选购咨询：考虑客户的需求和要求，帮助选择合适的工程机械型号，同时提供关于各种型号、特性、优势和技术能力的信息。

②采购过程服务：在采购环节为客户提供支持服务，包括与采购工程机械有关的文件处理、交货安排和其他金融服务等方面。

③售后服务：通常提供包括定期技术检查、定期保养、维修和零部件更换在内的服务。它们为设备提供专业的维护，使其保持良好的状态。

④技术支持：通过解答问题、提供操作手册、解决问题、提供工程机械使用和保养建议等方式为客户提供技术支持。

⑤零部件供应：提供设备维修和保养所需的原厂零部件，并保证零部件的质量和与特殊设备特定型号的兼容性。

虽然中国工程机械制造商在俄罗斯市场占有较大份额，也有自己的优势，但每个制造商的工程机械都有自己的特点、长处和局限性。中国工程机械制造商在俄罗斯市场上有必要抓住当下时机，扬长避短，深耕市场，打造以客户为中心的经销商、服务中心、零部件中心、研发中心、学校乃至政府的产业生态。

四、俄罗斯职业教育发展与校企合作

俄罗斯是世界上国民受教育程度最高的国家之一。根据1992年颁布的《俄罗斯教育法》，俄罗斯教育被划分为基础教育和职业教育两大体系。基础教育包括三个阶段——初等基础教育、中等基础教育、完全基础教育，相当于中国的小学、初中和高中，前两个阶段为强制性义务教育阶段。

俄罗斯对教育法先后进行了数十次的补充修订。2013年9月，新生效的《俄罗斯教育法》对俄罗斯的国民教育体系进行了调整，由原来的基础教育和职业教育两大类调整为基础教育、职业教育、补充教育和职业培训四大类，见表2-13。

表2-13 俄罗斯的国民教育体系

类别	组成部分
基础教育	学前教育
	初等基础教育（义务）
	中等基础教育（义务）
	完全基础教育
职业教育	中等职业教育（2~4年）
	高等教育（学士4年）
	高等教育（专家5年）
	高等教育（硕士6年）
	高等教育（副博士和博士学位）
补充教育	儿童补充教育
	成人补充教育
	补充职业教育
职业培训	各类形式的职业培训

资料来源：2013年版《俄罗斯教育法》。

职业教育划分为四个层次：①初等职业教育，相当于我国的中专层次，主要培养技术熟练的工人和职员；②中等职业教育，相当于我国的专科层次，主要培养熟练技工人员；③高等职业教育，相当于我国的本科层次，主要培养技术创新工程师人才和高级技工人才；④大学后职业教育和补充职业教育，分别相当于我国研究生层次和继续教育阶段。俄罗斯职业教育体系中四个层次相互紧密联系，形成一个完整的职业教育体系。

俄罗斯中等职业教育招生录取人数逐年增加。2021 年，招生人数比 2010 年增加 23.5%，达到 87.09 万人。在入读中等职业教育的学生中，大多数学生专注于工程和技术类领域的专业。2021 年，41.8% 的毕业生完成了他们的学业。

俄罗斯高等教育体系拥有完整的学历类别和学科专业覆盖。学生拥有广泛的专业选择方向，如人文、自然科学、社会科学、工程科学、医学等。俄罗斯高等教育总入学率也相当高，在中学毕业后的 5 岁年龄组中，接受高等教育的人数占总人口的比例约为 82%，这意味着俄罗斯青年人口的很大一部分接受了高等教育。

俄罗斯的高等教育由公立和私立大学承担，全国有 650 多所公立大学和数百所私立大学，有几十个城市可以称为大学城，莫斯科和圣彼得堡是俄罗斯学生最多的城市。

2021 年，本科、专家、硕士就读人数达到 404.9 千人，录取人数为 109.3 千人，毕业人数为 84.9 千人。2010—2020 年，接受本科、专家、硕士等高等教育的学生人数下降幅度很大，从 700 万人减少到 400 万人。

俄罗斯实施职业资格制度，以评估和承认劳动者的职业技能和资格。通过资格制度，劳动者获得对其专业技能和资格的正式承认。资格评估程序包括理论考试、实践测试和其他形式的评估。资格评估通过专门从事此类评估的经认可的组织进行。

俄罗斯高等教育对外开放程度很高，外国公民、无国籍人士以及境外俄罗斯人可以向俄罗斯国际合作局驻外代表处或俄罗斯驻外使团提交申请，并需要参加选拔测试。2019 年有 29.8 万外国学生在俄罗斯学习，2020 年为 31.5 万，2021 年为 32.4 万，但由于新冠疫情和俄乌冲突的影响，2022 年只有 2.1 万名外国学生进入俄罗斯的大学学习。

根据俄罗斯科学与高等教育部的统计，外国学生招生培养规模前三名为俄罗斯人民友谊大学（РУДН）、喀山联邦大学（КФУ）、莫斯科金融和工业大学（Синергия），其次是圣彼得堡彼得大帝理工大学（СПбПУ）和莫斯科国立罗蒙诺索夫大学（МГУ）。据俄罗斯科学与高等教育部2021年统计，哈萨克斯坦学生6.1万人，乌兹别克斯坦学生4.87万人，中国学生3.26万人，其次是土库曼斯坦学生（3.06万人）、塔吉克斯坦学生（2.31万人）、印度学生（1.67万人）、埃及学生（1.24万人）、白俄罗斯学生（1.02万人），来自美国和欧洲国家的学生人数很少。总共有来自世界174个国家的学生在俄罗斯学习。

另外，每年约有4万名外国学生在俄罗斯大学的境外分校学习，其中约95%在独联体成员国的分支机构学习，欧洲和中国各占2%。莫斯科国立罗蒙诺索夫大学在独联体成员国、中国和瑞士设有分校，圣彼得堡国立大学在德国、希腊、伊朗、西班牙、意大利、中国和韩国设有分校。2013年，俄罗斯的私立大学莫斯科金融和工业大学（Синергия）在迪拜设有分校。

根据2019年QS世界大学排名，圣彼得堡矿业大学首次进入世界前20名。莫斯科国立大学在5个不同的学科中进入前50名，成为排名中被提及最多的俄罗斯大学。俄罗斯大学在排名中总共被提及25次。

由于新冠疫情的影响，在线学习方式普及程度在提升，2021/2022学年已有超过一半的学生（53.2%，2019/2020学年仅为13%）接受高等教育（本科、专家、硕士），而中等职业教育为42.9%（2019/2020学年仅为6.9%）。截至2020年年底，俄罗斯68.4%的大学、49.9%的基础教育机构和47.4%的中等职业教育机构连接到高速互联网（50 Mbit/s及以上）。

俄罗斯的职业教育体系学历层级完整，专业覆盖广泛，为社会经济发展中的不同行业培养专业技术人才。俄罗斯的职业教育体系具有覆盖面广和机制灵活的特点，尤其是远程和在线教育的发展使学生能够摆脱时间和空间的限制，为无法进入传统教育机构或选择弹性学习时间的人提供了新选择。

（一）俄罗斯中等职业教育概况

根据2016—2020年俄罗斯毕业生就业调查，毕业一年内成功就业比例最高的为研究生（86.4%），专家和硕士就业率为85.3%，而拥有学士学位的毕业生就业率为79.5%，找工作的难度略高。在中等职业教育毕业生中，毕业一年内中级技术人员就业率为81.2%，普通技术员工的就业率为76.5%。按已就业人员口径统计，71.9%的大学毕业生找到工作，61.4%的中级技术人员找到工作，而只有57.2%一般技术工人和雇员找到工作。每4名找到第一份专业对口工作的毕业生中，就有一名在工作后第一年接受了培训或再培训。俄罗斯的职业教育在培养服务国家社会经济发展所需人才方面发挥着不可替代的作用，为青年群体提供了职业发展和个人成长的机会，同时促进了俄罗斯劳动力市场的质量和竞争力的提升。

中等职业教育为学生提供在特定行业工作所需的知识和技能。俄罗斯拥有一个比较成熟的中等职业教育体系，已有300多年历史，主要包括中等技术学校和职业学院（本章以下统称"职业院校"）两大类型。职业教育培养方案学制周期通常为2~4年，毕业后学生可以获得中等职业教育文凭，相当于中国的中专或大专文凭。

苏联解体后，俄罗斯中等职业教育坚持走市场化就业为导向的改革之路。首先是调整中等职业教育体系，大力发展职业学院；其次是制定并推行中等职业教育国家标准；再次是调整专业目录，拓宽专业口径；最后是建立面向全体师生的社会保障体系。

微观方面，职业院校争取到了更多的办学自主权，不断努力拓宽经费来源；同时，也不断拓展自身与社会伙伴的关系，加强对学生的职业指导工作。[①]

职业院校是俄罗斯教育体系的重要组成部分，提供高质量的职业教育，培养各领域的专业技术人员。俄罗斯在全国各地建立了众多职业院校，提供广泛的专业课程，覆盖技术、医学、人文、经济和工程领域。技术专业课程覆盖机械工程、电气工程、信息技术、建筑、汽车等领域。这些职业院校为学生提供了多样化的选择，让每个人都能找到适合自己兴趣和职业目标的合适专业。

---

① 吴雪萍，陈炯奇. 面向就业的俄罗斯中等职业教育改革［J］. 比较教育研究，2005（7）：68－72.

俄罗斯的职业院校拥有发达的基础设施以及现代化教材体系，配备了现代化的教室、计算机室、专业实验室和图书馆，为学生获得知识创造了舒适的条件。培养方案设计符合现代和最新技术需求，以确保学生在实践训练中应用和掌握知识。

职业院校与更高层级的大学和其他教育机构积极合作，使学生有机会续接受更高水平的教育，或者获得更多的职业资质和提升学业水平。

俄罗斯职业院校拥有一支称职的教师队伍，其中包括在各自领域具有高资历和实际经验的专业人员。教师们不断提高自身的知识和技能，参加高级培训课程，并跟上当前教育和技术的趋势。他们致力于培养学生的专业能力，确保传授相关知识和技能。

职业院校也注重学生在课堂之外的发展，在学院内举办各种活动，包括体育比赛、文化活动、科学会议和创意竞赛。这有利于培养学生的个性品质，形成沟通和组织能力，营造集体精神和相互理解的氛围。

总的来说，俄罗斯的职业院校为学生提供高质量的教育，不仅确保获得专业技能，而且确保个人发展。由于具有多样化的专业项目、现代化的基础设施、合格的教职员工和良好的发展机会，俄罗斯的职业院校对于寻求高质量职业教育的学生来说是一个有吸引力的选择。

按专业方向分列的代表性职业院校名单如下：

（1）南乌拉尔国立技术职业学院（Южно‐Уральский государственный технический колледж）；

（2）鄂木斯克建筑和运输工业职业学院（Омский колледж отраслевых технологий строительства и транспорта）；

（3）机电职业学院（Электромашиностроительный колледж）；

（4）柴可夫斯基工业技术与管理学校（Чайковский техникум промышленных технологий и управления）；

（5）布里亚特共和国工业技术学校（Бурятский республиканский индустриальный техникум）；

（6）库尔斯克安装技术学校（Курский монтажный техникум）；

（7）维亚特卡电机制造技术学校（Вятский электромашиностроительный

техникум）；

（8）图马诺夫斯图平技术学校（Ступинский техникум им. А. Т. Туманова）；

（9）秋明石油管道职业学院（Тюменский нефтепроводный профессиональный колледж）；

（10）阿钦州农业交通职业学院（Ачинский колледж транспорта и сельского хозяйства）；

（11）莫斯科建筑与城市规划职业学院（Московский колледж архитектуры и градостроительства）；

（12）斯塔夫罗波尔建筑技术学校（Ставропольский строительный техникум）；

（13）莫斯科第二十六建筑设计管理职业学院（Колледж Архитектуры, Дизайна и Реинжиниринга № 26）；

（14）新西伯利亚建筑职业学院（Новосибирский архитектурно строительный колледж）；

（15）叶卡捷琳堡交通建设职业学院（Екатеринбургский колледж транспортного строительства）；

（16）科斯托穆克什理工职业学院（Костомукшский политехнический колледж）；

（17）圣彼得堡国立交通大学沃洛格达铁路运输学校（Вологодский техникум железнодорожного транспорта Петербургского государственного университета путей сообщения）；

（18）秋明国立石油天然气大学综合职业学院（Многопрофильный колледж Тюменского государственного нефтегазового университета）；

（19）奥布宁理工职业学校（Обнинский политехникум）；

（20）利斯金科科瓦列夫铁路运输技术学校（Лискинский техникум железнодорожного транспорта имени И. В. Ковалева）；

（21）伏尔加格勒铁路运输技术学校（Волгоградский техникум железнодорожного транспорта）；

(22) 鄂木斯克铁路运输技术学校（Омский техникум железнодорожного транспорта）；

(23) 乌拉尔国立交通大学铁路运输职业学院（Колледж железнодорожного транспорта Уральского государственного университета путей сообщения）；

(24) 圣彼得堡管理与商务职业学院（Санкт-Петербургский технический колледж управления и коммерции）；

(25) 水资源职业学院（Колледж водных ресурсов）；

(26) 新西伯利亚鲁宁交通职业学院（Новосибирский колледж транспортных технологий имени Н. А. Лунина）；

(27) 莫斯科交通职业学院（Московский колледж транспорта）；

(28) 电子仪器制造职业学院（Колледж электроники и приборостроения）；

(29) 俄罗斯国立师范大学电力与机械工程职业学院（Колледж электроэнергетики и машиностроения Российского государственного-педагогического университета）；

(30) 克拉斯诺达尔电子仪器职业学院（Краснодарский колледж электронного приборостроения）；

(31) 彼尔姆机械制造职业学院（Пермский машиностроительный колледж）；

(32) 彼尔姆建筑职业学院（Пермский строительный колледж）；

(33) 电力通信工业职业学院（Промышленный колледж энергетики и связи）；

(34) 秋明交通技术与服务职业学院（Тюменский колледж транспортных технологий и сервиса）；

(35) 卡尔梅克国立石油天然气职业学院（Калмыцкий государственный колледж нефти и газа）；

(36) 利佩茨克机械工程职业学院（Липецкий машиностроительный колледж）；

(37) 南雅库特技术职业学院（Южно-Якутский технологический колледж）；

(38) 跨区域能力中心-切博克萨雷机电职业学院（Межрегиональный центр компетенций – Чебоксарский электромеханический колледж）；

(39) 图拉国立技术职业学院（Тульский государственный технологический

колледж）；

（40）科洛姆纳职业学院（Колледж Коломна）；

（41）维堡亚历山德罗夫斯基理工职业学院（Выборгский политехнический колледж Александровский）；

（42）莫斯科尼古拉耶夫汽车和公路职业学院（Московский автомобильно-дорожный колледж им. А. А. Николаева）；

（43）圣彼得堡技术职业学院（Санкт-Петербургский технический колледж）；

（44）乌拉尔理工职业学院-跨区域间能力中心（Уральский политехнический колледж - Межрегиональный центр компетенций）；

（45）喀山理工职业学院（Казанский политехнический колледж）；

（46）车里雅宾斯克基洛夫能源职业学院（Челябинский энергетический колледж им. С. М. Кирова）；

（47）萨马拉机械制造职业学院（Самарский машиностроительный колледж）；

（48）乌法能源职业学院（Уфимский топливно-энергетический колледж）；

（49）新西伯利亚帕克雷什金技术职业学院（Новосибирский технический колледж имени А. И. Покрышкина）；

（50）克拉斯诺达尔技术职业学院（Краснодарский технический колледж）；

（51）利佩茨克交通经济职业学院（Липецкий колледж транспорта и дорожного хозяйства）；

（52）雅罗斯拉夫尔城市规划职业学院（Ярославский градостроительный колледж）；

（53）雅罗斯拉夫尔帕斯图霍夫工业经济职业学院（Ярославский промышленно-экономический колледж имени Н. П. Пастухова）；

（54）莫斯科职业学院（Профессиональный колледж Московия）；

（55）西伯利亚国立工业大学大学附属职业学院（Университетский колледж Сибирского государственного индустриального университета）；

（56）莫斯科国立机电信息职业学院（Московский государственный колледж

электромеханики и информационных технологий）；

（57）普蒂洛夫工业技术职业学院（Промышленно - технологический колледж им. Н. И. Путилова）；

（58）首都城市建设教育综合体（Образовательный комплекс градостроительства Столица）；

（59）下诺夫哥罗德供热及自动控制系统职业学院（Нижегородский колледж теплоснабжения и автоматических систем управления）；

（60）喀山无线电职业学院（Казанский радиомеханический колледж）；

（61）新西伯利亚汽车服务与道路经济职业学院（Новосибирский колледж автосервиса и дорожного хозяйства）；

（62）克拉斯诺达尔经贸职业学院（Краснодарский торгово - экономический колледж）；

（63）斯塔夫罗波尔国立理工职业学院（Ставропольский государственный политехнический колледж）；

（64）彼尔姆贸易技术职业学院（Пермский торгово - технологический колледж）；

（65）沃罗涅日国立技术大学附属建筑理工职业学院（Строительно - политехнический колледж Воронежского государственного технического университета）；

（66）机械制造与运输职业学院（Колледж машиностроения и транспорта）；

（67）哈巴罗夫斯克汽车机械职业学院（Хабаровский автомеханический колледж）；

（68）伊热夫斯克工业经济职业学院（Ижевский промышленно - экономический колледж）；

（69）埃利斯塔理工职业学院（Элистинский политехнический колледж）；

（70）阿尔泰工业经济职业学院（Алтайский промышленно - экономический колледж）；

（71）利佩茨克冶金职业学院（Липецкий металлургический колледж）；

(72）布里亚特森工职业学院（Бурятский лесопромышленный колледж）；

(73）贝加尔矿业职业学院（Байкальский колледж недропользования）；

(74）莫斯科技术职业学院（Московский технологический колледж）；

(75）奥夫钦尼科夫理工职业学院（Политехнический колледж им. П. А. Овчинникова）；

(76）圣彼得堡建工职业学院（Санкт‐Петербургский архитектурно‐строительный колледж）；

(77）涅夫斯基职业学院（Невский колледж имени А. Г. Небольсина）；

(78）无线电职业学院（Радиотехнический колледж）；

(79）鄂木斯克汽车运输职业学院（Омский автотранспортный колледж）；

(80）车里雅宾斯克国立增长职业学院（Челябинский государственный колледж Рост）；

(81）鄂木斯克交通建设职业学院（Омский колледж отраслевых технологий строительства и транспорта）；

(82）克拉斯诺达尔工业职业学院（Краснодарский колледж управления, техники и технологий）；

(83）沃罗涅日国立工业职业学院（Воронежский государственный промышленно‐технологический колледж）；

(84）哈巴罗夫斯克职业学院（Хабаровский технический колледж）；

(85）阿尔泰建筑职业学院（Алтайский архитектурно‐строительный колледж）；

(86）第七建筑职业学院（Колледж архитектуры и строительства № 7）；

(87）帕诺夫现代职业学院（Колледж современных технологий имени Героя Советского Союза М. Ф. Панова）；

(88）轨道交通职业学院（Колледж метрополитена и железнодорожного транспорта）；

(89）叶卡捷琳堡交通建设职业学院（Екатеринбургский колледж транспортного строительства）；

（90）萨拉托夫桥梁水工建设职业学院（Саратовский колледж строительства мостов и гидротехнических сооружений）；

（91）叶卡捷琳堡经济技术职业学院（Екатеринбургский экономико-технологический колледж）；

（92）滨海边疆区理工职业学院（Приморский политехнический колледж）；

（93）图拉国立尼基塔·杰米多夫机械制造职业学院（Тульский государственный машиностроительный колледж имени Никиты Демидова）；

（94）雅罗斯拉夫尔汽车机械职业学院（Ярославский автомеханический колледж）；

（95）叶卡捷琳堡工业安装职业学院（Екатеринбургский монтажный колледж）；

（96）萨拉托夫建工职业学院（Саратовский архитектурно-строительный колледж）；

（97）乌拉尔建筑管理职业学院（Уральский колледж строительства，архитектуры и предпринимательства）；

（98）克拉斯诺达尔机械制造职业学院（Краснодарский машиностроительный колледж）；

（99）托木斯克工业经济职业学院（Томский экономико-промышленный колледж）。

（二）俄罗斯中等职业教育发展与双元制教育引入

1. 俄罗斯中等职业教育发展

当前，俄罗斯职业教育体系在满足国家社会经济发展需求方面越来越重要。过去10多年，俄罗斯的职业教育发生了重大变化，许多尖锐问题逐步得以解决，主要是经费拨款和组织管理问题。但一些数据说明，职业教育的现代化发展还有待加强，还需要对职业教育的长期发展有一个具体的规划。

2021年，俄罗斯共有3584个学校承担中等职业教育任务，包括3239个职业院校和345所大学。此外，604所职业院校的分校以及429所大学分校也提供职业教育培训。

中等职业教育机构办学经费的92%来自所在地区的预算。不同行业类型的办学机构为不同经济部门（机械工程、能源、建筑、经济和金融）培养专业技术人员，同时也有特定专业方向的机构，如413所医学职业院校、238所艺术职业院校、68所体育职业院校等。

对于青年人来说，职业院校的主要优势有：①根据企业需求进行技能的快速培训，就业有保障；②有机会尽早确定个人职业方向和经济独立；③专业选择范围宽，职业院校分布广；④为低收入家庭青少年提供社会上升通道。

2021年，职业院校共录取107.8万人，包括初级专家类别87.09万人、技术工人类别20.69万人，其中68.63万人为公费学习。中等职业教育在读学生总数为343.4万人。①

83.2%的学生的学制为3至4年，培养目标为初级工程师，15~19岁学生占比达到39.7%，超过了高等教育的29.3%。16.8%的学生学制为10个月，培养目标为技术工人和雇员，其中15~17岁的学生占比为13.1%。中等职业教育的主要培养对象为9~11年级的学生，占录取总数的76.4%。

2021年，中等职业教育最热门的专业是药学，报名录取比例达到7.1∶1，IT专业为5.6∶1，此外，艺术、传媒和建筑等专业的报名录取比例也达到了4.5~4.7∶1。2021年，共有64.1万名学生进入职业院校接受教育，其中2/3的学生属于公费生。从前，在读学生的家庭教育水平低于同龄人，但现在中高收入家庭的学生比例在上升，根据俄罗斯统计局的数据，2017年这一比例达到了52%。2020年，俄罗斯高等经济学院的教育经济监测数据也与之相似。②

46.7%学生选择工程和技术类专业（计算机科学和计算机技术、交通运输技术和工艺、建筑技术和工艺），排名第1。1/4的学生选择社会科学类专业（经济、管理、法律、服务和旅游、社会工作等），排名第2。医疗保健位居第3，占学生总数的10.4%。

蓝领职业中，最受欢迎的是与运输（汽车修理师、拖拉机司机、机车司机）、机械工程（焊工、电工）、建筑（装修、建筑和装饰工作的大师）、服务和

---

① https://issek.hse.ru/news/783551284.html。
② https://issek.hse.ru/news/783551284.html。

贸易（厨师、糕点师、美发师、售货员/收银员）以及 IT 领域（数字信息处理大师）相关的岗位。

很多学生半工半读，提升专业技能，实现经济独立。据统计，59% 的职业院校学生拥有工作和学习相结合的经验，但这在很大程度上取决于在该地区是否容易找到兼职工作。受访学生中，单纯赚钱解决财务问题的占比为 53%，获得实践经验的占比为 27%，为了更好地了解劳动力市场的占比为 13%。

学生就业情况良好。学生初次就业专业对口比例为 48%，其中，农业相关专业比例为 60%，人文和教育类专业比例为 53%~54%，工程（机械工程、航空技术、仪器制造等）和数学类专业比例为 46%~47%。

2. 俄罗斯校企合作与双元制教育发展

随着社会经济发展，俄罗斯的职业教育也面临着许多问题。随着俄罗斯走向市场经济，国家作为职业教育的调控职能受到了削弱。

市场化公司大幅削减了职业培训投入，切断了与职业院校的传统联系，以节省成本。随着时间的推移，职业院校失去了合作公司和国家的支持，开始培养知识无关紧要、专业技能不足的专家。此外，职业院校无法独立制定培养方案以适应新兴市场的需要。

很快，很多企业意识到需要对员工加强培训。但企业面临着优秀员工流失、就业市场不稳、缺乏监管规范等问题，亟待一个能够考虑所有参与者利益的协调性机构。

俄罗斯科学院区域经济问题中心和圣彼得堡技术大学对职业院校毕业生质量追踪和调查结果显示，目前阻碍职业教育快速发展的问题主要有两个：一个是教育质量亟待提升。俄罗斯职业教育培养模式固化，导致职业教育内容无法及时更新迭代，人才培养模式未能紧跟市场需求，学生实践能力不强。另一个是职业教育发展以及资源配置不均衡问题仍然突出。发达地区与不发达地区职业教育资源配置差异十分明显。[①]

---

① Дрыга С. В. Профессиональное образование в России: актуальность, проблемы, тенденции [J]. Инженерное образование, 2016 (19): 155–158.

企业与学校（职业院校和大学）之间的合作以及实行双元制教育是俄罗斯教育改革发展的一个重要方向。

双元制教育是源于德国的一种职业培训模式。所谓双元，是指职业培训要求参加培训的人员必须经过两个场所的培训：一元是指职业学校，其主要职能是传授与职业有关的专业知识；另一元是企业或公共事业单位等校外实训场所，其主要职能是让学生在企业里接受职业技能方面的专业培训。这种模式在德国的企业中应用很广。双元制教育的目标、任务如下：

双元制教育的目标：通过发展生产性的工人培训结构，改进职业教育体系；在教育组织的课程中引入现代教学方法和手段；使继续职业教育体系现代化；提高工作人员的职业标准。

双元制教育的任务：消除培训制度与劳动力市场需求结构不匹配的现象；建立一批适应居民生活各个领域和劳动力市场需求的职业教育机构；修改和改进职业培训课程的内容和结构，以确保人员的高度专业性和流动性；在干部职业培训组织中引入达到应有水平的科学方法和物质技术保障。

双元制教育保证企业、学生和国家的利益相一致。

对企业来说，双元教育是一个很好的机会，可以为自己培养完全符合其所有要求的高素质人才，同时减少寻找、再培训和适应专业人员的时间和费用。此外，企业有机会从教育和专业组织中选出最优秀的毕业生，因为在培训期间，学生们展示了他们最充分的能力。反过来，这种甄选工作人员的办法激励他们尽心尽力地学习。

对学生来说，双元教育是获得稳定和对未来充满信心的绝佳机会。这一制度使学生能够在没有困难的情况下顺利和平等地融入职业生活。双元制教育不仅有助于学习如何履行某些专业职责，而且有助于成功适应工作团队，形成必要的能力和责任。没有任何职业教育机构能像双元培训那样从内部提供对生产的理解，使之成为成功职业生涯的起点。

对于国家来说，双元制教育首先是对合格人员的高效率培训及使其顺利就业，其次，从经济的角度来看，这种教育经费自筹使用更为高效。

综上所述，双元制教育的优势如下：

专家的实践培训在企业进行，而不仅仅是在教育机构的车间、实验室和试验场；教育课程的内容和结构由教育机构和企业商定，可以满足各方的要求；教育机构和企业之间可能产生和发展密切的关系；在就业时，可能会迅速适应工作过程；理论学习向实际工作的连续转变是更好的学习动力，生产过程基本不受影响；保证对专业的理解更加准确，以及培训的标准化程度。

与俄罗斯传统职业教育模式相比，双元制教育模式在培养合格高技能毕业生方面具有明显的优势。双元制教育旨在解决传统教学手段和方法的主要缺陷，弥补教学理论部分和实践部分的脱节。学生在接受教育阶段开始学习职业道德和企业文化，学生学习掌握理论知识和获取实际工作经验积极性高。在双元制教育模式下，教育机构主动考虑企业的用人要求；企业领导人对其员工进行高质量理论和实践培训更有兴趣。

但双元制教育模式也存在不足和缺点：学校的培训计划并不总是支持企业工作的季节性顺序；教育机构有时不能按时提供企业所需的教育材料；由于缺乏空缺职位，企业不愿接受新实习学生；由于缺乏财政支持，企业需要提升产品价格弥补培训成本。

为此，俄罗斯政府出台了一系列解决措施：

针对一些企业对与教育机构对合作的兴趣和意愿不够，国家对企业与教育机构的合作提供了各种激励，包括向积极与教育机构进行双元制教育互动的企业提供税收优惠和财政支持，为企业和教育机构之间合作建立特别平台。

针对部分学生对双元制教育兴趣不足，偏爱传统学术训练模式（这可能是由于双元制教育的专业选择有限，也可能是由于对这种教育模式的前景缺乏认识），国家采取多种措施提高双元制教育对学生的吸引力。如：扩大引进新专业，更灵活的培养方案，使学生有更多选择；举办宣传活动和招聘会，使学生更好地了解双元制教育的前景。

针对部分企业的实训实践教学质量不高（这可能是由于缺乏与教育机构合作的经验、导师的参与不足以及教育方案不符合劳动力市场的要求），国家采取了多种措施，包括：对与培训机构合作的导师进行教育和培训，以及制定和执行组织实践的标准和建议；加强质量评估和监测，以确保其符合劳动力市场的标准和需要。

针对企业需要承担学生实习实践的额外财务成本负担,个别企业可能会遇到财务困难,国家采取措施减轻企业财务负担,例如,国家提供税收优惠和财政支持,以补偿双元制教育的成本。企业和教育机构之间也在发展伙伴关系,以便承担各自的责任和义务。

双元制教育是教育机构与市场主体之间一种合乎经济逻辑的合作模式,是当今世界培养高素质人才的行之有效的形式之一,瑞典、英国、日本、德国等国家的经验证明了这一点。苏联式的校企协作模式仍然在俄罗斯发挥影响,而且双元制与之存在很多相通之处,俄罗斯能源、交通、建筑、汽车工业、机械工程等各个行业双元制教育越来越普及。企业与教育机构平等地参与职业教育培训,教育机构负责理论教学,企业提供实践教学并负担有关开支。学生有机会在企业工作时将知识应用于实践,同时继续在教育机构学习,这有助于培养实际技能,加强与实际劳动力市场的联系,提高毕业后成功就业的机会。

(三)俄罗斯政府支持职业教育的政策举措

俄罗斯政府高度重视职业教育发展。2022年,俄罗斯将10月2日设为中等职业教育节。这是俄罗斯中等职业教育的里程碑式的变化,反映了全社会对中等职业教育的巨大期待。

为促进职业教育发展,俄罗斯政府设置了若干联邦教育项目,如提升职业院校基础课程教学质量的"现代学校"联邦项目,支持学生提升技能水平、参加世界技能大赛的"青年专家"联邦教育项目,鼓励区域性校企合作的"专家"联邦教育项目,以及"教育"国家资助项目,并优先开展了四个方面的工作:

一是保证培训的应用性,贴近生产实际。将现场实训考核(模拟实际生产条件解决实际问题)作为学生毕业考核的主要方式。

二是丰富学生培养目标的构成要素。学校不仅要进行专业能力训练,还要强化公民责任意识。这不仅要依靠培养方案的实施,还需要加强对学生创新活动、文体活动、社会实践和学生社团等活动的支持。

三是提高基础教育质量。在过去20年里,职业院校学习基础课程的学生和高中生人数相等。但职业院校学生通常学习效果更差。"现代学校"联邦教育项目有助于职业院校教师改进教学方法,提升基础课程教学质量,覆盖从俄语、数理化、历史到天文学共 8 门课程。①

四是加强物质技术条件保障，提高教学质量。这是"青年专家"联邦教育项目的工作方向②。到 2024 年年底，在全国实施最受欢迎和最有前途的职业培训方案，15% 的职业院校学生通过国家和国际标准的技能水平考试；加强对职业院校的财政支持，改善实习实训技术设备条件，职业院校将拥有 5 000 个具有先进设备的实习车间。

2022 年夏，俄罗斯教育部设立了"专家"联邦教育项目③，该项目由职业院校与企业共同负责组织实施，以加强对青年的专业培训，使其成为本地区骨干企业的高素质专业技术人员。

俄罗斯政府从全国范围内遴选各地区部分代表性院校和本地区的代表性企业④，结对实施"专家"联邦教育项目，旨在加强校企合作，以就业最大化目标为导向提供最优培训，确定了四个任务目标：

一是企业积极参与教育培养过程，并建立产教中心；

二是强化培训（蓝领职业的培训期限将减少到两年，技术含量更高的职业培训期限将减少到三年）；

三是"新方法，新培训"——依托实习和信息计算机技术，依托现代化车间和高科技设备，依托国内领先行业的公司实习；

四是以职业院校为基础建立共享办公和青年创意中心。

"专家"联邦教育项目已经成为一个俄罗斯中学后教育新类型。2022 年 9 月 1 日，该项目开始招收 15 万名学生，预计到 2024 年将有 60 万名学生，该项目可能会继续扩大规模。现在，实施该项目的地区已经设立了很多产教协作集群，为冶金机械、化工制药、交通运输等行业培训专业技术人员。

俄罗斯的"专家"联邦教育项目主要集中于俄罗斯优势行业，如军工、航空、能源、冶金和交通行业。入围的合作企业和院校中，工程机械产业方面的项

---

① https://dostupnaya-strana.ru/blog/proekt-sovremennaya-shkola.
② https://firpo.ru/activities/federalnyj-proekt-molodye-professionaly/.
③ https://xn--n1abdr5c.xn--p1ai/.
④ 俄罗斯的每个地区遴选若干个院校和企业，全国一共入围 140 所学校，包括中等技术学校、职业学院以及个别的大学，一共入围 428 家企业，覆盖了俄罗斯的各个行业，以工业制造业企业为主。

目占比极低,只有车里雅宾斯克机械技术学院和乌拉尔拖拉机厂的合作属于工程机械制造产业的教育项目。这应该和俄罗斯本土制造商产能水平和市场份额不高有关系,导致专业人才需求不够强烈;还有一个可能的原因是工程机械制造业行业所需人才的通用性较强,并不需要特别的专门培训。

职业院校现在已经是俄罗斯政府关注的焦点——既培养经济所需的中级专家和技术工人,也是约 350 万俄罗斯青少年的教育选择,这一数值在未来四五年内将持续增长。① 俄罗斯中等职业教育系统正在重新启动,中等职业教育的社会声望和需求正在上升。

中等职业教育回应并解决了劳动力市场上各行各业工作岗位的紧迫需求,从第一产业的农业到第三产业的金融、IT 和创意产业。

自动化是现代生产流程的重要特征,但并不是所有的生产过程都可以自动化,尤其是国防订单和进口替代是俄罗斯当前发展的优先事项。劳动力市场上对工人的需求大于供应,今后几年,这一趋势将继续下去。2023 年莫斯科最受欢迎的蓝领职业为装配工、数控机床操作工、铣工和焊工。

除了蓝领工人,俄罗斯各个行业的工程师在未来几年有更大的需求,他们将不得不从事进口替代生产——从汽车到电子产品,而这不是一年的任务。例如,到 2030 年,仅俄罗斯原子能集团就需要大约 10 万名核能专家和工程师。机械工程、电气工程、自动化和金融服务等各个行业对合格专家的需求也很大,未来几年急需的专业人才为设备调试工程师、工艺工程师、设计工程师、电路工程师和电子工程师。

目前,具备社会急需生产技能的工程师和工人短缺使俄罗斯许多工业企业面临着严重挑战。对工人和工程技术人员需求增加的主要原因是自从 2014 年国际制裁开始,进口替代开始发展,推动了各个领域的生产增长和俄罗斯制造业的发展,尤其是能源、设备制造和物流领域的劳动力需求越来越大。截至 2023 年 3 月 20 日,圣彼得堡仅制造业就有 10 298 个空缺。在工业领域,机械工程、质量

---

① Горни Е. А., Иванов С. А., Кузнецов С. В. Подготовка специалистов для современной экономики: состояние, новые требования, перспективы [J]. СПБ.: ГУАП, 2017: 91 - 95.

控制、冶金和轻工业人员短缺的比例较高。

企业与院校合作对于满足各行业对专业人才的需求十分重要，需要俄罗斯的相关专业院校和各行业企业共同合作完成，可以采取以下措施：企业和院校之间建立伙伴关系，目的是根据企业的需要培养专业技术人员；制订机械工程、电气工程与自动化等领域的人才培养计划，修订培养方案，更新专业课程内容，同时设立专项进修培训方案支持企业专业技术人员的再培训；组织学生到企业实习和实训，使他们获得真实的工作经验，适应行业的要求。

俄罗斯工程机械产业对人力资源的需求取决于多种因素，包括经济增长、基础设施发展投资、国家行业发展计划和技术进步。工程机械用于建筑、矿山、农业、伐木、道路建设等各个领域，以及需要特种机械完成专业化任务的其他行业。有鉴于此，工程机械产业需要的是一种复合型的人力资源，需要和俄罗斯的相关行业领域的发展紧密结合，重点领域如下：

俄罗斯积极推进国家基础设施建设和更新，基础设施的建设和现代化需要广泛使用专用机械，如挖掘机、汽车起重机、推土机和其他机械。越来越多的道路、桥梁、机场、铁路和天然气管道项目正在建设，工程机械产业需要有能力承担特定施工场景任务的专业技术和服务人员。

俄罗斯是世界上重要的农产品出口大国，农业是该国战略性行业，现代化大农业广泛使用拖拉机、收割机、播种机和其他专用机械，该细分市场规模巨大。日益增长的粮食需求和农业的现代化，要求拥有掌握农业机械知识和技能的合格的技术和服务人员。

俄罗斯采矿业发达，石油、天然气、煤炭、金属和非金属矿石等资源丰富，钻机、采矿机、起重设备和矿山重卡等工程机械广泛使用。采矿业的发展和现代化需要有能力应对采矿区复杂和危险工作条件的工程机械技术和服务人员。

俄罗斯国土辽阔，综合性交通物流体系网络发达，包括公路、铁路和航空运输，各类工程机械应用广泛，如汽车起重机、起重机械、专用车辆等。随着社会经济发展、物流货运量的增加和俄罗斯运输网络的扩大，工程机械产业需要适应这种发展趋势，有意识地培养工程机械技术和服务人才。

俄罗斯非常重视教育、科学和生产的融合，俄罗斯汽车制造商卡玛斯集团是联邦"专业"教育项目的行业合作伙伴。该公司的合作伙伴包括80多所学院、大学。例如，卡玛斯与切尔内理工职业学院有着多年的密切合作。对于俄罗斯企业来说，高素质技术工人的培养是一项全方位的系统性工作。

总的来说，应适当考虑到经济发展水平、教育领域国际化进程、现行法律规范和大众社会心态，以更好地从这一模式中受益。俄罗斯正在积极努力克服双元制教育领域的问题。来自政府的支持、校企合作有效机制和提高实践教学质量，在发展双元制教育和为劳动力市场提供合格人才方面发挥着重要作用。

附：

案例一：俄罗斯克拉斯诺达尔边疆区校企合作实施双元制教育

2015年科乐收克拉斯诺达尔二期项目投产以来，由于企业一直缺乏合格的员工，作为一家德国企业，科乐收开始尝试在俄罗斯建立培训中心，实施双元制教育模式，加强与职业教育机构的合作。

为实施双元制教育，科乐收工厂建立了一个培训中心，配备了拥有现代化机床设备的专门教室，专门制订了培训计划，并开始与克拉斯诺达尔机械职业学院和吉洪列茨工业技术学校合作。学生在其中进行金属加工专业技能方面的训练，与企业员工沟通交流，熟悉企业生产文化。

2018年10月1日，科乐收培训中心启动，接受培训的学生需要经过选拔：理论、实践和面试。通过选拔的学生在科乐收培训中心和工厂接受钳工、焊接、油漆、装配和机械加工方面的培训和实习工作，得到经过专门培训的员工指导。在第一年的培训中，学生使用图纸制作了科乐收TUCANO型联合收割机模型。

科乐收工厂的双元制教育项目总投资约为6 000万卢布，计划继续从吉洪列茨工业技术学校和克拉斯诺达尔机械职业学院招募学生，进一步将机电一体化方面纳入专业目录清单，培养从事机床和设备维护、网络工程方面的专业人员。

科乐收培训中心根据德国标准调整了俄罗斯的课程，这将使学生在成功完成学业的情况下，除了获得俄罗斯文凭，还可以从德国外贸商会获得德国的学业证书。第一届毕业生于2020年7月完成学业，优秀学生已经留在企业工作。

这个项目得到了地方教育主管部门的支持，并尝试将其推广到俄罗斯全境，以及对《俄罗斯教育法》做部分修订，学校、企业联合克拉斯诺达尔边疆区立法机构正在推动这个进程。

克拉斯诺达尔机械职业学院在人才培养、校企合作和推动就业方面成绩斐然，学生参加世界技能大赛获得佳绩。2021年12月1日，在"专家"联邦教育项目框架下学校获得联邦财政资助，建成了"工业和工程技术"方向的四个实习车间，分别为石油和天然气开采、CAD工程设计、数控车床操作、制冷和空调设备。该项目创造了51个工作岗位，采购了1 200多件最新的教学、生产和实验室设备。

案例二：俄罗斯跨地区校政企合作（"专家"联邦教育项目）

"白色冶金的未来"是俄罗斯一个企业、学校和地方政府合作实施的职业教育项目，启动10余年来，该项目的影响力不断提升，目前已列入"专家"联邦教育项目目录。

"白色冶金的未来"项目是为企业培训符合现代化生产要求并融入"白色冶金"企业文化①的员工，在斯维尔德洛夫斯克州和车里雅宾斯克州以及鞑靼斯坦共和国三地以公私合作的形式加以实施。该项目得到了普京总统的支持。

该项目由俄罗斯管材制造商车里雅宾斯克钢管厂发起，与斯维尔德洛夫斯克州政府以及"第一乌拉尔斯克冶金职业学院"建立了紧密政企校伙伴关系（见表2-14）。项目于2011年启动，投资9亿卢布，在第一乌拉尔斯克市专门建立了一个教育中心，建筑面积为7 500平方米，配有德国FESTO公司和意大利PROSOFT公司的培训模拟器，世界领先公司的钳工、电气、机械和液压设备实验室、轧管机模拟器以及讲座室和计算机室，实验车间配备学生未来工作使用的设备。项目基于实践导向的双元制教育模式开展人才培养工作，理论学习学时占40%，实践教学学时占60%，培养俄罗斯冶金行业的熟练技术人员。

---

① 2010年车里雅宾斯克钢管厂引入的冶金生产新标准。这是一种对生产和工作的特殊态度——最好的技术、生态友好、高素质的员工、舒适的工作环境。白色冶金概念体现了现代化创新生产的理念。

表 2-14　第一乌拉尔斯克冶金职业学院 2023 年招生简章

专业	预算内招生指标（免费）	预算外招生指标（付费）	教学时长
"白色冶金的未来"项目专业培训计划（以九年级为基础，全日制教学）			
金属压力加工	75	0	2 年 10 个月
维护、电气与机电设备维修（按行业）	50	0	2 年 10 个月
安装、维护与修理工业设备（按行业）	50	0	2 年 10 个月
机械制造工艺	75	0	2 年 10 个月
配备工艺流程和生产自动化设备	25	0	2 年 10 个月
以九年级为基础（函授）			
金属压力加工	20	0	4 年 10 个月
社会经济及计算机专业			
以九年级为基础（全日制）			
信息系统和程序	25	0	3 年 10 个月
物流业务	25	25	2 年 10 个月
法律和社会保障组织	25	25	2 年 10 个月
共计	370	50	

2013 年，项目模式推广复制到鞑靼斯坦共和国。该项目在鞑靼斯坦共和国名称为"鞑靼斯坦未来学院"，按照"白色冶金的未来"项目模式运行。在鞑靼斯坦共和国政府、里梅拉集团和阿尔梅捷耶夫斯克职业学院共同实施"鞑靼斯坦未来学院"教育项目，学院教师在教学过程中采用了"白色冶金的未来"项目的教学模式。专业方向包括电气安装、CAD/CAM 技术、机电一体化、材料科学、信息技术、液压自动化和气动自动化、数控车床和铣床加工等。学院实验室配备了世界领先制造商的设备。里梅拉集团董事会主席安德烈·卡马洛夫是车里

雅宾斯克钢管厂的大股东。

2016年12月，车里雅宾斯克钢管厂、车里雅宾斯克州教育部门和车里雅宾斯克国立工业人文职业学院签署为期5年的三方合作协议，规定在车里雅宾斯克引入和推广双元制教育模式，开展车里雅宾斯克钢管厂所需的5个岗位——焊工、通用车床工、电工、钳工修理工、金属压力加工技术员——的培养工作，确保企业对高技能工作人员的需求。

"白色冶金的未来"项目计划在冶金行业的16个职业教育专业方向培养人才，最受欢迎的专业是"黑色金属冶金"，其次是"机械加工技术"和"金属压延加工"两个专业。项目实施以来，第一乌拉尔斯克、车里雅宾斯克和阿尔梅捷耶夫斯克三地共培养了3 000多名优秀技术工人，优秀的毕业生进入"白色冶金"车间工作。

"白色冶金的未来"是俄罗斯第一批参加世界技能大赛的教育项目，学生在"工业机械装调""增材制造（3D打印）""工业机器人技术应用"等赛项多次获得冠军，该项目一共获得了194枚奖牌。

2020年10月，"白色冶金的未来"项目获得了德国双重教育模式的认证证书，认证由TÜV Rheinland国际集团专家和俄德外贸商会代表组成的委员会进行。车里雅宾斯克钢管厂是俄罗斯第一家采用德国学习模式并获得外国教育证书的企业。

案例三：俄罗斯工程机械产业校企合作情况

乌拉尔机器制造厂一向重视校企合作，始终将指导年轻人的职业发展视为应承担的特殊责任。多年来，一直与叶卡捷琳堡市的各个职业教育机构密切合作，在厂区内指定区域为培训学生和企业员工修建了培训区。多年来，乌拉尔机器制造厂每年实施奖学金计划：通过专业竞赛选拔优秀学生可以获得全年现金奖学金，毕业后企业根据专业提供工作职位。教学和实训分别在学校实训中心和乌拉尔机器制造厂教育中心进行。

2014年乌拉尔机器制造厂为叶卡捷琳堡工业技术学校全面翻新了体育馆，为学校采购了11台车床和铣床用于教学。

联合机械集团工程机械公司的子公司特维尔挖掘机制造厂和特维尔理工职业

学院是乌拉尔机器制造厂的长期合作伙伴。

按照校企合作制订的相关专业培训实习计划，企业为学生提供实习实训场所，学习有关机器设备的操作技能，获得生产现场的专业实践经验。由学校教师和企业导师共同指导学生，了解整个生产过程、加工流程、金属焊接、结构安装，以及生产设备的布局。

第三章
哈萨克斯坦工程机械产业生态与校企合作发展

哈萨克斯坦位于亚欧大陆中部，西濒里海（海岸线长 1 730 千米），北邻俄罗斯，东连中国，南与乌兹别克斯坦、土库曼斯坦、吉尔吉斯斯坦接壤。哈萨克斯坦面积 272.49 万平方千米，居世界第 9 位，为世界最大内陆国。

历史上，哈萨克斯坦地区的归属和政权变化较大，各方游牧势力往来。从公元 6 世纪中叶起，这里以突厥势力为主。11—13 世纪契丹人和蒙古鞑靼人侵入。15 世纪末成立哈萨克汗国，分为大玉兹、中玉兹、小玉兹，16 世纪初基本形成哈萨克部族。18 世纪三四十年代，小玉兹和中玉兹先后并入俄罗斯帝国。19 世纪中叶以后，哈萨克斯坦全境处于俄罗斯统治之下。

1918 年 3 月苏维埃政权建立后，于 1920 年 8 月 26 日建立归属于俄罗斯联邦的吉尔吉斯苏维埃社会主义自治共和国。1925 年 4 月 19 日，根据中亚各国按民族划界，改称哈萨克苏维埃社会主义自治共和国。1936 年 12 月 5 日定名为哈萨克苏维埃社会主义共和国，同时加入苏联，成为苏联的一个加盟共和国。1990 年 10 月 25 日，哈萨克最高苏维埃通过了国家主权宣言。1991 年 12 月 10 日更名为哈萨克斯坦共和国，同年 12 月 16 日通过《哈萨克国家独立法》，正式宣布独立，并于 21 日加入独联体。

1992 年 3 月 2 日，哈萨克斯坦正式加入联合国。2015 年 7 月 27 日，世界贸易组织总理事会接纳哈萨克斯坦为世界贸易组织正式成员国。独立以来，哈萨克斯坦先后加入上海合作组织、欧亚经济联盟、中亚区域经济合作、亚洲相互协作与信任措施会议、突厥语国家合作委员会等多边组织机构，是国际货币基金组织、世界银行、亚洲基础设施投资银行、亚洲开发银行、欧亚开发银行成员国，并积极谋求加入亚太经济合作组织。

一、哈萨克斯坦社会经济发展概况

目前，哈萨克斯坦共和国是中亚各国中对投资者最具吸引力的国家。作为一个新兴经济体和社会经济发展日新月异的国家，其工业、能源、交通和物流基础设施以及营商环境得到了长足进步。除了经济发展，哈萨克斯坦高度关注社会领域发展，哈萨克斯坦持续通过发展健康、教育和科学、文化和体育来改善公民的生活质量，同时积极努力缩小城乡差距、克服失业和贫困。

哈萨克斯坦自然资源丰富，尤其是固体矿产资源非常丰富，境内有90多种矿藏，1 200多种矿物原料，已探明的黑色、有色、稀有和贵重金属矿产地超过500处。不少矿藏储量占全球储量的比例很高，如钨超过50%，铀25%，铬矿23%，铅19%，锌13%，铜和铁10%，许多品种按储量排名在世界前列。哈萨克斯坦石油储量非常丰富，已探明储量居世界第7位、独联体第2位。根据哈萨克斯坦储量委员会公布的数据，目前哈萨克斯坦石油可采储量40亿吨，天然气可采储量3万亿立方米。

根据2020年联合国最新人类发展指数，哈萨克斯坦在189个国家中排名第51，高于俄罗斯（第52位）。瑞士洛桑国际管理发展学院发布2021年全球经济体竞争力排名，哈萨克斯坦排名第35，与2020年相比上升了7位，领先葡萄牙（第36位）、印度尼西亚（第37位）、拉脱维亚（第38位）、西班牙（第39位）、斯洛文尼亚（第40位）、印度（第43位）、俄罗斯（第45位）、土耳其（第51位）等国家。在美国传统基金会编制的2021年经济自由指数中，哈萨克斯坦在178个经济体中排名第34，位居德国和挪威之后的"最自由经济体"之列，领先于西班牙。

（一）人口、城市化与基础设施

截至2023年年底，哈萨克斯坦人口为2003.38万，同比增长1.3%，其中女性占51.2%，男性占48.8%（见图3-1）；预期寿命不到69岁，低于世界平均水平2岁。哈萨克斯坦人口年轻化程度高，人均寿命接近30岁，劳动力人口

953.41万人,占人口总数的47.6%。城市人口1245.19万人,农村人口758.265万人,城镇人口比重达到了62.2%(见表3-1)。2023年,哈萨克斯坦的失业率为4.7%。①

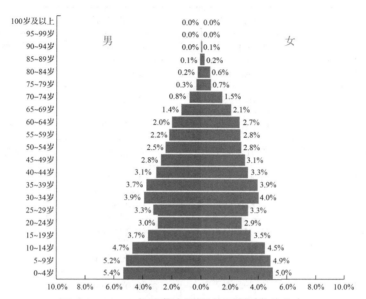

图3-1 2023年哈萨克斯坦人口性别年龄分布

表3-1 1999年以来哈萨克斯坦的人口态势[②]

年份	总人口	城市人口	农村人口
1999	14 901 641	8 397 566	6 504 075
2000	14 865 610	8 413 399	6 452 211
2001	14 851 059	8 429 331	6 421 728
2002	14 866 837	8 457 152	6 409 685
2003	14 951 200	8 518 242	6 432 958
2004	15 074 767	8 614 651	6 460 116
2005	15 219 291	8 696 520	6 522 771
2006	15 396 878	8 833 249	6 563 629

①② https://stat.gov.kz/ru/industries/social-statistics/demography/publications/117680/。

续表

年份	总人口	城市人口	农村人口
2007	15 571 506	8 265 935	7 305 571
2008	15 982 370	8 662 919	7 319 451
2009	16 203 274	8 819 620	7 383 654
2010	16 440 470	8 973 922	7 466 548
2011	16 673 933	9 127 543	7 546 390
2012	16 910 246	9 277 871	7 632 375
2013	17 160 855	9 433 575	7 727 280
2014	17 415 715	9 837 025	7 578 690
2015	17 669 896	10 035 577	7 634 319
2016	17 918 214	10 331 492	7 586 722
2017	18 157 337	10 509 796	7 647 541
2018	18 395 567	10 698 208	7 697 359
2019	18 631 779	10 938 652	7 693 127
2020	18 879 552	11 151 376	7 728 176
2021	19 503 159	11 991 238	7 511 921
2022	19 766 807	12 209 896	7 556 911
2023	20 033 842	12 451 192	7 582 650

哈萨克斯坦人口主要集中在阿拉木图、努尔苏丹、奇姆肯特三个直辖市，以及南部、东部各州。从20世纪60年代开始，哈萨克斯坦还形成了一批单一资源性工业城市，如铜开采冶炼中心巴尔喀什和杰兹卡兹甘，铁矿采选冶炼中心利萨科夫斯克和特米尔套，钛矿采选冶炼中心萨特帕耶夫，煤电中心埃基巴－斯图兹等，这些城市和企业至今都是哈萨克斯坦国民经济的工业精华所在。

哈萨克斯坦的城市化进程发展较快，城市化水平和速度高于中亚其他国家。伴随着苏联时期的工业化进程，整个中亚地区城市人口的比例从1959年的

38.5%增加到2021年的48.4%，但在哈萨克斯坦，这一比例分别为43.7%和57.8%。全国的17个行政区共有87个城市和6 500个村镇，百万人口以上城市的数量已经达到了3个，目前的城市化水平仍然低于经合发展组织国家的77%。但因为登记工作的复杂性，移居城市寻找工作的农村居民仍然在农村地区登记，所以关于城市人口的官方数据没有反映实际情况，城市化实际水平要高于官方统计数据。

从世界经验来看，大城市贡献了全球GDP的70%份额，资源和基础设施的相对集中才能实现经济高速增长，这是一个全球性规律。国家的竞争力正是由大型现代城市的存在决定的。哈萨克斯坦国民经济部负责人认为，城市化增加了非资源依赖型GDP贡献率，随着城市化水平每提高1%，GDP将增长0.12%，有18个大城市固定资产投资增长1.5倍。哈萨克斯坦城市化还有很大的发展空间，农村人口迁移到城市造成了额外的压力，无论是大城市还是小城市，都存在城市基础设施使用过载问题，因为城市最初不是为容纳这么多人而设计的，尤其是大城市存在着住房紧张、交通拥堵，学校、医院和幼儿园等教育医疗服务短缺问题。基础设施建设所需要的大量投资，基本来源于政府预算，同时占比70%的小城市普遍缺少整体的发展政策，哈萨克斯坦政府正通过新的方案来推进城市化。在哈萨克斯坦的"2050发展战略"和"2025年发展战略"的框架内，区域社会经济发展政策都是优先保证城市化的有序推进。

基础设施建设在哈萨克斯坦经济发展中发挥着重要作用。近年来，该国实施了许多大型基建项目，如欧亚铁路、伊犁河大桥、阿斯塔纳和阿拉木图地铁、努尔苏丹机场、2017年世博会最大国际展览中心等。

随着人口增长和城市化水平的提升，哈萨克斯坦居民对住宅的需求不断增长，政府主导了一批住宅项目并给予建筑业各类支持措施。哈萨克斯坦实施了"光明之地"方案，旨在为居民提供住房。近年来，建造了许多住宅区，多层住宅和个人住宅也投入使用。

据统计，2018—2022年，哈萨克斯坦的建筑业增长翻了一番，其中，2020年哈萨克斯坦建筑工程量达到4.9万亿坚戈，比2019年增长12.5%。2021—2023年，建筑业年平均增长率为8.4%，与2019年相比，住宅建设投资增长

33%，达到2万亿坚戈。根据"光明之地"计划，2020年建造了1 500万平方米的住房，同比增长14.5%，2021年和2022年的建设计划不低于2020年。2022年，哈萨克斯坦共交付1 540栋住宅楼，建筑面积884.39万平方米，单位住宅成本上升12.2%。

为了确保建筑业和公用事业行业的透明度，哈萨克斯坦政府正在引进数字技术。例如，EQuryLys系统提供从基坑到封顶的施工控制。E-Shanyrak平台汇集了住房和公用事业实体系统，确保住房基金管理的透明度，并对住房和公用事业领域进行监测和分析。为了避免混乱的发展，哈萨克斯坦政府制定了城市综合发展标准，以确保形成有吸引力的公共空间和基础设施。为了有效规划，消除非法定居点建设，尊重公众利益，哈萨克斯坦政府立法引入了对各级城市项目的统一规划。

哈萨克斯坦政府开始制定建筑法规，确定监管优先事项、行业可持续发展目标、定价机制，解决系统性行业问题，并减少一系列法规。此外，哈萨克斯坦工业与建筑部继续完善工业发展领域的现行立法，以生产中高端产品，预计将通过部门计划和区域进口替代方案。

哈萨克斯坦政府高度重视基础设施的发展，出台了"光明之路"国家基础设施发展计划（2020—2025年），旨在建立高效和有竞争力的运输基础设施，发展过境和运输服务，改善技术和体制环境。到2025年，该计划计划实施112个基础设施项目，总金额为5.5万亿坚戈。在该计划中，对全国交通网进行重建和现代化，促进运输物流发展和提高经济绩效。

2021年12月，《哈萨克斯坦共和国2030年发展运输和物流潜力构想》文件获批，明确了行业未来发展的愿景。

为了提高过境运输潜力，哈萨克斯坦已经启动大型铁路基础设施项目。2022年11月，开始建设从毗邻中国边境的友谊站为起点的铁路复线，将使该路段的吞吐量增加5倍（从12对列车增加到60对列车）。2023年，计划开始建设阿拉木图火车站绕行线路，继续努力消除过境运输的瓶颈路段，未来继续建设Darbaz-Maktaral(Дарбаза-Мактарал)铁路和Bakhty-Ayagoz(Бахты-Аягоз)铁路项目。

为了提高道路建设质量，2023年年底，实施FIDIC国际规则的条款，通过制定 50 项主要规则，优化了行业现有的 1 200 多项法规。此外，根据 EPCM 合同的原则，使一个承包商能够进行全项目生命周期管理，包括在 10 年中从设计阶段到该地块的进一步维护。

伴随着哈萨克斯坦的人口增长、城市化发展和城市基础设施的更新，该国的建筑业和基础设施建设将维持在一个较高发展水平上，进而带动工程机械的旺盛需求。例如，修建道路和桥梁需要挖掘机、推土机、压路机、平地机和其他设备，建筑施工需要起重机、拖车和自卸卡车、塔架和其他专用设备。这将是一个非常重要的工程机械销售市场。

（二）宏观经济：GDP 和通货膨胀

独立初期，由于苏联内部的区域产业分工和经济联系被打破，与所有原苏联加盟共和国一样，哈萨克斯坦在 20 世纪 90 年代初经历了严重的经济冲击，经济发展经历了一段下滑时期，而后经济止跌回升。21 世纪初，经济复苏开始，GDP 年均增长率达到 7%。与其他中亚邻国相比，哈萨克斯坦的人均 GDP 水平相当高。2021 年，哈萨克斯坦 GDP 为 1 908.1 亿美元，同比增长 4% 和 197.3 亿美元，世界排名第 61（按照购买力平价核算为 5 439 亿美元，世界排名第 39），人均 GDP 为 10 041.5 美元，同比增长 2.6% 和 919.85 美元。

哈萨克斯坦 GDP 增长的一个因素是其丰富的自然资源，包括石油、天然气、煤炭、黄金、铜、铀和其他矿产资源。此外，在农业、旅游业和基础设施方面也有很大的发展空间。

受石油市场价格下跌、新冠疫情冲击和世界经济放缓影响，2020 年哈萨克斯坦经济负增长，自 2021 年第二季度开始以来，经济逐步复苏。2022 年，GDP 增长率为 3.2%，建筑业贡献最大，之后是农业、林业和鱼类、批发和零售、汽车和摩托车维修、运输和储存以及制造业。2022 年，商业服务业占 GDP 的比重为 39.8%，工业占 GDP 的比重为 29.3%。

2011—2021 年，受原油市场波动影响，哈萨克斯坦货币坚戈兑换美元从 146 坚戈升到 428 坚戈，兑换欧元从 204 坚戈升到 519 坚戈，而北海布伦特原油价格 10 年内从 110.9 美元跌至 68.83 美元。10 年中，以美元计价的人均生产法 GDP 增长放缓，已从 11.6 万美元下降到 9 000 美元（见表 3-2）。

表3–2　1990—2021年哈萨克斯坦GDP

年份	GDP总量/10亿美元（当年价格）	人均GDP/美元	GDP增长率/%（不变价格）	占中亚地区份额/%
1990	29.7	1 811.0	—	53.1
1991	27.3	1 668.0	-11	50.8
1992	26.4	1 622.0	-5.3	53.1
1993	24.6	1 518.0	-9.2	51.8
1994	21.9	1 369.0	-12.6	50.9
1995	20.6	1 298.0	-8.2	49.4
1996	21	1 346.0	0.5	48.9
1997	22.2	1 439.0	1.7	48
1998	22.1	1 457.0	-1.9	48.2
1999	16.9	1 123.0	2.7	38.7
2000	18.3	1 226.0	9.8	43.6
2001	22.2	1 486.0	13.5	52
2002	24.6	1 645.0	9.8	51.4
2003	30.8	2 042.0	9.3	53.5
2004	43.2	2 830.0	9.6	58.4
2005	57.1	3 709.0	9.7	61.3
2006	81	5 209.0	10.7	65.6
2007	104.8	6 677.0	8.9	66.6
2008	133.4	8 413.0	3.3	66.5
2009	115.3	7 187.0	1.2	62.2
2010	148	9 109.0	7.3	64.9
2011	192.6	11 681.0	7.4	66.1
2012	208	12 417.0	4.8	64.7

续表

年份	GDP 总量/10 亿美元（当年价格）	人均 GDP/美元	GDP 增长率/%（不变价格）	占中亚地区份额/%
2013	236.6	13 898.0	6	65.6
2014	221.4	12 797.0	4.2	61.8
2015	184.4	10 493.0	1.2	58.1
2016	137.3	7 699.0	1.1	51
2017	166.8	9 226.0	4.1	59.6
2018	179.3	9 790.0	4.1	63.1
2019	181.7	9 793.0	4.5	60.6
2020	171.1	9 111.0	-2.5	59.5

资料来源：世界银行，https://databank.worldbank.org/reports.aspx?source=2&series=NY.GDP.MKTP.CD&country=KAZ。

近年来，哈萨克斯坦的投资规模也有所下降。2011 年为 34.2 亿美元，2020 年却只有 29.8 亿美元。

在哈萨克斯坦，通货膨胀是一个严重的经济问题。GDP 和通货膨胀之间的关系是，如果商品和服务的生产供给不能像需求那样提高，GDP 增长可能导致通货膨胀。在哈萨克斯坦，通货膨胀是国家通过各种货币和财政政策试图解决的最重要的经济问题之一。

1992 年，刚刚独立的哈萨克斯坦曾经面对超过 2960% 的超级通货膨胀率，直到 1995 年才降到 60.3%，1998 年，达到独立以来的最低点 1.9%。但是，由于国家产业和进出口的结构特点，作为资源型产品出口大国，全球性通货膨胀对哈萨克斯坦国内产生重大影响，通货膨胀率始终居高不下。

2020 年，哈萨克斯坦通货膨胀率为 7.4%，高于哈萨克斯坦国家银行的目标水平 4%~6%。2022 年 3 月，通货膨胀率上升到 12%；2022 年 12 月，通货膨胀率达到 20.3%，是 20 世纪 90 年代末以来最高的，食品价格上涨 25.3%，非食品价格上涨19.4%，工资上涨14.1%。为了对抗通货膨胀，2022年哈萨克斯坦央行多次提高基准利率，2022年12月5日，央行将基准利率提高到16.75%。但经济增长却在放缓，不到3%。财政政策和货币政策只能解决短期问题，根本在于鼓励国内生产和产品替代，增加国内市场的产品服务供给力度。

尽管近年来哈萨克斯坦的经济发展波动较大，但仍然是中亚第一经济大国，长期占到中亚经济总量的六成左右，总体上内需市场空间广阔，营商环境较好，工程机械市场空间很大。

（三）产业结构

在苏联的经济发展体系中，哈萨克斯坦主要负责粮食供应和有色金属开采、冶炼及原料的初级加工，因此在苏联解体前，农业在哈萨克斯坦的国民生产中占有重要地位。

1997年，哈萨克斯坦确立了优先发展以石油、天然气为主的能源工业，有色金属和黑色金属的采炼与深加工，以及基础设施建设的战略。2003年，哈萨克斯坦又提出发展工业创新发展战略，致力于产业结构的调整。自2010年以来，哈萨克斯坦一直在推动经济现代化和多样化，重点发展石油气、冶金、化学和制药业、农业、基础设施和其他经济领域。

经过30多年的发展，哈萨克斯坦的产业结构不断优化，从GDP的一、二、三产业贡献来看，第二、第三产业贡献了八成以上。第一产业占比不断下降，从1992年的26.71%下降到2000年的8.69%，2021年则仅占5.1%。第二产业的比重也有所下降，1992—2007年，第二产业占比基本维持在35%~45%，之后又稍有下降，基本稳定在30%~35%，2021年第二产业占比35.0%（见表3-3）。而第三产业的占比则在缓慢提高，近年来也基本保持在55%左右（见表3-4）。2021年，哈萨克斯坦一、二、三产业就业人口分布为17.8%、20.4%和61.8%。比较该国GDP的一、二、三产业构成，哈萨克斯坦城市化水平还有一定的发展空间，第一产业的就业人口流出趋势还将持续下去。

表 3-3 哈萨克斯坦工业统计（1990—2020 年）

年份	工业产值/ （10 亿美元）	人均工业 产值/美元	工业增长率 /%	占 GDP 比重 /%	占中亚各国 份额/%
1991	5.6	340.8	6.5	18.0	44.4
2000	6.0	399.7	16.6	34.6	59.5
2005	17.0	1 104.9	4.4	31.0	68.1
2010	48.7	2 996.8	9.4	34.0	69.7
2015	45.9	2 609.4	-1.5	26.2	57.7
2016	35.8	2 009.9	-0.45	27.7	51.8
2017	44.8	2 477.2	7.8	28.5	60.3
2018	50.5	2 758.9	4.4	30.2	62.5
2019	50.0	2 697.7	4.1	29.3	59.1
2020	46.2	2 462.9	-0.47	28.9	57.2

资料来源：2012—2020 年数据根据世界银行相关资料整理。

表 3-4 1990—2020 年哈萨克斯坦各产业增加值占 GDP 比重

单位:%

行业	1990	2000	2010	2020
农业	31.8	8.6	4.7	5.8
工业	13.7	34.6	34.0	28.9
建筑业	10.6	5.5	8.0	6.5
商贸业	8.0	13.8	14.3	18.4
交通业	8.8	12.2	11.5	9.8
服务业	27.2	25.3	27.6	30.6

哈萨克斯坦的第三产业发展态势良好，其比重远高于第一产业和第二产业，贸易、金融和物流等服务行业在该国 GDP 的占比要远高于制造业。尤其在最近几年，服务业发展对发达国家和发展中国家都具有决定性的影响。哈萨克斯坦首任总统纳扎尔巴耶夫在颁布的"哈萨克斯坦-2050：国家的新政治进程"战略中

明确提出，至 2050 年，哈萨克斯坦的服务业占到 GDP 的 70% 左右。

虽然第三产业是哈萨克斯坦 GDP 比重最高的产业，但该国第二产业平稳发展。采矿业是其国民经济的支柱产业，2020 年，哈萨克斯坦的采矿业产值约为 284 亿美元，同比下降 3.7%，在工业总产值中占比 43.9%。由于本国一些工业门类的产品无法满足国内市场需求，目前，哈萨克斯坦正在不断向创新型工业化国家转变的方向努力。

首先是石油天然气开采业。石油天然气开采业是哈萨克斯坦的主要产业之一。2020 年石油和凝析油产量为 8 565.6 万吨，天然气产量为 551 亿立方米。2020 年，卡沙甘油田产量为 1 510 万吨，田吉兹油田产量为 2 650 万吨，卡拉恰甘纳克油田产量为 1 090 万吨。大型企业有哈萨克斯坦国家石油天然气公司、哈萨克斯坦石油运输公司、哈萨克斯坦天然气运输公司等。

其次是非能源矿产开采业。铜、锌、铝等有色金属开采业主要集中在哈萨克斯坦南部、北部和中西部地区，煤炭工业主要在中部的巴甫洛达尔州，铀矿开发地则在南部和北部地区。大型企业有陶肯-萨姆鲁克矿业公司、哈萨克斯坦铜业公司、哈萨克斯坦锌业公司、欧亚资源集团、安塞尔米塔尔-铁米尔套公司、哈萨克斯坦原子能工业公司等。

哈萨克斯坦的黑色冶金产量占全国工业总产值的 12.5% 以上。哈萨克斯坦在铁矿石储量方面排名世界第 8，在世界储备中的份额为 6%。在已探明的 87 亿吨铁矿石储量中，73.3% 容易开采，粗钢和铸铁产量从苏联时期的 1 000 万吨以上下降了近一半，全国生产的铁矿石 70% 以上出口。

有色金属冶金在工业总产值中占比超过 12%。哈萨克斯坦是世界上最大的精炼铜生产国和出口国之一，铜的主要进口商是意大利和德国。哈萨克斯坦是黄金的主要生产国，登记的金矿超过 170 个。

化学工业可以生产塑料、化纤、轮胎和其他橡胶制品、铬化合物、电石以及苛性钠等。哈萨克斯坦有三家炼化企业，生产汽油、柴油、锅炉燃料、航空煤油、石油沥青和其他石油产品。哈萨克斯坦拥有当时苏联最大的磷矿开采加工综合体，产量占到苏联总产量的 90% 以上，产品包括磷肥和合成洗涤剂。著名生产商有哈萨克斯坦磷业集团、阿克托别化工厂等。

哈萨克斯坦继承了苏联时期的制造业，基础比较好，2020 年占 GDP 比重的 14.0%（见表 3-5）。

表 3-5 哈萨克斯坦制造业统计（1990—2020 年）

年份	制造业产值/亿美元	人均制造业产值/美元	制造业增长率/%	占 GDP 比重/%	占中亚地区份额/%
1991	27	166.2	6.9	8.8	33.4
2000	30	202.3	14.0	17.5	48.1
2005	69	446.6	7.1	12.5	50.9
2010	168	1 031.3	13.6	11.7	49.3
2015	189	1 078.2	0.2	10.8	40.2
2016	156	872.3	1.8	12.0	35.5
2017	188	1 040.7	6.1	12.0	43.2
2018	205	1 118.9	4.5	12.2	44.9
2019	208	1 122.9	5.8	12.3	42.6
2020	224	1 191.0	4.0	14.0	43.4

机械制造业是哈萨克斯坦经济的优先发展方向之一，但仍然依赖进口满足国内需求，进口占该国总进口量的 40%。哈萨克斯坦在电气设备、石油和天然气设备、汽车工业以及其他机械、设备和机床的生产方面具有一定竞争优势，机械制造业在扩大生产和增加出口方面具有巨大潜力。哈萨克斯坦生产卡车、公共汽车、火车机车、农业机械、医疗设备和其他设备；机械制造业对 GDP 的贡献从 2010 年的 1.5% 增加到 2020 年的 2.5%，对工业的贡献从 2010 年的 3% 增加到 2020 年的 7%，对制造业的贡献从 2010 年的 10% 增加到 2020 年的 14%。

机电产品主要面向原苏联加盟共和国市场，实质为原苏联加盟共和国之间区域产业分工关系在一定程度上转化为当前的出口销售市场，但也面临着俄罗斯、乌克兰和白俄罗斯等苏联标准体系下的市场竞争。电子工业包括计算机设备、移动电话、电子元件和其他电子设备的生产，主要制造商为三星电子（哈萨克斯坦）公司、LG 电子（哈萨克斯坦）公司、JSC semiconctor Plant。

在苏联遗产基础上，独立后哈萨克斯坦形成了一个基本现代化的机械制造业体系，覆盖了 37 个工业部门，在交通机械、矿山机械、电力设备、仪器仪表、冶金机械、国防工业领域都有一些质量较好的企业。这些企业国际化程度较高，大部分企业和其他独联体成员国保持着传统的产业内和产业间分工合作关系，尤其与俄罗斯的产业一体化程度较高。有些企业由外资参股或控股，在哈萨克斯坦制造业中占据着重要地位，为国民经济发展和实体经济提供了基础性生产能力保证。

哈萨克斯坦拥有丰富的自然资源和矿产资源，得益于苏联时期产业布局，为矿业开采服务的制造业基础好，可以满足自身采矿业发展所需的采矿专用设备的生产。代表性企业有哈萨克斯坦国家石油和天然气工业机械制造公司（АО Казнефтегазмаш）、阿特劳石油机械有限公司（ТОО АтырауНефтеМаш）、东哈萨克斯坦机器制造厂（Восточно‐Казахстанский машиностроительный завод）、欧亚集团旗下巴甫洛达尔机器制造厂（АО Павлодарский машиностроительный завод）等。

哈萨克斯坦铁路网比较完善，铁路装备制造基础较好，代表性企业有阿斯塔纳机车制造厂（Локомотив құрастыру зауыты）、埃基巴斯图兹工业机械设备公司（ТОО Проммашкомплект）、斯捷潘诺戈尔斯克轴承厂（Степногорский подшипниковый завод）、

其他代表性企业还有哈萨克斯坦工程技术集团（Казахстан Инжиниринг）、阿拉吉姆电气（Alageum Electric）控股集团和阿拉木图重型机械厂（Алматинский завод тяжёлого машиностроения）等。

哈萨克斯坦工程技术集团是哈萨克斯坦国防工业企业集团，2003 年成立，与国防生产有关系的重要的研究所和企业都归它领导，该集团百分之百的股份属于国家所有，从 2010 年 4 月份开始，由哈萨克斯坦国防部管理。

集团内知名企业包括乌拉尔斯克泽尼特造船厂（АО Уральский завод Зенит）、乌拉尔斯克水利仪器研究所（АО Нии Гидроприбор）、阿拉木图基洛夫机械厂股份公司（АО Машиностроительный Завод ИМ. С. М. Кирова）等 15

家骨干企业。

（1）乌拉尔斯克泽尼特造船厂（AO Уральский завод Зенит）

（2）彼得罗巴甫洛夫斯克重型机械厂（AO Петропавловский Завод Тяжелого Машиностроения）

（3）塞米巴拉金斯克工程股份公司（AO Семей Инжиниринг）

（4）哈萨克斯坦工程研发有限责任公司（TOO R&D Центр Казахстан Инжиниринг）

（5）泰内斯航空备件制造股份公司（AO Тыныс）

（6）基洛夫工厂股份公司（AO Завод ИМ. С. М. Кирова）

（7）阿拉木图基洛夫机械制造厂（AO Машиностроительный Завод ИМ. С. М. Кирова）

（8）哈萨克斯坦航空工业有限公司（TOO Казахстанская Авиационная Индустрия）

（9）哈萨克斯坦技术公司（AO Казтехнологии）

（10）Steel Manufacturing 有限责任公司（TOO Steel Manufacturing）

（11）811 汽车修理厂（AO 811 Авторемонтный Завод КИ）

（12）哈萨克斯坦工程技术集团欧洲直升机有限责任公司（TOO Еврокоптер Казахстан Инжиниринг）

（13）乌拉尔斯克水利仪器研究所（AO Нии ГИдроприбор）

（14）阿塞尔桑工程技术有限责任公司（TOO казахстан аселсан инжиниринг）

（15）塞米巴拉金斯克机械制造厂（AO Семипалатинский Машинострои Тельный Завод）

哈萨克斯坦境内集中了苏联时期主要的鱼雷、水雷和反水雷武器等水下兵器装备生产企业。哈萨克斯坦独立后，这些企业部分转产，但是基本上保留了海军武器的生产，并继续按照俄罗斯海军的订货进行生产，同时接受其他国家的军品订货。这些企业继续生产军品的同时，也生产各类民品，可以视为哈萨克斯坦工业的精华所在。

2005 年，哈萨克斯坦工程技术集团与俄罗斯卡玛斯汽车厂在哈萨克斯坦科克舍套市的特内斯工厂（AO Тыныс）成立了组装卡玛斯卡车的"卡玛斯－工程"联合企业。

哈萨克斯坦阿拉吉姆（Alageum，哈语"光明之意"）控股公司是福布斯排行榜上哈萨克斯坦 50 家最大的私营公司之一，是哈萨克斯坦电力行业设备设计、制造和安装业务一体化的企业集团，拥有 30 多家大型企业，核心企业包括阿拉木图电气设备厂、肯套变压器厂、乌拉尔斯克变压器厂、阿克套变压器厂、亚洲变压器厂、彼得罗巴甫洛夫斯克电气设备厂等。

2019 年 4 月，由乌拉尔斯克变压器厂以 2.7 亿坚戈从哈萨克斯坦工程技术集团收购欧米茄仪器仪表制造厂 100% 的股份，欧米茄仪器仪表制造厂成为阿拉吉姆控股公司的组成部分。

哈萨克斯坦相对良好的制造业基础为该国融入工程机械国际产业链并实现一定程度的进口替代奠定了扎实的产业基础，而丰富的自然资源、发达的采矿业和活跃的建筑业为工程机械产业提供了广阔可持续的市场需求。

（四）对外开放

哈萨克斯坦经济发展的开放度很高，高度依赖石油、天然气、煤炭、金属和谷物等商品的出口，这些商品构成了该国出口的主要部分；主要进口商品为汽车、电子、药品、计算机设备、汽车部件、航空零部件以及部分石化产品等商品，形成了其特有的贸易平衡，保证了商品的供给，促进了国内市场的竞争。

目前，哈萨克斯坦已经与全球 190 多个国家或地区建立了贸易关系，对外贸易高度依赖俄罗斯、中国、意大利、德国和荷兰等几个主要合作伙伴，这些国家是哈萨克斯坦石油和天然气以及金属和其他商品的主要进口国。

从产品结构上来看，2021 年哈萨克斯坦主要出口商品为能源矿产品、金属制品、农产品和食品，主要进口商品为机械设备、化工产品、金属及其制品、农产品及食品。

与此同时，哈萨克斯坦正在积极努力实现经济多样化，增加食品、纺织品、化工产品、机械设备等非原料产品的出口。目前，哈萨克斯坦还积极发展旅游、教育、IT 服务等服务出口。

2020 年,由于新冠疫情影响哈萨克斯坦的对外贸易下降了 18%。在经历 2020 年疫情影响下的衰退后,2021 年哈萨克斯坦的对外贸易整体向好。据哈萨克斯坦统计局发布的数据,2021 年哈萨克斯坦对外贸易总额为 1 017.4 亿美元,较上年上升 17.6%;其中,出口 603.2 亿美元,增加 26.9%;进口 414.2 亿美元,增加 6.4%;贸易顺差 189 亿美元,扩大 1.2 倍。2022 年,哈萨克斯坦对外贸易更是达到了 1 344 亿美元的创纪录水平,比 2021 年增长 32.1%。这一增长是在 2020 年的低基数效应、全球供应链的快速恢复以及新冠疫情限制逐渐解除的背景下发生的。在 2022 年创纪录的 1 344 亿美元中,出口额达到 844 亿美元,名义增长 39.9%,进口额达到 500 亿美元,名义增长 20.8%(见表 3-6)。

表 3-6 2017—2022 年哈萨克斯坦对外贸易额一览表

单位:亿美元

项目	2017	2018	2019	2020	2021	2022
贸易总额	776.47	934.90	977.7	864.7	1 017.4	1 344
出口额	483.42	609.56	580.7	475.4	603.2	844
进口额	293.05	325.34	397.1	389.3	414.2	500

资料来源:哈萨克斯坦国家统计年鉴,https://stat.gov.kz/edition/publication/collection(访问时间:2022 年 9 月 3 日)。

贸易额的激增与商品价格的整体上涨有关,全球通货膨胀率已达到历史最高水平。阿根廷 2 月份的年通货膨胀率超过 100%,美国的年通货膨胀率以 6.4% 的速度增长,而欧盟以消费价格指数衡量的通货膨胀率则增加了 2 倍,达到 9.2%。

根据哈萨克斯坦统计局数据,2021 年,哈萨克斯坦前三大贸易伙伴国分别为俄罗斯(23.8%)、中国(17.9%)和意大利(9.5%)。主要出口目的国为中国(16.4%)、意大利(14.7%)和俄罗斯(11.5%);主要进口来源国为俄罗斯(42.1%)、中国(20.2%)和德国(4.4%)(见表 3-7)。

表3-7　2021年哈萨克斯坦主要进出口贸易伙伴的贸易额及其占比

排序	进口			出口		
	国家	金额/亿美元	占比/%	国家	金额/亿美元	占比/%
1	俄罗斯	173.3	42.1	中国	98.7	16.4
2	中国	83.2	20.2	意大利	88.9	14.7
3	德国	18.1	4.4	俄罗斯	69.2	11.5
4	美国	13.5	3.3	荷兰	43.8	7.3
5	土耳其	11.5	2.8	乌兹别克斯坦	28.4	4.7

资料来源：根据2022年哈萨克斯坦国家统计年鉴146~160页整理得出。

但是，2022年，根据哈萨克斯坦统计局数据，意大利已经是哈萨克斯坦最大的出口目的国，占出口的16.4%；其后是中国（15.6%）、俄罗斯（10.4%）、荷兰（6.5%）、土耳其（5.6%）和韩国（5.4%）；而主要进口来源国是俄罗斯（34.7%）、中国（21.9%）、德国（4.5%）、美国（3.8%）、土耳其（3.2%）和韩国（3.1%）。

2022年，哈萨克斯坦主要出口商品为原油和沥青矿物石油产品（55.6%）、精炼铜和铜合金（4.4%）、铁合金（3.8%）、放射性化学元素和放射性同位素（3.1%）、铜矿和精矿（2.8%）、石油和碳氢化合物气体（2.6%）、小麦（2.3%）。

哈萨克斯坦主要进口商品为汽车（3.6%）、电话（3%）、药品（2.7%）、计算机和计算机设备（2.4%）、汽车部件和驾驶室（2.1%）、飞机和飞机零部件（1.7%）、石油和石油产品（1.6%）。

自2022年以来，哈萨克斯坦对外贸易流向逐渐发生变化，导致这个趋势变化的重要因素之一是与中国贸易额的增长。例如，对中国出口超过了俄罗斯，这既与俄罗斯进口增长放缓有关，也与中国进口增长有关。

中国是哈萨克斯坦除俄罗斯外最大的贸易伙伴之一。根据中国海关统计，2021年中哈货物进出口总额252.5亿美元，同比增长17.6%。其中，中国对哈出口139.8亿美元,增长19.5%;中国自哈进口112.7亿美元,增长15.3%。①双边贸易中方顺差27.1亿美元,增长36.2%。哈萨克斯坦从中国进口的塑料和橡胶化工产品增长45%,纺织品增长23.4%,机械设备增长21.4%;出口到中国的农产品增长133.7%,原料能源产品增长58%,化工产品增长25.2%。

根据哈萨克斯坦驻中国大使馆的数据,2022年两国贸易额创纪录312亿美元。两国元首同意到2030年将贸易额增加到350亿美元。根据哈萨克斯坦统计局《2021年对外贸易报告》,哈萨克斯坦是中亚地区最大的中国工程机械消费国之一。2021年,中国对哈萨克斯坦的机械出口额为13亿美元,约占该国工程机械进口总额的50%。

哈萨克斯坦开始更多地与土耳其、乌兹别克斯坦、吉尔吉斯斯坦和阿塞拜疆等突厥国家组织成员国进行贸易,这些国家在哈萨克斯坦贸易额中所占份额接近10%。

哈萨克斯坦还与俄罗斯、白俄罗斯、吉尔吉斯斯坦和亚美尼亚等欧亚经济联盟(EAEU)成员国加强经济合作,2022年哈萨克斯坦与EAEU成员国的贸易额为283亿美元,名义上比去年同期增长6.5%。商品出口达到97亿美元,增长24.3%;进口达到186亿美元,下降0.9%。在EAEU成员国中,俄罗斯是主要贸易伙伴,占92.3%。

哈萨克斯坦独立以后,为发展本国经济,一直致力于吸引外资。从投资环境来看,哈萨克斯坦是中亚地区经济发展较快、政治局势相对稳定、社会秩序比较良好的国家,有丰富的石油、天然气、煤炭、有色金属等矿产资源,农业基础良好,生态状况优良,地理位置优越,这些因素都使得哈萨克斯坦成为中亚地区最具投资吸引力的国家,其吸引外资的数额在中亚地区也是遥遥领先。

2021年,哈萨克斯坦吸引外国直接投资237亿美元,较上年上升37.7%,主要投资来源国包括荷兰(70亿美元)、美国(28亿美元)、瑞士(26亿美元)、俄罗斯(19亿美元)和中国(18亿美元)。联合国贸易和发展会议发布的《2020世界投资报告》显示,2020年哈萨克斯坦吸收外资流量为38.77亿美元;

---

① 中哈两国的海关统计口径不同,导致此处数据与表3-7中数据不一致。

截至 2020 年年底，哈萨克斯坦吸收外资存量为 1 513.96 亿美元。德国西门子、美国通用电气、法国阿尔斯通、韩国现代、德国科乐收等世界著名公司已经在哈萨克斯坦进行了本地化投资。

作为一个关税区的欧盟是哈萨克斯坦最大的贸易和投资伙伴，欧盟对哈萨克斯坦直接投资总额超过 1 600 亿美元。2022 年的前 9 个月从欧洲流向哈萨克斯坦的外国直接投资增长了 10%，超过 80 亿美元。哈萨克斯坦约 30% 的外贸来自欧盟国家，2022 年，与欧盟的贸易额达到创纪录的 400 亿美元，比 2021 年增长 27.6%。

哈萨克斯坦是中亚地区唯一签署和批准与欧盟及其成员国扩大伙伴合作关系的"第二代"协议国家，合作领域不限于协议规定的 29 个领域。例如，2022 年开始在稀土金属、绿色氢气、电池、运输和物流能力以及商品供应链多样化等新领域开展合作。

哈萨克斯坦正在努力推动经济多样化，减少经济对石油和天然气的依赖，并发展轻工业和旅游业等其他行业，积极推动发展过境运输潜力，包括铁路、公路和海上运输。此外，哈萨克斯坦正在发展农业，特别是谷物种植和畜牧业，并增加其产品出口。

相对开放的经济政策为哈萨克斯坦带来了更广阔的市场空间，弥补国内市场供给的结构性不足，同时提升了国内市场的竞争水平。在工程机械市场中，大量国际制造商产品的进入补充了国内市场特定领域的产品供给不足，同时竞争水平提升促进国际制造商加快本土化生产水平，促进了哈萨克斯坦产业结构的优化、就业环境的改善，并促进了社会经济的均衡发展。

二、哈萨克斯坦工程机械市场分析

近年来，尽管受到全球经济衰退和油价下跌等诸多因素的影响，哈萨克斯坦工程机械市场仍呈现稳定增长态势。

哈萨克斯坦对工程机械的需求与该国基础设施建设和发展的规模有关。一方面，基础设施建设和发展项目越多，对工程机械的需求就越大，这反过来又可能导致市场供应的增加。另一方面，工程机械在市场上的供应取决于从事生产、进口和租赁服务的公司数量，供应量的增加也会降低工程机械的价格，这反过来会影响生产和租赁这些工程机械的公司的盈利能力。

（一）哈萨克斯坦工程机械市场供求分析

在哈萨克斯坦的工程机械市场上，各种机械的需求量增加，包括用于执行各种工作的起重机、挖掘机、推土机、装载机和其他机器，而且哈萨克斯坦各种机械的供应量也很高，这为该领域的业务发展创造了有利条件。然而，与其他行业一样，工程机械市场竞争仍然很激烈，成功的业务需要有效的管理和战略规划。

新冠疫情期间，哈萨克斯坦暂时性萎缩的市场得到快速修复，与 2021 年相比，2022 年需求增长了 65%。由于经济增长、城市化推进以及建筑业的发展，哈萨克斯坦工程机械市场具有良好的发展前景。哈萨克斯坦大力发展资源优势产业，各类矿产开采也得到了快速发展，这也刺激了对货运和土方工程机械的需求。总的来说，由于经济增长和未来几年将实施的基础设施项目，哈萨克斯坦工程机械市场具有良好的发展前景。

下面根据 2023 年哈萨克斯坦工程机械租赁市场的设备供应和订单数据，做一个简单分析。[①]

见图 3-2 和图 3-3，20 吨以下的各类吨位卡车订单占比为 37.9%，但市场报价占比为 46.2%，说明哈萨克斯坦的运输市场规模较大，竞争比较充分。清污车和送水车订单占比为 7.8% 和 3.9%，这与城市化发展对运输和污水处理的特殊设备的需求很大，各地区对清洁饮用水需求增加有关。

见图 3-2，2023 年哈萨克斯坦工程机械租赁订单统计如下：汽车起重机占 5.5%、汽车升降机占 3.4%、挖掘装载机占 7.3%、挖掘机占 3.8%、装载机占 2.7%、机械手占 5.4%，这与大型建筑和各类基础设施项目的建设密切相关；面包车和小型客车占 4.2%、出租车占 2.9%，这表明市场对这些服务的需求不高，或者在运输服务市场上不同客运服务之间存在竞争。

由此可见，哈萨克斯坦工程机械和货运租赁市场是多样化的，对不同类型机械设备和服务的需求取决于建筑、基础设施、公共服务改善升级的需求。

---

① https://perevozka24.kz/analiz-rynka。

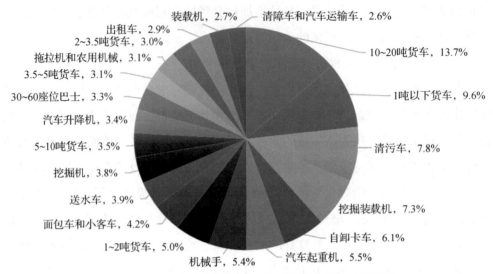

图 3-2　2023 年哈萨克斯坦工程机械设备租赁订单统计

根据 2023 年哈萨克斯坦工程机械租赁市场报价统计数据（见图 3-3），1~2 吨货车和 2~3.5 吨货车报价占比分别为 15.7% 和 11.6%，这表明从事小规模货物运输的企业和个人对这类载重量的设备需求很大。

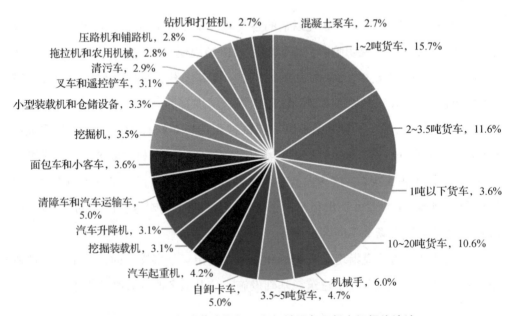

图 3-3　2023 年哈萨克斯坦工程机械设备租赁市场报价统计

10~20 吨货车和机械手报价占比分别为 10.6% 和 6.0%，这说明市场对此类型货车运输和机械手的需求相当高，反映了哈萨克斯坦建筑业和基础设施建设的快速发展。

汽车起重机和汽车升降机报价占比分别为 4.2% 和 3.1%，自卸卡车、钻机、打桩机和筑路机械类也有供应，但市场需求没有那么大。

综上所述，哈萨克斯坦建筑业的发展、采矿和石油天然气的需求增加，以及对基础设施和公共发展项目的投资增加，带来对工程机械需求的增加。同时，工程机械市场的供应也在增长，包括通过国内制造商的产量增加和从其他国家进口。供应并不总是能够满足市场需求，特别是在该国偏远地区。这是由于不同类型的工程机械供给与不同行业对工程机械需求之间的时空差异，导致市场供求关系的错位。

根据哈萨克斯坦机械专业门户网站的供求信息统计，该国各类工程机械的品牌影响力如下：[①]

挖掘机设备：国际主流品牌为卡特彼勒、小松、日立、杰西博、沃尔沃和斗山，但哈萨克斯坦市场上明斯克、三一重工、现代、龙工更流行，中国品牌总体市场份额不低，三一重工、徐工、山河智能和柳工的市场表现更好。

装载机设备：国际主流品牌为卡特彼勒、沃尔沃、小松、杰西博、山猫和利勃海尔，哈萨克斯坦市场中中国品牌龙工、徐工、三一重工表现更好，韩国品牌现代和斗山、山猫也表现不错。

起重设备：国际主流品牌为徐工、利勃海尔、三一重工、中联重科、格鲁夫（GROVE）和特雷克斯等，中国品牌占据绝对优势，俄罗斯卡玛斯和乌拉尔影响力也很大（见表 3-8）。

表 3-8 2020 年哈萨克斯坦起重机械保有量统计

品牌和型号	保有量/台	占比	品牌和型号	保有量/台	占比
随车起重机	2 355		10 吨以下随车起重机	12 033	
KAMAZ	711	30.2%	KAMAZ	2 731	22.7%

---

① https://machineryline.kz/。

续表

品牌和型号	保有量/台	占比	品牌和型号	保有量/台	占比
MERCEDES-BENZ（DAIMLER）	360	15.3%	MAZ	2 497	20.8%
DONGFENG（东风）	200	8.5%	ZIL	2 178	18.1%
MAN	139	5.9%	XCMG	1 979	16.4%
FOTON	85	3.6%	URAL	709	5.9%
MITSUBISHI-FUSO	82	3.5%	KRAZ	268	2.2%
ISUZU	71	3.0%	ZOOMLION	192	1.6%
ZIL	69	2.9%	GAZ	117	1.0%
URAL	49	2.1%	SANY	105	0.9%
IVECO	39	1.7%	LIEBHERR	82	0.7%
其他	550	23.4%	其他	1 175	9.8%
10-25吨随车起重机	2 415		汽车升降机	1 229	
KAMAZ	768	31.8%	ZIL	490	39.9%
MAZ	452	18.7%	GAZ	293	23.8%
ZIL	318	13.2%	DONGFENG	99	8.1%
XCMG	218	9.0%	KAMAZ	65	5.3%
KRAZ	204	8.4%	ISUZU	48	3.9%
URAL	117	4.8%	MITSUBISHI-FUSO	37	3.0%
PUYUAN	18	0.7%	HYUNDAI	31	2.5%
ZOOMLION	17	0.7%	MERCEDES-BENZ（DAIMLER）	27	2.2%
HAIHONG（徐工）	17	0.7%	URAL	21	1.7%
MERCEDES-BENZ（DAIMLER）	16	0.7%	DAEWOO	11	0.9%
其他	270	11.2%	其他	107	8.7%

续表

品牌和型号	保有量/台	占比	品牌和型号	保有量/台	占比
25吨以上重型起重机	443		其他随车起重机	354	
XCMG	200	45.1%	KAMAZ	132	37.3%
KAMAZ	49	11.1%	XCMG	87	24.6%
ZOOMLION	27	6.1%	MAZ	41	11.6%
LIEBHERR	18	4.1%	ZIL	17	4.8%
MAZ	16	3.6%	URAL	16	4.5%
ZIL	11	2.5%	LIEBHERR	9	2.5%
PUYUAN	7	1.6%	TADANO	5	1.4%
TADANO	7	1.6%	GROVE	4	1.1%
KATO	7	1.6%	FOTON	3	0.8%
KRAZ	7	1.6%	ZOOMLION	3	0.8%
其他	94	21.2%	其他	37	10.5%

土方设备：国际主流品牌为卡特彼勒、小松、山推、宝马格、徐工和威克诺森（WACKER NEUSON）等，山推和三一重工在哈萨克斯坦市场影响力较大，柳工也有一席之地。

筑路机械：宝马格、哈马、德纳帕克、维特根、福格勒和卡特彼勒等欧美品牌影响更大，中国品牌徐工、柳工和三一重工拥有一席之地。

农机设备：基洛夫人（KIROVETS）、罗斯托夫、科乐收，约翰迪尔和纽荷兰影响更大，但中国一拖和福田雷沃已经进入哈萨克斯坦市场。农业机械品牌的选择取决于许多因素，如农场的规模和类型、具体的需求和要求、特定地区的维修和零部件供应、价格等。

混凝土设备：三一重工、豪沃和卡玛斯的市场影响力提升明显。

上述各产品类别中，原苏联各加盟共和国制造商也有一定市场份额，如俄罗斯的卡玛斯、乌拉尔，白俄罗斯的马兹、别拉兹等。

2021年，哈萨克斯坦工程机械进口额为15亿美元。采矿和建筑机械所占比例最大。尽管卡特彼勒、小松、日立和杰西博等知名品牌进口量很大，但中国品牌工程机械总占比超过50%。

（二）哈萨克斯坦工程机械市场制造商和产品类别分析

国际工程机械制造商都是专门为不同行业提供各种专用机械的知名公司，在国际市场上享有广泛的知名度，每个公司的产品和解决方案都有自己的特点。哈萨克斯坦工程机械市场国际化程度高，各大国际工程机械制造商陆续进入哈萨克斯坦市场，已经拥有了比较忠诚的客户群体。

卡特彼勒、小松、徐工、三一重工、日立、沃尔沃、利勃海尔、中联重科、杰西博和斗山等世界知名制造商以产品出口、设立分公司、KD（汽车散件）工厂等形式进入哈萨克斯坦市场，市场竞争非常激烈。但是，凭借独特的历史渊源，卡玛斯、乌拉尔、别拉兹和马兹等独联体国家制造商在哈萨克斯坦市场有着独特的市场优势，不容小觑。中国工程机械的大中型制造商积极开拓哈萨克斯坦以及中亚各国市场，包括柳工、龙工、山推、山河智能、福田雷沃、厦工、中国一拖、东风、中国重汽、陕汽等一批商用车企业也纷纷进入哈萨克斯坦市场。此外，哈萨克斯坦市场还有若干家本土制造商，如 SEMAZ、KAZAVTOZHOL 等，哈萨克斯坦农业的快速发展和大规模的基础设施建设，为本土农业机械、建筑机械和道路机械制造商带来了广阔的内需市场。

卡特彼勒在哈萨克斯坦各地都有官方经销商和服务中心，并在阿斯塔纳设有办事处，协调销售和服务，客户对其产品的强大功率和耐久性能评价很高。

小松在阿拉木图有官方代表处和覆盖全国的经销商网络，在阿拉木图、阿斯塔纳、希姆肯特和其他城市有经销商和服务中心，负责销售和服务，重点开拓采矿和建筑业的工程机械市场。

日立建机在阿拉木图设有办事处和服务中心，并在全国各地设有经销商，包括卡拉干达、阿克托别、东哈萨克斯坦、科斯塔奈、土耳其斯坦和其他地区，其产品专注于土方工程和建筑机械，服务于采矿和建筑业，产品以其耐候性和舒适的驾驶室而闻名。

沃尔沃在阿拉木图有一个代表处，千里马公司为官方经销商，负责沃尔沃以及山东临工的工程机械的销售和服务，包括但不限于道路和建筑机械，如推土机、装载机、抓斗、挖掘机等。

杰西博专注于塔架升降机、起重机、剪刀升降机,以高安全性和提升速度得到市场认可,在阿拉木图和阿斯塔纳有官方经销商和服务中心,提供销售和服务支持。

斗山的特色是生产山猫小型装载机和小型挖掘机,在阿拉木图、阿斯塔纳、阿克纠宾、卡拉干达、科斯塔奈、乌斯季卡缅诺戈尔斯克等地有经销商。

利勃海尔在哈萨克斯坦市场专注于建筑起重机械,产品功率强大,操控灵敏,适应相对封闭空间施工,但份额不高;同时也涉足道路和土方机械细分市场。

约翰迪尔在哈萨克斯坦市场供应收割机、拖拉机(95~620马力)、各种播种系统、土壤加工工具、自行式和牵引式喷雾器、自行式饲料和棉花收割机、割草机、打捆机和草坪维护设备,以及智能技术和精准农业工具。同时通过其广泛的经销商网络提供全面的售后服务,以及零部件和金融服务等。欧亚集团是其在哈经销商。

这些制造商以其高质量和性能以及广泛的型号和选项而闻名,以满足不同客户的需求。

目前,哈萨克斯坦境内广泛存在进口和国内工程机械品牌。但根据2020年公布的"哈萨克斯坦前50大公司"评级,大多数公司更喜欢进口设备。例如,在使用工程机械的前10家公司中,只有两家使用国内品牌——俄罗斯卡玛斯底盘的TransStroyGroup(ТОО Трансстройгрупп)和白俄罗斯BELAZ底盘的Artek Group。其他公司使用进口设备,如卡特彼勒、小松、日立和沃尔沃等。2021年哈萨克斯坦起重机械品牌和型号保有量见表3–9。

表3–9 2021年哈萨克斯坦起重机械品牌和型号保有量

品牌和型号	保有量/台	占比/%	品牌和型号	保有量/台	占比/%
汽车起重机10吨以下			汽车起重机10~25吨		
ZIL 130	1 029	8.6	ZIL 133	246	10.2
MAZ 5334	968	8.0	MAZ 5334	143	5.9

续表

品牌和型号	保有量/台	占比/%	品牌和型号	保有量/台	占比/%
MAZ 5337	770	6.4	MAZ 5337	163	6.7
ZIL 4314	443	3.7	KAMAZ 55111	141	5.8
URAL 4320	397	3.3	KAMAZ 53213	110	4.6
KAMAZ 55111	396	3.3	KAMAZ 53215	93	3.9
XCMG QY25K5	333	2.8	KRAZ 250	69	2.6
ZIL 133	319	2.7	KAMAZ 53212	63	2.7
KAMAZ 53215	314	2.6	URAL 4320	60	2.5
KAMAZ 43118	275	2.3	KRAZ 257	52	2.2
KAMAZ 65115	246	2.0	KAMAZ 65115	37	1.5
XCMG QY25K	212	1.8	URAL 5557	35	1.4
URAL 5557	172	1.4	KAMAZ 43118	35	1.4
KAMAZ 53213	165	1.4	KRAZ 6510	30	1.2
XCMG XZJ 5284	159	1.3	KAMAZ 53228	30	1.2
汽车起重机25吨以上			其他汽车起重机		
XCMG QY25K	29	6.5	KAMAZ 55111	30	8.5
XCMG QY25K5	27	6.1	KAMAZ 53215	21	5.9
XCMG XZJ5284	26	5.9	MAZ 5337	18	5.1
KAMAZ 55111	18	4.1	KAMAZ 43118	15	4.2
XCMG QY25KI	14	3.2	XCMG QY25K	12	3.4
XCMG NCL3258	9	2.0	KAMAZ 65115	11	3.1
ZIL 133	9	2.0	MAZ 5334	10	2.8
XCMG XZJ540	7	1.6	XCMG XCT25L5S	10	2.8
KAMAZ 53215	6	1.4	XCMG QY25K5	9	2.5
URAL 4320	4	0.9	URAL 4320	9	2.5
XCMG XZJ5290	4	0.9	ZIL 133	9	2.5

续表

品牌和型号	保有量/台	占比/%	品牌和型号	保有量/台	占比/%
XCMG QY25KII	4	0.9	XCMG XZJ5284	8	2.3
KAMAZ 6471	4	0.9	KAMAZ 53213	8	2.3
XCMG XZJ5310	4	0.9	KAMAZ 53228	6	1.7
MAZ 6303	4	0.9	XCMG QY50K	5	1.4
汽车升降机			随车起重机		
ZIL 130	141	11.5	KAMAZ 43118	129	5.5
ZIL 131	122	9.9	KAMAZ 5320	110	4.7
GAZ 53	100	8.1	KAMAZ 53215	99	4.2
GAZ 3307	85	6.9	MERCEDES-BENZ(DAIMLER)814	89	3.8
ZIL 4314	52	4.2	KAMAZ 53212	78	3.3
GAZ 52	52	4.2	MITSUBISHI-FUSO CANTER	59	2.5
MITSUBISHI-FUSO CANTER	34	2.8	KAMAZ 65117	49	2.1
ISUZU ELF	29	2.4	URAL 4320	27	1.1
ZIL 4333	27	2.2	MERCEDES-BENZ(DAIMLER)817	23	1.0
ZIL 433362	23	1.9	KAMAZ 44108	23	1.0
GAZ 3309	22	1.8	ISUZU ELF	23	1.0
URAL 4320	18	1.5	ZIL 131	21	0.9
ZIL 431412	13	1.1	KAMAZ 55102	21	0.9
DONGFENG LB5040	12	1.0	BENZ(DAIMLER)1317	20	0.8
DONGFENG EQ5040	11	0.9	KAMAZ 43114	20	0.8

根据 2020 年哈萨克斯坦政府内务部登记的机动车保有量数据做出如下分析①：

特种车辆领域，如自卸卡车、消防、供水、应急、清污、救护等，俄罗斯、白俄罗斯的卡玛斯、嘎斯、明斯克、乌拉尔等保有量很大，占据存量优势，但中国的东风、中国重汽旗下的豪沃和陕汽已经进入该国市场并站稳脚跟（见表 3-10）。

表 3-10　2021 年哈萨克斯坦特种车辆品牌保有量

品牌和型号	数量/台	占比/%	品牌和型号	数量/台	占比/%
自卸卡车	139 254		燃料罐车	11 323	
KAMAZ	43 291	31.1	GAZ	5 726	50.6
GAZ	38 254	27.5	ZIL	2 083	18.4
ZIL	22 318	16.0	KAMAZ	1 653	14.6
HOWO	8 055	5.8	URAL	343	3.0
SHACMAN	7 494	5.4	MAZ	335	3.0
MAZ	4 459	3.2	KRAZ	148	1.3
SHAANXI	3 048	2.2	MERCEDES-BENZ（DAIMLER）	119	1.1
KRAZ	1 243	0.9	VOLVO	77	0.7
URAL	1 099	0.8	MAN	72	0.6
FOTON	954	0.7	FAW	62	0.5
其他	9 039	6.5	其他	705	6.2
吸污车	5 029		消防车	2 524	
GAZ	2 817	56.0	ZIL	843	33.4
KAMAZ	1 004	20.0	KAMAZ	594	23.5

---

① https://akab.kz/reports/obzor-rynkka-specztehniki-respubliki-kazahstan/?ysclid=lm377wjcyb855730230。

续表

品牌和型号	数量/台	占比/%	品牌和型号	数量/台	占比/%
ZIL	798	15.9	GAZ	576	22.8
MAZ	71	1.4	URAL	255	10.1
URAL	66	1.3	MAZ	55	2.2
MERCEDES-BENZ（DAIMLER）	45	0.9	DONGFENG	20	0.8
DONGFENG	29	0.6	IVECO	13	0.5
MAN	16	0.3	KRAZ	11	0.4
HOWO	15	0.3	MERCEDES-BENZ（DAIMLER）	10	0.4
CHENGLIWEI	11	0.2	SHACMAN	9	0.4
其他	157	3.1	其他	138	5.5
清雪车/洒水车	768		水泥运输车	475	
ZIL	298	38.8	URAL	97	20.4
KAMAZ	156	20.3	KAMAZ	59	12.4
DONGFENG	125	16.3	ZIL	46	9.7
URAL	45	5.9	KRAZ	41	8.6
MAZ	23	3.0	HOWO	36	7.6
GAZ	19	2.5	SHAANXI	23	4.8
FOTON	17	2.2	NORTH-BENZ	23	4.8
CHENGLIWEI	11	1.4	DONGFENG	13	2.7
HOWO	10	1.3	CNPC（中油）	12	2.5
MERCEDES-BENZ（DAIMLER）	7	0.9	KENWORTH	11	2.3
其他	57	7.4	其他	114	24.0

农业机械领域，如农用拖拉机、联合收割机和各类播种和中耕机械等，俄罗斯、白俄罗斯的罗斯托夫、切特拉、别拉兹等品牌产品保有量很大，占据存量优势；但中国一拖、福田雷沃、三一重工等农机产品也已进入该国市场；欧美的约翰迪尔、纽荷兰等品牌同样重视该国市场。

建筑、道路和矿山机械领域，如挖掘机、装载机、起重机等，欧美等知名品牌优势明显，但中国的徐工、山推、柳工等占据增量优势。如25吨以上的起重机械，徐工占据绝对优势；混凝土泵车，中联重科市场占有率第一；叉车产品方面，杭叉（"杭叉集团股份有限公司"的简称）的影响不亚于林德和丰田。

从哈萨克斯坦内务部的机动车和工程机械保有量的登记数据可以发现，俄罗斯和白俄罗斯品牌在该国拥有其他品牌没有的传统历史优势，尤其是一些公共服务领域的消防车、除雪机、垃圾清运车、吸污车、医疗检测车以及小吨位的随车起重机等市场，俄罗斯的卡玛斯、乌拉尔、白俄罗斯的马兹（明斯克）和别拉兹等品牌社会保有量大，这些品牌在哈萨克斯坦拥有完善的销售网络和本土生产的组装厂。

（三）哈萨克斯坦工程机械本土制造商情况和进口情况

哈萨克斯坦机械制造业的国际化程度较高，受世界经济波动的影响较深。2005—2007年发展速度很快，伴随着次贷危机的冲击，随后两年大幅下降，2010年开始行业又恢复了增长。工业领域增速加快，开始进入新产业开发新产品阶段，汽车和轨道交通行业从无到有，农机、电气、采矿和冶金以及油气装备的细分行业得到了强化和升级。目前，全国有3 000余家机械制造企业，从业人员超过12万人，机械制造业占到哈萨克斯坦工业生产总值的8%左右。哈萨克斯坦本土工程机械制造商开始从零部件的生产配套转向最终产品的加工生产。

哈萨克斯坦本土工程机械制造商已经获得了一定的国际竞争优势，并在国际市场上取得了一定成功。哈萨克斯坦各地的主要代表性机电产品有锻压设备（奇姆肯特）、金属切削机床（阿拉木图）、蓄电池（塔尔迪库尔干）、离心泵（阿斯塔纳）和X射线设备（阿克托别）等，成功出口到俄罗斯、中国和阿联酋等国家，在中亚和欧洲具有一定知名度。2020年，该国出口了价值13亿美元的机电产品，包括开关、轨道、机车和车厢、小型乘用车、轴承、变压器、蓄电池和电缆，产品制造本地化程度比较高，某些类别的产品达到80%~90%。

综上所述，哈萨克斯坦发展工程机械产业的配套条件较好，市场容量较大，无论是外国企业产品生产的本地化、销售和服务网络建设等方面，还是国家推动进口替代政策以发展本土工程机械产业方面，都有着不错的基础。

独立以来，哈萨克斯坦社会保持了长期稳定，虽然经济发展小有起伏，但发展战略清晰，总体上保持了增长。国家的基础设施建设规模不断扩张，工程机械市场容量不断扩大，世界主要的工程机械制造商都已进入该国市场，已经形成比较完善的本地化生产和经销商网络，基本覆盖了哈萨克斯坦全境，并辐射中亚其他国家或地区。

哈萨克斯坦是苏联解体后发展最快的经济体之一，拥有的丰富的原材料和土地资源储量对国家的发展影响巨大。政府进行了大规模基础设施建设和改造，工程机械需求猛增，这些产品主要进口自中国和欧美以及日韩等国家。从哈萨克斯坦的本土产业立场来看，实施进口替代政策也是顺理成章。为此哈萨克斯坦政府决定启动工程机械的进口替代生产，服务国家的基础设施建设需求，2010年3月19日第958号总统令批准的《哈萨克斯坦共和国加速工业创新发展计划(2010—2014年)》正是该国企业开展筑路机械组装生产的契机。

根据ELIM市场营销和社会学研究所的数据，哈萨克斯坦有477 204个企业，从事原材料开采加工业、能源业、机械制造业、建筑业、农业、化工业等。

在这些企业中，哈萨克斯坦的主要汽车和工程机械制造厂对国民经济有着重大影响。哈萨克斯坦拥有自己的汽车和工程机械制造企业，可以生产各类乘用车、商用车和不同类型的工程机械，如挖掘机、卡车起重机、自卸车、推土机以及农业机械等。很多外国品牌采取CKD（全散件组装）业务模式，与本土企业合作进行组装生产，如亚洲汽车、Allur汽车、现代汽车、卡玛斯汽车、塞米汽车、农机控股、拜科努尔机械等。

本土工程机械制造业代表企业如下：

塞米巴拉金斯克汽车装配有限责任公司注册成立于2006年2月23日，位于东哈萨克斯坦州塞米市，属于Virage集团，专门生产各种车辆，包括汽车、公共汽车、卡车和专用车以及起重机和装载机。作为哈萨克斯坦的农业和货运机械制造商，其合作伙伴有明斯克拖拉机厂、乌拉尔、高尔基汽车厂、陕汽和东风等，组装生产9款白俄罗斯品牌拖拉机、陕汽卡车（25 吨自卸卡车和搅拌车）和多款乌拉尔越野卡车以及中国福田卡车。该公司由著名运动员、苏联和哈萨克斯坦体育传奇人物达乌莱特·图里哈诺夫为首的企业家发起，旨在根据国家工业创新战略发展哈萨克斯坦的机械和汽车工业，生产有竞争力的汽车产品，并满足哈萨克斯坦和邻近国家部分人口的需求。

阿斯塔纳筑路机械有限公司是哈萨克斯坦重要的筑路机械供应商，主营业务是筑路机械的销售和组装生产。从 2003 年起，公司在哈萨克斯坦全境销售工程机械，业务包括整机销售、检测维修、技术维护、零部件供应和售前服务。2015 年 3 月，公司在阿斯塔纳开设了本地 CKD 组装工厂，生产俄罗斯布良斯克机械厂、特维尔挖掘机厂和车里雅宾斯克筑路机械厂的平地机和挖掘机类产品。

巴甫洛达尔铁木尔机械厂成立于 2010 年 11 月 9 日，位于哈萨克斯坦东北部巴甫洛达尔市，目前已经成为哈萨克斯坦的一家中型工程机械制造商，是一家拥有从采购到成品制造的全生产周期的制造商。公司质量检测流程和标准严格，产品类别丰富，生产装备先进，联合俄罗斯等国汽车制造商，基于卡玛斯、明斯克 - 曼恩和太拖拉等品牌装配制造各类特种工程机械，包括汽车起重机、油气运输车、搅拌机、自卸卡车、特种维修车（光纤、管道、测控等）、移动检测实验车、救援车和挖掘机等，为客户提供从设计、制造到产品售后的全过程服务。

乌拉尔斯克农机制造公司是一家从事工程机械制造的全周期企业，在哈萨克斯坦共有 40 家左右合作伙伴。公司成立于 1955 年，生产各类工程机械，包括消防车、油罐车、加油车、液体运输车和金属结构件，市场覆盖独联体成员国。

哈萨克斯坦农业服务有限公司是哈萨克斯坦最早的市政和筑路机械制造商之一，由拜科努尔机械集团发起，由哈萨克斯坦北部巴甫洛达尔州卡尔卡曼筑路机械厂与白俄罗斯科学院所属实验工厂于 2011 年合作成立，产品包括自卸车、牵引车、压路机、平地机、沥青拌合站、装载机、混凝土泵、推土机、打桩机、挖掘机、铺管机、液压平地机、建筑起重机、搅拌机等。2012 年公司和徐工签订了合作协议，成为徐工各类产品的本地组装厂，产品包括前置装载机、平地机、压路机、挖掘机、履带式挖掘机和推土机。2014 年年初，公司与中国推土机头部企业山推合作，本地组装推土机产品。2021 年，公司还与杰西博合作设立道路工程机械 CKD 组装厂，厂区设在阿斯塔纳，该厂于 2022 年 1 月在哈萨克斯坦投产，年生产能力为 10 000 台。

哈萨克斯坦农机创新公司成立于 2010 年，是 Virage 集团的子公司，从事农业机械、工程机械和市政机械的组装和供应业务，以农业机械组装业务为主，生产俄罗斯和白俄罗斯制造商的拖拉机和各类农业机械，如 ROSTSELMASH 2000 系列拖拉机、ACROS 收割机、TUKAN 打捆机、STRIGE 割草机，以及与明斯克拖拉机厂签订许可证协议，组装生产拖拉机等。

哈萨克斯坦农机控股公司一家大型农业工程机械制造商，是哈萨克斯坦唯一一家组装生产 ESSIL、LOVOL、KIROVETS、DEUTZ–FAHR 牌农业机械的公司。公司提供各种各样的产品，并不断更新生产，以提高质量和扩大产品范围。公司致力于产品的相关性，在哈萨克斯坦农业机械生产和服务方面处于领先地位，并提高产品的本地化程度和质量。

哈萨克斯坦流行的工程机械品牌有卡玛斯、徐工、卡特彼勒、小松、日立、沃尔沃、利勃海尔等，这些品牌以其质量和性能而闻名，这使得它们在哈萨克斯坦的工程机械市场上很受欢迎。然而，塞米巴拉金斯克汽车装配有限责任公司和哈萨克斯坦农机控股公司等本土制造商也有自己的客户群体，在国内市场上也有稳定需求。

根据哈萨克斯坦战略规划和改革局的统计数据，2022 年上半年汽车、工程机械、拖车和半拖车的产量增长了 30.6%，占机械制造业的 37.5%。

哈萨克斯坦的拖拉机和农业机械制造业是苏联机械制造业的一个组成部分。农业机械制造企业有能力提供本国所需产品，但行业发展专业化程度不高，行业所需产品及其零部件进口量很可观。目前，哈萨克斯坦有 30 多家机械制造企业专门从事各种型号的国际知名品牌农业机械和拖拉机的装配生产，以及各类农机配属设备，如收割机、拖拉机、拖车、喷雾器、打捆机、播种机、收割机、耙子、犁、松土机、割草机、耙子、各种畜牧设备等。这些国际知名品牌以欧亚经济联盟成员国为主，包括俄罗斯圣彼得堡拖拉机厂、罗斯托夫农机制造有限责任公司、明斯克拖拉机厂、戈梅利农机厂等企业的收割机。组装厂包括哈萨克斯坦农机控股公司、哈萨克斯坦农机创新公司、塞米巴拉金斯克汽车装配有限责任公司、哈萨克斯坦农机工程公司、科斯塔奈拖拉机厂、明斯克拖拉机厂哈萨克斯坦有限公司等企业，主要位于阿克莫林州、科斯塔奈州、北哈萨克斯坦州等农业地区。

此外，2020 年开始执行的进口报废税进一步促进了国际品牌的本地化生产，拖拉机、收割机、播种设备等产品方面有中国的福田雷沃、中国一拖、东风、五征等以及欧美的科乐收、奥地博田和道依茨－法尔，国际品牌拖拉机和联合收割机的平均本地化率已达到 33.5%。

2021 年，哈萨克斯坦农业机械制造企业共生产农业机械 6 437 台，其中拖拉机 5 154 台，联合收割机 1 283 台。白俄罗斯牌拖拉机生产了 3 822 台（74.2%），福田雷沃品牌生产了 529 台（10.3%），圣彼得堡 KIROVETS 牌生产了 415 台（8.1%），罗斯托夫农机制造有限责任公司生产了 229 台（4.4%），中国一拖东方红生产了 127 台（2.5%），东风生产了 26 台（0.5%）。2022 年上半年，农业机械产值为 932.63 亿坚戈，比去年同期增长 39.6%。但是，农业机械的国内生产主要面向国内消费。例如，2021 年农业机械出口额仅为 494.8 万美元，进口额为 6.620 53 亿美元；其中，拖拉机出口量仅为 68 台，出口额为 170.8 万美元，进口量为 8 650 台，进口额为 1.247 6 亿美元。

哈萨克斯坦农业机械市场上俄罗斯和白俄罗斯传统制造商本土化生产进展很快，但来自两国的农业机械进口规模并没有显著下降。欧美制造商约翰迪尔、安科、凯斯和纽荷兰等也在进入，市场竞争更加激烈。

中国产品市场占有率高，进口数量占比高于进口金额占比，说明中国产品价格优势明显（见表 3-11）。

表 3-11　哈萨克斯坦中国制造装载机进口规模占比

年份	金额占比/%	数量占比/%
2018	60.27	64.51
2019	72.44	75.87
2020	75.76	76.85
2021	77.17	77.08
2022	76.14	80.90

(四) 哈萨克斯坦工程机械市场经销商网络

随着工程机械需求连年增加，哈萨克斯坦工程机械供应链日臻完善。为了提升企业产品推广效率和改善客户的体验，确保为客户提供高质量产品和及时的维护，各个品牌在哈萨克斯坦各个城市拥有广泛的经销商和服务中心网络，以适应客户的不同需求和预算条件。

每个品牌在价值链中都有自己的特点，这些特点可能因产品线、生产地点和其他因素而不同。

卡特彼勒在哈萨克斯坦国内设有办事处，确保与客户更紧密的合作，更好地协调产品及其零部件的交付。

俄罗斯的卡玛斯和乌拉尔在哈萨克斯坦有工厂，并且有完善的经销商和服务中心来销售产品和提供服务，这种市场优势是其他品牌难以比拟的。

日立和小松为哈萨克斯坦采矿和建筑业提供高质量的设备，型号众多，并在整个哈萨克斯坦拥有广泛的经销商和服务中心网络，以确保快速和高质量的服务。

斗山公司的山猫品牌专注于小型滑移装载机和小型挖掘机，聚焦细分市场，这使得该公司能够提供具有独特功能和用途的设备。山猫在哈萨克斯坦的几个城市都有经销商，简化了设备采购和选择的过程，服务中心确保客户能获得快速和高质量的服务。

总之，对于客户来说，完善的经销商和服务中心可以为其带来更多型号的产品以供其选择，做出最合适的符合预算的采购方案。同时，可以从经销商获得专业化的技术咨询服务，并得到售后服务方面的支持。目前，经销商还和相关金融企业合作，甚至自营保险、租赁、贷款等金融服务。

1. 哈萨克斯坦的主要工程机械经销商

Asay 有限公司成立于 2002 年，总部在阿拉木图，目前是哈萨克斯坦最大的建筑和道路工程机械经销商，市场覆盖整个独联体成员国。公司致力于销售和供应中国工程机械，是徐工、山推和豪沃的独家代理。目前，公司代理 10 个品牌的工程机械，包括三一重工、山推、合力（HELI）、豪沃、陕汽、埃尔曼、龙工、山河智能、潍柴、中石化（SINOPEC）。该公司提供多种工程机械，从挖掘机到钻机，以及超过40 000个以上的零部件，零部件由中国制造商直供。公司获得了潍柴和玉柴的官方代表资格，开设了一个服务中心，由制造商培训过的专业人员提供售后的维修和保养服务。公司在阿斯塔纳、阿克套等城市开设了分支机构，还计划成立合资租赁公司，为客户提供融资工具服务，并继续扩大公司的分支网络。

通用机械集团有限公司位于阿拉木图，成立于2011年，专业供应道路施工机械及其零部件，产品范围覆盖中国制造的150个型号的履带式和轮式工程机械，包括豪沃、陕汽、徐工、山推等品牌，得到了相关中国制造商的认证，并提供保修和租赁服务。

欧亚环球设备有限公司成立于2012年，位于阿拉木图，是多家中国工程机械品牌的官方经销商，包括福田雷沃、三一重工、三一帕尔菲格、浙江福威和山东亿达等品牌。该公司也是徐工、山东临工以及徐州久发、鲁青、洛阳路通、合肥邦立、米玛等品牌的分销商。公司面向中亚五国和俄罗斯、乌克兰、白俄罗斯以及欧洲的部分国家市场，提供挖掘机、装载机和卡车、道路工程机械、混凝土泵和农业机械的全系列产品，同时提供设备和备件、保险、维保和保修后跟踪服务。

San-Group Service有限公司总部位于阿拉木图，在哈萨克斯坦市场的建筑、筑路机械产品以及零部件供应业务始于2008年。公司代理如下品牌：柳工、中联重科、陕汽、豪沃，提供销售、维保和相关领域的咨询服务。公司与努尔租赁公司合作开展租赁服务，在阿拉木图、阿克托别和奇姆肯特设有分公司。

NKB集团总部位于阿拉木图，2008年启动运营，在阿斯塔纳、奇姆肯特、阿克托别、阿特劳和卡拉干达设有分公司。公司经营范围为工程机械的销售和售后服务，销售品牌包括柳工、山东思拓瑞克（筑路机械）、杭叉（仓储设备）、韩泰和徐工（起重设备）、泰安威肯和山河智能（小型挖掘机和小型装载机）。此外，还经营二手设备，包括丰田、小松、林德和日产的装载机和二手筑路机械，以及多田野的起重设备。

Intellpack公司位于阿拉木图市，是中国企业浙江海斯特美科斯［"海斯特美科斯叉车（浙江）有限公司"的简称］的经销商，浙江海斯特美科斯是一家中美合资企业，成立于2006年。Intellpack公司同时销售柴油装载机（1~32吨）、汽油/天然气装载机（1~5吨）、电动四轴装载机（1~5吨）、用于狭窄通道的电动叉车（1.3~1.5 吨）和电动堆垛机（1.2~1.5 吨）。

哈萨克斯坦千里马工程机械有限公司成立于 2012 年。中国新疆千里马工程机械有限公司作为其发起人，是中国工程机械销售和后市场服务商，依托新零售门店和"小马快修"平台，为客户提供工程机械全生命周期的服务。哈萨克斯坦千里马工程机械有限公司销售韩泰、山东临工和山猫（武汉）的产品，还是中联重科起重机的哈萨克斯坦全产品线合作伙伴。

米尔豪斯机械公司成立于 2009 年，是多个中国大型制造商的哈萨克斯坦分销商和经销商，是浙江福威和山东亿达在哈萨克斯坦境内的联合企业。公司销售阿特拉斯、福田雷沃、河南百特、赫拉克勒斯、山推、HUAFENG MACHINERY、CANW 等品牌的产品，还提供道路建设、采矿、装载、钻井、港口、仓储、农业机械和悬挂设备等的零部件，以及建筑机械和农业机械的保险服务。除此之外，公司还供应三一重工、柳工、徐工和犀牛（RHINOCEROS）等品牌的产品。

Virage 集团为哈萨克斯坦市场提供商用车超过 15 年，销售俄罗斯、白俄罗斯、韩国、日本和中国生产的轿车、巴士、工程机械、拖拉机，提供零部件、保险、维保服务，是嘎斯（高尔基汽车厂）、大宇、乌拉尔、明斯克拖拉机厂的独家经销商，是中国一拖的哈萨克斯坦合作伙伴。公司从事汽车和工程机械的组装生产业务，下属企业包括塞米巴拉金斯克汽车装配有限责任公司、哈萨克斯坦农业创新公司、大宇哈萨克公司和哈萨克斯坦中巴组装厂，公司专业开发、生产和维修面包车、专用车辆、装甲车、医疗用车。

CBC - TPAHC 有限公司成立于 1994 年 2 月 7 日，位于阿拉木图，提供与商用车采购使用有关的综合解决方案，以及销售维保方面的专业对策，包括卡车和装载机的销售和维保，机动车零部件的分销，各类机动车轮胎、机油和润滑油的销售，国际物流服务。

卡玛斯贸易公司成立于 2005 年，位于阿斯塔纳，为俄罗斯卡玛斯工业集团的建筑、筑路、石油开采、农机和市政装备产品的哈萨克斯坦分销商。

拜科努尔机械集团成立于 2001 年，是一家专业从事中国工程机械的进口、销售和维保的企业。公司是徐工和山推在哈萨克斯坦和中亚地区的官方代表，在哈萨克斯坦境内销售筑路机械，包括徐工、山推、豪沃、中国重汽、陕汽、詹阳重工的整机、零部件、保险和售后服务。公司拥有发达的经销商网络和高效的物流体系,在阿拉木图、阿斯塔纳、卡拉干达、乌斯季卡缅戈尔斯克、阿克托别和科斯塔奈纳等地设有分公司。

Spets-Auto 公司是哈萨克斯坦重要的筑路、市政、采矿和农业等工程机械供应商,是 CASE、AMMANN、GHH FAHRZEUGE、MINE MASTER、HOFMANNN 等品牌的官方经销商,在阿拉木图、阿斯塔纳、奇姆肯特、卡拉干达、阿特劳、阿克托比、乌斯季卡缅诺戈尔斯克等城市设有代表处,提供设备销售、售后维保和零部件供应服务。公司还提供相关金融服务,是哈萨克斯坦租赁服务市场上的一个全面参与者,在主要的细分市场上拥有强大的竞争地位,为法人实体和个体经营者提供更多的机会,在租赁细分领域该公司排名前 5。

乌拉尔有限公司是圣彼得堡拖拉机股份有限公司在科斯塔奈地区的官方经销商,同时也是 20 多家农业机械企业的经销商,为客户提供完整的从耕作、播种到收割的农业机械解决方案,并提供全流程的售后服务和技术培训。多年来,公司与哈萨克斯坦的金融租赁公司有着紧密合作,尤其得到哈萨克斯坦农业金融部门的支持。自 2018 年起,公司还与俄罗斯农业租赁公司有合作,提供 4.5% 优惠利率服务。公司与科斯塔奈工程经济大学合作,开展客户技术人员培训。

Specautotech 公司成立于 2013 年,位于科斯塔奈市,在哈萨克斯坦全境范围内为筑路、市政、地勘和矿产企业以及政府应急机构提供各类工程机械和相应的解决方案。产品包括:俄罗斯雅罗斯拉夫尔发动机、自动平地机、自动液压升降机、客货两用车、推土机、管道敷设机、打桩机、起重机、油罐车和随车起重机等。公司还是白俄罗斯维捷布斯克起重机厂、中国英轩重工有限公司、俄罗斯乌拉尔工程机械厂和车里雅宾斯克建设机械厂的经销商。

宝路山卡特(哈萨克斯坦)公司于 1999 年 6 月在阿拉木图成立,是卡特彼勒的哈萨克斯坦官方经销商。代理商多为土耳其宝路山控股的合作企业,共有 20 家地区一级代理商,其中 16 家为专营经销商,市场网络覆盖哈萨克斯坦。公司经营建筑业、采矿业和能源运输业工程机械的销售、租赁和服务。

ANB 机械公司是一家采矿工程机械供应商,向石油和天然气、建筑和采矿业的企业供应优质和可靠的产品。公司是斗山和山猫的独家经销商,还销售来自美国、加拿大、欧洲、韩国、土耳其和中国的生产基地的产品。公司在阿拉木图的培训中心为客户的操作员和机械师提供操作和维修培训服务，完成培训并测试通过后，获得相关证书。

Komek机械哈萨克斯坦公司由奥地利IKO控股和日本三井公司联合成立，在阿拉木图、阿斯塔纳、阿特劳、卡拉干达、奇姆肯特和阿克托别等地设有分公司和办事处。公司拥有经过认证的专家、基础设施支持中心和小松维修中心，销售新设备和二手设备，提供租赁、保修、零部件和回购服务等。公司是小松和宝马格的官方经销商。

2. 哈萨克斯坦市场的中国工程机械品牌

中国品牌的工程机械在世界各国，包括哈萨克斯坦越来越受欢迎，这是由于中国的工程机械制造商以客户可承受的价格提供优质和可靠的产品。同时，中国的工程机械制造商对技术的控制处于较高水平，高度关注客户技术需求并进行跟踪研发，实现产品快速迭代更新。

哈萨克斯坦工程机械设备品牌的市场评级基于许多因素，如产品质量、服务水平、价格等。作为可靠的商业伙伴，越来越多的企业客户选择了中国制造和中国公司，并对中国制造商的交货水平给出了积极的评价。总的来说，中国品牌的工程机械以其耐用性和有竞争力的价格在哈萨克斯坦市场上占有相当大的份额。中国工程机械的竞争优势包括价格相对较低、质量水平高、功能的通用性好、维修保养成本低。

中国工程机械的维保成本很低。由于设备结构简单，操作简单，维护很方便，零部件供给价格亲民，只有极少关键零部件来自国际供应链，如部分液压泵、传感器，毕竟进口部件越多，使用成本就越高。

中国工程机械以其通用性和多功能性著称，在卡车底盘基础上有能力进行各种改装工作，如冷藏车、随车机械手等。这是工程机械使用中一个无可争议的优势，购买一件产品而不是几件产品的能力大大节省了客户的资金。在工厂里，卡车制造商通常只生产一个底盘，即车厢卡车和 6×4、8×4 的底盘，也有可能制造四轮驱动的 6×6 的底盘；其余的零部件已经由其他工厂制造，这些工厂可以制造自卸车车体、混凝土搅拌机、垃圾箱或起重吊篮。

中国工程机械以耐用性和环境适用性著称，适应各种气候条件的工作环境，有适合潮湿和干燥气候的车辆，有适合室外高温和低温的车辆。中国制造的自卸车、摊铺机、推土机和装载机已被证明适应各种纬度气候，质量可靠耐用。

在哈萨克斯坦市场，徐工、山推和三一重工是中国工程机械品牌的领导者，具有产品种类多和价格竞争力强的优势。另外，中联重工、柳工、中国一拖和杭叉等专门生产某些类型的机械，在某些细分市场具有优势。一些品牌可能在采矿业非常受欢迎，而另一些品牌则喜欢专门生产道路建设机械或运输卡车。

徐工作为最早进入中亚市场的中国工程机械品牌，2001年进入哈萨克斯坦市场，2017年成立全资子公司，已成为哈萨克斯坦工程机械产业第一品牌，各类机械设备保有量3万余台，装载机、起重机、道路设备、桩工设备等产品市场份额居当地行业首位，在阿拉木图设有组装工厂。徐工的经销商和服务中心遍布哈萨克斯坦，常驻的商务、服务人员和服务经销商进行产品销售，并与当地政府机关、施工公司保持良好的合作关系。徐工的产品在哈萨克斯坦的矿产开发、能源基础设施建设，以及铁路、公路、工业园区、公共基础设施建设等各类项目施工中发挥着重要作用，致力于为客户提供本地化定制产品和专业化解决方案，并为在哈中国工程建设企业提供点对点的现场对接与服务。

山推是中国地方国有资本集团山东重工的旗下企业，中国最大的推土机、道路建设和采矿机械的制造商，在哈萨克斯坦的中国品牌工程机械销售量和进口量排名中位居第2。同为山东重工旗下的中国重汽在哈萨克斯坦的中国品牌工程机械销售量和进口量排名中位居第3，在哈萨克斯坦科斯塔奈市设立了KD装配厂。山推在哈萨克斯坦的10多个城市拥有经销商网络，并在阿拉木图设有服务中心。

三一重工主要为哈萨克斯坦市场供应建筑和采矿机械，包括挖掘机、装载机、起重机、推土机等，在哈萨克斯坦的中国品牌工程机械销售量和进口量排名中位居第4，在哈萨克斯坦拥有广泛的经销商网络和服务中心。

中联重科是一个产品线众多的建筑机械制造商，包括起重机、钻机和混凝土泵车等多种产品。2020年，中联重科在哈萨克斯坦的机械保有量超过1 300台，占当地工程机械市场约20%的份额。混凝土泵车在哈萨克斯坦市场保有量排名第3、中国公司中排名第1（见表3-12）；25吨以上汽车起重机保有量排名第3、中国公司排名第 2。2005 年中联重科进入哈萨克斯坦市场，2014 年成立哈萨克斯坦子公司。中联重科在哈萨克斯坦的各个城市都有经销商和服务中心。近年来，中联重科的产品先后参与阿克托盖铜选厂、努尔苏丹国际机场、努尔苏丹新火车站等多个国家级重点项目建设，为推动哈萨克斯坦城市化进程和产业升级改造发挥了重要作用，以高效智能的产品和专业贴心的售后服务赢得当地客户的广泛好评。

表 3-12　2020 年哈萨克斯坦混凝土泵车的社会保有量统计

混凝土泵车品牌	保有量/辆	市场份额/%
梅赛德斯-奔驰	107	26.6
卡乌斯	77	19.1
中联重科	31	7.7
沃尔沃	30	7.4
徐工	23	5.7
曼（MAN）	22	5.5
现代	13	3.2
三一重工	12	3.0
铃木	9	2.2
大宇	7	1.7
其他	72	17.9
合计	403	100.0

柳工 2003 年进入哈萨克斯坦市场，作为一家采矿和道路机械的制造商，针对哈萨克斯坦客户推介装载机、挖掘机、宽体自卸车、平地机、压路机、推土机、滑移装载机、"两头忙"等柳工全系列产品，形成一站式生产施工全面解决方案，便于解决所有工况问题，客户基础好。在哈萨克斯坦，柳工的经销商和服务中心覆盖全国。NKB 集团是柳工目前在哈萨克斯坦最大的一家经销商，这是一家集工程机械出售、售前售后服务、租赁于一体，有近 20 年工程机械经营经验的公司，目前处于哈萨克斯坦工程机械销售行业的第一梯队，有 150 多名员工、6 个网点，代理柳工装载机、挖掘机、压路机、平地机等 18 种型号的产品，设有大型配件中心和培训中心。

中国一拖是中国农业机械和工程机械的重要制造商，提供广泛的产品，包括拖拉机、联合收割机、播种机等。早在 2009 年中国一拖与哈萨克斯坦阿列斯特国家基金合作，在哈萨克斯坦阿拉木图成立拖拉机组装厂并正式投产。该国著名企业 VIRAGE 集团是中国一拖在哈的重要合作伙伴和经销商。

3. 哈萨克斯坦的中国工程机械品牌的供应链

根据哈萨克斯坦统计局《2021 年对外贸易报告》，哈萨克斯坦是中亚地区最大的中国工程机械消费国之一。2021 年，中国对哈萨克斯坦的机械出口额为 13 亿美元，约占该国工程机械进口总额的 50%。

中国工程机械品牌充分利用各种经营管理资源，通过众多展览会、论坛和博览会寻求各种合作机会，邀请高水平专家合作研发，吸收和运用世界上最好的现代化设计、高质量需求和最好制造商的经验，呼应市场需求，提升产品质量。

国际化研发团队的努力得到了回报，先进技术、现代材料和生产工艺的应用正在将中国的机械制造业带到一个新的高水平。相应地，高品质产品带来市场需求稳定增长，对市场各利益相关方来说都是互利共赢的。

中国工程机械品牌在哈萨克斯坦的价值链可能因具体公司及其发展战略而有所不同，然而，一般来说，可以分为生产、出口、分销和维保几个主要阶段，其中包括：

制造环节：大多数中国工程机械品牌的生产基地都在中国，生产各类组件并组装成品，以及进行测试。

出口环节：绝大多数中国工程机械品牌自营产品和备件出口，通常根据订单生产，并通过公司的分销中心出口到哈萨克斯坦。

销售环节：设备抵达哈萨克斯坦后，通过经销商网络进行分销。中国工程机械品牌通常与该国不同地区的几个经销商签订协议，进行销售和服务。

服务维修：中国工程机械品牌通常通过自己的服务中心或经销商为其产品提供保修和保修后服务。维修和保养既可以在客户现场进行，也可以在专业的服务中心进行。

备件供应：中国工程机械品牌通常通过自己的分销中心或经销商为其产品提供零部件。此外，哈萨克斯坦市场上也有中国工程机械品牌的独立零部件供应商。中国工程机械品牌在哈萨克斯坦的主要供应商包括徐工、山推、中联重科、三一重工、柳工等公司，还有中国重汽、中国一拖、陕汽、福田雷沃等重卡和农机制造公司，这些公司在哈萨克斯坦拥有广泛的分销商和经销商网络，这确保了机械的高可用性和服务支持。此外，中国品牌的工程机械也通过哈萨克斯坦的大型经销商网络和特种设备商店销售，如 Autocentre Astana（Автоцентр Астана）、Kazavtospetstekhnika（Казавтоспецтехника）、Auto Asia（Авто – Азия）、Bely Veter（Белый ветер）和 Borovsky Avtodom（Боровский автодом）等。这些公司提供广泛的中国工程机械，从小型挖掘机到大型自卸卡车和挖掘装载机。

价值链方面，一些中国工程机械品牌在哈萨克斯坦设有生产线或装配厂，这使它们能够在当地生产和销售它们的产品，减少运输和海关成本，并提升应对客户需求的灵活性。但不是所有的品牌都在哈萨克斯坦有生产基地，大多数工程机械还需要从中国出口。

三、哈萨克斯坦职业教育发展与校企合作

哈萨克斯坦历来重视教育，该国继承了苏联时期的教育遗产，教育体系完善，基础教育较好，是中亚地区教育发展最具潜力的国家。

（一）哈萨克斯坦教育概况

哈萨克斯坦教育体系组成如下：①学前教育；②初等教育（4 年）、基础中等教育（5 年）、完全中等教育（包括 2 年制职业技术教育）；③高等教育、大学后教育、补充和实验教育。[1]

哈萨克斯坦实行 11 年制义务教育（104 所中学正在开展 12 年制教育试点），高中教育覆盖率达到 98.5%，成年人识字率达到 99.7%，全国基本无文盲。[2]

联合国教科文组织认为，"哈萨克斯坦居民在教育知识水平、教学过程的有效性和科学研究等方面的潜力远远高于很多发展中国家。"[3]

---

[1] 哈萨克斯坦教育法，https://online.zakon.kz/document/? doc_id=30118747&pos=1509；–58#pos=1509；–58。

[2] 哈萨克斯坦教育发展情况，http://globserver.cn/en/node/31022。

[3] Kazakhstan Education News，https://news.search.yahoo.com/search;_ylt=AwrS bgfpE.d Z3Qs Alj1Xnyo A。

哈萨克斯坦教育部负责学前教育、基础教育和职业技术教育。根据 2022 年数据，哈萨克斯坦共有 10 898 所学前教育机构，在园儿童为 93.78 万人，其中 1~6 岁占比 84.7%，3~6 岁占比 98.9%，幼儿教师共有 9.77 万人。

基础教育共有 7 550 所中学，其中小型教学点 2 753 所；在校生 360 万人，其中小型教学点就读学生 19.26 万人；从业教师共 36.66 万人。职业技术教育共有 770 所职业学校，其中公办学校 444 所，私立学校 326 所；共有在校生 48.89 万人，其中公立学校入读学生 27.22 万人，私立学校入读学生 21.67 万人，免费学习的学生为 28.94 万人，交费学习的学生为 19.95 万人。

哈萨克斯坦科学与高等教育部负责高等教育管理。根据 2022 年数据，哈萨克斯坦共有 120 所大学，在校生超过 62.3 万人，高校教师 36 378 人。2021/2022 学年共有本科生 56 561 人，硕士生 13 263 人，博士生 1 890 人。

哈萨克斯坦著名大学如下：哈萨克斯坦国立大学、国立欧亚大学、南哈萨克斯坦州立大学、哈萨克斯坦国家技术大学、哈萨克斯坦国立师范大学、哈萨克斯坦国立农业大学、哈萨克斯坦国立医科大学、卡拉甘达国立技术大学。

独立后的哈萨克斯坦高等教育领域也面临着诸多问题，如原有教育体制落后、教育资源严重不足、高层次人才缺乏、高等教育领域存在腐败现象等。

哈萨克斯坦继承了苏联"发展教育、立法先行"国民教育发展的显著特点。1993 年，哈萨克斯坦颁布并实施《哈萨克斯坦高等教育法》。2007 年，哈萨克斯坦颁布并实施《哈萨克斯坦教育法》，基于《哈萨克斯坦教育法》，哈萨克斯坦于 2007 年还颁布了《哈萨克斯坦 2008—2012 年国家技术和专业教育发展规划》。

哈萨克斯坦积极实施一系列措施推行高等教育法治化、市场化、国际化改革，如完善高等教育立法工作、推进高等教育市场化改革、引入国家标准化考试等。

自 2010 年 3 月哈萨克斯坦正式加入"博洛尼亚进程"后，哈萨克斯坦于 2013 年正式修订《哈萨克斯坦教育法》。重新修订的《哈萨克斯坦教育法》规定：哈萨克斯坦国内教育机构有权与国外的教育、科技、文化机构及国际组织和基金会直接建立联系，可共同签订双方和多方合作协议，学生、教育科学工作者可参加国际交换项目，加入专业教育领域的国际非政府组织和联合会。

通过改革，哈萨克斯坦高等教育质量不断提高，科技领域不断创新，经济也得到快速发展。

随着教育改革力度加大，除中小学义务教育外，国立大学采取奖学金制和收费制两种方式。目前哈萨克斯坦正在执行《2020—2025哈萨克斯坦国家科技教育发展规划》。

哈萨克斯坦重视对教育的资源投入，教育部门预算占预算总支出的20%左右。2021年哈萨克斯坦教育预算支出达到3.7万亿坚戈（接近80亿美元规模），比上一年增长17.2%。2015年以来，国家预算中用于教育的总支出占GDP的比例通常在4%以上，2015年为4.1%，2020年为5.2%，2021年为4.8%。

哈萨克斯坦的各学习阶段都可以获得学历证书与资格证书。普通教育体系和职业教育体系的各个学习阶段都可以考取相应的资格证书。初中和高中毕业生进入职业技术学校学习，获得专业文凭（Professional Diploma）。学生获得高中毕业证书后有资格申请职业技术学院和高等院校。从职业技术学院毕业的学生可获得资格证书（Qualification Diploma）。大学毕业后，学生可以继续在授予学士和硕士学位的高等教育机构学习，获得专家文凭（Diploma of Specialist）。

（二）哈萨克斯坦劳动力市场供求分析

哈萨克斯坦劳动与社会保障部和哈萨克斯坦全国企业家协会（Atameken）合作，组织企业针对用工需求情况进行在线调查。[①] 该项调查每年年初实施，覆盖全国所有地区不同行业的企业。问卷包括以下部分：企业员工需求分析、劳动力供给情况评估、吸引外国劳动力和校企合作双元制培养。这将有助于按经济活动和职业分类确定劳动力市场的供求关系。根据调查结果形成分析报告，其中包括针对国家教育体系的政策建议。

2021年12月1日到2022年3月4日，哈萨克斯坦全国企业家协会对企业进行了一次例行问卷调查，并分析了它们未来两年的人力资源需求。此次调查共有32 000家企业参与，其中9 500家企业表示人员短缺，112家企业计划进一步优化企业员工队伍。

根据调研数据分析，尽管2022年的人员需求增速低于2021年，减少了

---

① https://enbek.kz/ru。

5 765 人，但离职率也有所下降，减少了 282 人。2022—2024 年用工需求最大的 4 个行业是建筑、制造、教育和商贸。

与 2021 年的调查结果相比，2022 年有 7 个行业的人员需求下降（从 8% 到 61% 不等），如建筑业的岗位需求下降 8%，但是劳动力供给也减少 80%。2023 年，劳动力需求预计将下降 37%，2024 年将下降 3%，但建筑和教育行业的用工需求最大。

2022—2024 年最受欢迎的中低技能职业是厨师、缝纫工、售货员、拖拉机驾驶员、钳工和修理工。

哈萨克斯坦全国企业家协会"阿塔梅肯"每年进行一次分析，情况大致相同：劳动力市场 70% 以上的需求是一般技能型劳动力，律师、经理人、经济学家需求量不大。2023 年 4 月，超过 51 000 家企业和个体经营者参加了最新一次调查，结果显示：在超过 13.4 万人的申报需求中，近一半人拥有职业技术教育经历；超过 1/4 的岗位即使没有受过教育的求职者也可以胜任，只有 1/5 的岗位需要求职者受过高等教育。

哈萨克斯坦急需缝纫工、厨师、保安、杂工和汽车修理工等，但这些属于低薪职位，工资从 11.5 万坚戈到 18.4 万坚戈不等，平均收入为 14.7 万坚戈。2022 年，阿拉木图工人平均工资最高，为 19.2 万坚戈，南部地区的土耳其斯坦州最低，为 11.5 万坚戈。

通过调查，阿塔梅肯还研究了劳动力市场对外国劳动力的需求。大多数外国工人在西哈萨克斯坦、东哈萨克斯坦和奇姆肯特地区工作，他们是俄罗斯、乌兹别克斯坦、乌克兰和中国的公民。大多数情况下，外国工人被邀请担任公关经理、IT 设计师、汽车修理工、工程师、化学实验室技术员、杂工以及缝纫和缝纫操作员。

哈萨克斯坦全国企业家协会调研的热门职业清单如下：

（1）计算机硬件工程师和电子工程师；

（2）3D 建模和增强现实工程师；

（3）增材制造技术工程师；

（4）机器对机器学习系统工程师；

（5）软件架构师和系统分析师；

（6）软件、网络和多媒体应用程序的开发人员和测试人员；

（7）数据库管理员和分析员；

（8）网络、系统管理员和服务器管理员；

（9）电信和广播工程师；

（10）生产流程工程师及其助理；

（11）机械工程师及其助理；

（12）化学工程师及其助理；

（13）电气工程师和电力工程师；

（14）可再生能源工程师；

（15）地质学家；

（16）采矿工程师、冶金工程师、石油工程师及其助理；

（17）土木工程师及其助理；

（18）测量员和制图员、土地测量工程师；

（19）工业和建筑检查员；

（20）建筑物和结构建筑师；

（21）服装、消费品和工业产品设计师；

（22）城市规划师；

（23）平面和多媒体设计师；

（24）智能城市规划基础设施的建筑师和设计师；

（25）工业安全、劳动保护和职业健康与安全工程师；

（26）专业物流专家；

（27）货物和物品的清关和押运代理人员；

（28）生态学家、精益生产和环境工程师及其助理；

（29）建筑工人监理（队长）；

（30）混凝土收尾工、打磨工、模板工、水泥工及其他人员；

（31）混凝土工人；

（32）建筑油漆工；

（33）抹灰工；

（34）木匠和细木工；

（35）瓦工；

（36）石匠；

（37）维护建筑物和结构以及清洁外墙的工人；

（38）加工化学原料和制造化学产品的设备操作员；

（39）钢筋工和外墙工人；

（40）屋顶工；

（41）地板和瓷砖工人；

（42）建筑装配工；

（43）管道工；

（44）金属结构安装工、装配工和制作工；

（45）起重机、吊车、升降车和其他起重设备的操作员；

（46）混凝土泵、混凝土搅拌机和水泥、石材及其他矿物材料产品生产设备的操作员；

（47）制模机和研磨机的操作员；

（48）装修设计人员；

（49）室内设计师和装饰师；

（50）智能家居基础设施操作员、锁匠和维修员；

（51）农业设备装配工；

（52）工业设备装配工；

（53）拖拉机驾驶员、联合收割机和其他农业设备操作员；

（54）汽车（电机）锁匠和修理工；

（55）肉类和鱼类配制工、食品配制工和屠宰工；

（56）缝纫工和刺绣工；

（57）制版师和图案制作师；

（58）面包师和糖果师；

（59）屠夫、奶酪制造人员；

（60）乳制品制造人员；

（61）厨师和炊事员、用农业和渔业原料制作食品的工人及其主管（组长）；

（62）制药和卫生产品生产设备操作员；

（63）原油和天然气开采设备操作员；

（64）电工；

（65）机电工；

（66）生产固定设备操作员的主管（组长）；

（67）钻机操作员（钻工）；

（68）锅炉、蒸汽机和锅炉设备操作员；

（69）石油、天然气处理和加工厂操作员；

（70）电视和无线电广播技术员；

（71）音像操作员和编辑；

（72）洗衣机、干洗机以及纺织品、毛皮和皮革制品生产设备的操作员；

（73）电信安装工和修理工；

（74）电子设备装配工；

（75）机对机操作员、装配工和修理工；

（76）增材制造基础设施操作员、锁匠和修理工；

（77）抛光工、磨光工和工具磨光工；

（78）空调和制冷设备的技工和安装工；

（79）金属工人、锁匠和设备修理工的主管（组长）；

（80）机车车辆锁匠和修理工；

（81）无人驾驶航空系统操作员、锁匠和修理工；

（82）焊工和气割工；

（83）飞机装配工和修理工；

（84）采矿工人、采矿机械操作员；

（85）地质勘探和地形测量工程工人；

（86）抽水站操作员；

（87）推土机、推土机、挖沟机和隧道挖掘机操作员；

（88）电工；

（89）电气工程师；

（90）电气技术员；

（91）可再生能源系统和网络的操作员、锁匠和维修员；

（92）矿石和岩石加工及选矿设备操作员；

（93）退火、熔化和铸造设备操作员；

（94）电子设备安装工、装配工和修理工；

（95）机械、电气和电子产品装配工和测试工主管（组长）；

（96）金属加工设备操作员；

（97）机械技师；

（98）计算机硬件技术员；

（99）计算机维护工程师；

（100）服装、消费品、工业产品和手工艺品设计师。

这说明哈萨克斯坦的教育体系有必要进行供给侧调整，培养符合市场需求的劳动者，适应劳动力市场的结构性需求和国家产业结构演变带来的市场变化。

（三）职业教育政策和代表性教育机构

哈萨克斯坦政府高度重视职业技术教育，提升职业教育的运行效率并使其规范化。2011年，政府出台《哈萨克斯坦2011—2020年教育发展计划》，这个文件确定的职业技术教育发展目标是："紧跟世界教育趋势，根据哈萨克斯坦社会和经济产业创新发展的需要进行现代化，完成教育内容和结构上的系统更新。"

2011年，根据时任总统纳扎尔巴耶夫的指示，哈萨克斯坦成立了Kasipkor控股公司（2019年年底根据该国教育部要求更名为Talap非商业股份公司），负责世界技能组织在哈萨克斯坦的管理运行事务，旨在提升本国劳动者素质，推动本国的职业技术教育现代化水平。

2012年，为使职业教育与生产实践的联系更加紧密，提升劳动力资源的质量和竞争力，哈萨克斯坦吸收借鉴德国双元制教育经验，推动建立起制度化的校企合作关系。

2012年，按照该计划职业学院与各类经济实体部门签订协议，采用理论与实践相结合的方式培养学生,学生在校学习专业理论基础知识的时间只占总培训时间的30%~40%,其余时间直接到企业的生产一线充当实习生,参加职业技术的实践学习。校企合作在职业学院与企业之间形成了灵活的对口业务网络,在互惠互利的基础上,学校向企业提供优质的劳动力资源和专业的咨询服务;企业则参与学校的教学与评价环节,提供现场的技术指导和实践机会,根据实习生的表现情况发放津贴等。这不仅丰富了职业技术教育的内容和形式,也减轻了职业学院的财政负担,促进了学生高质量就业,降低了企业用工的试错成本,保证了企业对合格员工的需求,形成一种政企学合作共赢的态势。

哈萨克斯坦政府还根据不同地区的地理特点、环境资源,在现有社区教育机构的基础上设立现代化教育与再培训区域中心。中心的重点任务有两个:一个是为重要经济部门(如石油加工、医药卫生、科技、农业等部门)的员工进行在职培训;另一个是进行职教体系教师的在职培训。在油田储量丰富的阿特劳市设立了石油与天然气专业培训基地,在种植业、畜牧业发达的奇姆肯特市设立了加工专业培训基地,在煤矿资源丰富的埃基巴斯图兹市设立了燃料与能源专业培训基地。这种因地制宜的模式为地方职业学院提供了大量优质的办学资源,充实了以各大培训基地为依托的区域性职业技术教育网络。

2017年,哈萨克斯坦政府启动"全民免费职业教育"计划,为所有公民提供免费的短期职业教育和培训。总体来看,哈萨克斯坦进一步补充和完善了职业技术教育体系,改善职业技术教育基础性办学条件,提升职业教育信息化水平。由国家和地方共同出资,扩建教学楼、实验室、车间和学生宿舍,更换国有职业学院和机构中的老旧设备。

2019年,哈萨克斯坦设立了"青年专家"教育项目,支持职业教育机构,支持青年就业发展。随后,确定由Kasipkor控股公司作为该项目的运营主体。

"青年专家"教育项目内容如下:①按地区遴选100个受欢迎的职业方向;②遴选承担培养任务的职业学院和大学(180所职业学院和20所大学,入选的职业学院见表3-13);③编制采购设备清单;④吸引外国合作伙伴,加强教师培训,制定国际认证标准的培养方案;⑤以资金配套(至少5%来自地方预算)为职业学院购买设备;⑥通过租赁机制或自有资金为大学购买设备。

表 3-13 "青年专家"教育项目入选的职业学院

全国序号	地区序号	学校
阿克莫林州		
1	1	科克舍套市高等技术职业学院（Высший технический колледж, город Кокшетау）
2	2	休钦斯克市高等学院（Высший колледж, г. Щучинск）
3	3	科克舍套市第一建筑技术职业学院（Строительно-технический колледж №1, город Кокшетау）
4	4	斯捷普诺戈尔斯克市工业技术职业学院（Индустриально-технический колледж, город Степногорск）
5	5	查格林卡高等农业技术职业学院（Высший агротехнический колледж, село Чаглинка）
6	6	克拉斯尼亚尔第三农业技术职业学院（Агротехнический колледж №3, село Красный Яр）
7	7	科克舍套市阿坎塞雷高等文化职业学院（Высший колледж культуры имени Акана серэ, город Кокшетау）
8	8	休钦斯克市林业、生态和旅游高等职业学院（Высший колледж лесного хозяйства, экологии и туризма）
9	9	斯捷普诺戈尔斯克市矿业技术职业学院（Высший колледж лесного хозяйства, экологии и туризма, город Щучинск）
10	10	阿特巴萨尔市农业和工业职业学院（Аграрно-индустриальный колледж, город Атбасар）
11	11	阿斯特拉罕卡第六农业技术职业学院（Агротехнический колледж №6, село Астраханка）
阿克托别州		
12	1	克罗姆陶矿业技术职业学院（Хромтауский горно-технический колледж）
13	2	阿克托别高等理工职业学院（Актюбинский Высший политехнический колледж）
14	3	阿克托别运输、通信和新技术职业学院（Актюбинский колледж транспорта, коммуникаций и новых технологий）

续表

全国序号	地区序号	学校
阿克托别州		
15	4	阿克托别汽车与公路职业学院（Актюбинский автомобильно-дорожный колледж）
16	5	阿克托别建筑与商业职业学院（Актюбинский колледж строительства и бизнеса）
17	6	阿克托别服务职业学院（Актюбинский колледж сервиса）
18	7	阿克托别通信与电气工程职业学院（Актюбинский колледж связи и электротехники）
19	8	阿克托别工业技术与管理职业学院（Актюбинский колледж промышленных технологий и управления）
20	9	阿克托别高等农业职业学院（Актюбинский высший сельскохозяйственный колледж）
阿拉木图州		
21	1	塔尔迪科尔干高等理工职业学院（Талдыкорганский высший политехнический колледж）
22	2	阿拉木图地区服务与餐饮业创新技术职业学院（Алматинский областной колледж инновационных технологий в сфере сервиса и питания）
23	3	多学科职业培训职业学院（Многопрофильный колледж профессионального обучения）
24	4	塔尔迪科尔干农业技术职业学院（Талдыкорганский агро-технический колледж）
25	5	塔尔迪科尔干服务与技术职业学院（Талдыкорганский колледж сервиса и технологий）
26	6	阿拉木图经济职业学院（Алматинский экономический колледж）
27	7	塔尔迪科尔干工业与新技术职业学院（Талдыкорганский колледж промышленной индустрии и новых технологий）

续表

全国序号	地区序号	学校
阿拉木图州		
28	8	塔尔加理工职业学院（Талгарский политехнический колледж）
29	9	占比勒乌兹纳加什职业学院（Узынагашский профессиональный колледж имени Жамбыла）
30	10	塔尔迪科尔干人道主义技术职业学院（Талдыкорганский гуманитарно-технический колледж）
31	11	谢莱克理工职业学院（Шелекский политехнический колледж）
阿特劳州		
32	1	萨拉马特-穆卡谢夫阿特劳高等理工职业学院（Атырауский политехнический высший колледж имени Саламата Мукашева）
33	2	阿特劳农业技术职业学院（Атырауский аграрно-технический колледж）
34	3	阿特劳电力工程与建筑职业学院（Атырауский колледж энергетики и строительства）
35	4	库尔曼加津斯克农业和技术职业学院（Курмангазинский аграрно—технический колледж）
36	5	阿特劳运输与通信职业学院（Атырауский колледж транспорта и коммуникации）
37	6	阿特劳工业职业学院（Атыраский индустриальный колледж）
38	7	马卡特石油天然气技术职业学院（Макатский технологический колледж нефти и газа）
39	8	萨菲-乌特巴耶夫日列伊石油天然气技术职业学院（Жылыойский технологический колледж нефти и газа имени Сафи Утебаева）
40	9	阿特劳服务职业学院（Атырауский колледж сервиса）
41	10	英德尔多学科农职业学院（Индерский многопрофильный колледж сельского хозяйство）

续表

全国序号	地区序号	学校
东哈萨克斯坦州		
42	1	乌斯季卡缅诺戈尔斯克高等理工职业学院（Усть-Каменогорский высший политехнический колледж）
43	2	电气工程职业学院（Электротехнический колледж）
44	3	交通职业学院（Колледж транспорта）
45	4	里德农业技术职业学院（Риддерский аграрно-технический колледж）
46	5	东哈萨克斯坦农业职业学院（Восточно-Казахстанский сельскохозяйственный колледж）
47	6	商业与服务职业学院（Колледж бизнеса и сервиса）
48	7	土木工程职业学院（Колледж строительства）
49	8	无线电工程与通信职业学院（Колледж радиотехники и связи）
50	9	乌斯季卡缅诺戈尔斯克建筑职业学院（Усть-Каменогорский колледж строительства）
51	10	地质勘探职业学院（Геологоразведочный колледж）
占比勒州		
52	1	占比勒高等技术职业学院（Жамбылский политехнический высший колледж）
53	2	第九梅肯职业学院（Меркенский колледж №9）
54	3	塔拉兹服务与技术职业学院（Таразский колледж сервиса и технологий）
55	4	占比勒工业技术职业学院（Жамбылский индустриально-технологический колледж）
56	5	塔拉兹铁路运输与通信职业学院（Таразский колледж железнодорожного транспорта и коммуникаций）

续表

全国序号	地区序号	学校
占比勒州		
57	6	朱阿伦第十六职业学院（Жуалынский колледж №16）
58	7	贝特凯纳尔第七职业学院（Беткайнарский колледж №7）
59	8	卡拉陶建筑与技术职业学院（Каратауский строительно-технический колледж）
60	9	库兰农业技术职业学院（Куланский агротехнический колледж）
61	10	扎纳塔斯多学科职业学院（Жанатасский многоотраслевой колледж）
62	11	第十职业学院（Шуский колледж №10）
西哈萨克斯坦州		
63	1	高等农业技术职业学院（Высший аграрно-технический колледж）
64	2	伊赫桑诺夫扎尼别克职业学院（Жанибекский колледж имени Ихсанова М. Б.）
65	3	乌拉尔理工职业学院（Уральский политехнический колледж）
66	4	扎那拉职业学院（Жангалинский колледж）
67	5	乌拉尔技术服务职业学院（Уральский технологический колледж Сервис）
68	6	А. 伊马诺夫公路运输职业学院（Дорожно-транспортный колледж имении А. Иманова）
69	7	乌拉尔信息技术职业学院（Уральский колледж информационных технологий）
70	8	辛吉劳职业学院（Шынгырлауский колледж）
71	9	阿克扎克农业技术职业学院（Акжаикский аграрно-технический колледж）
72	10	阿克塞技术职业学院（Аксайский технический колледж）

续表

全国序号	地区序号	学校
卡拉干达州		
73	1	卡拉干达技术与建筑职业学院（Карагандинский технико-строительный колледж）
74	2	卡拉干达高等专科学校（Карагандинский высший политехнический колледж）
75	3	卡拉干达农业技术职业学院（Карагандинский агротехнический колледж）
76	4	卡拉干达运输与技术职业学院（Карагандинский транспортно-технологический колледж）
77	5	卡拉干达餐饮与服务职业学院（Карагандинский колледж питания и сервиса）
78	6	热兹卡兹干理工职业学院（Жезказганский политехнический колледж）
79	7	阿拜多学科职业学院（Абайский многопрофильный колледж）
80	8	卡拉干达技术与服务职业学院（Карагандинский колледж технологии и сервиса）
81	9	卡拉干达矿业与工业职业学院（Карагандинский горно-индустриальный колледж）
82	10	特米尔陶职业技术职业学院（Темиртауский профессионально-технический колледж）
83	11	阿里汉-穆辛巴尔喀什人道主义技术职业学院（Балхашский гуманитарно-технический колледж имени Алихана Мусина）
84	12	卡拉干达工程职业学院（Карагандинский машиностроительный колледж）

续表

全国序号	地区序号	学校
卡拉干达州		
85	13	卡拉干达铁路职业学院（Карагандинский железнодорожный колледж）
86	14	特米尔陶高等理工职业学院（Темиртауский высший политехнический колледж）
87	15	谢茨克农业技术职业学院（Шетский агротехнический колледж）
科斯塔奈州		
88	1	科斯塔奈高等理工职业学院（Костанайский политехнический высший колледж）
89	2	科斯塔奈汽车运输职业学院（Костанайский колледж автомобильного транспорта）
90	3	科斯塔奈建筑职业学院（Костанайский Строительный Колледж）
91	4	科斯塔奈工业和师范职业学院（Костанайский индустриально－педагогический колледж）
92	5	日蒂卡拉理工职业学院（Житикаринский политехнический колледж）
93	6	科斯塔奈消费者服务职业学院（Костанайский колледж бытсервиса）
94	7	利萨科沃技术职业学院（Лисаковский технический колледж）
95	8	卡姆沙特－多嫩巴耶娃职业技术职业学院（Профессионально－технический колледж имени Камшат Доненбаевой）
96	9	费多罗夫斯基农业职业学院（Федоровский сельскохозяйственный колледж）
97	10	奥利科尔农业职业学院（Аулиекольский сельскохозяйственный колледж）
克孜勒奥尔达州		
98	1	卡扎林卡农业技术职业学院（Казалинкский аграрно－технический колледж）

续表

全国序号	地区序号	学校
克孜勒奥尔达州		
99	2	阿布杜卡里莫夫-克孜勒奥尔达农业技术高等专科学校（Кызылординский аграрно-технический высший колледж имени И. Абдукаримова）
100	3	谢利工业与农业职业学院（Шиелийский индустриально-аграрный колледж）
101	4	伊克萨诺夫克孜勒奥尔达理工职业学院（Кызылординский политехнический колледж имени М. Иксанова）
102	5	卡扎里运输和技术高等专科学校（Казалинский транспортно-технический высший колледж）
105	6	扎纳科尔干农业技术职业学院（Жанакорганский аграрно-технический колледж）
103	7	阿拉尔斯克工业技术职业学院（Аральский индустриально-технический колледж）
104	8	贾拉加什工业与农业职业学院（Жалагашский индустриально-аграрный колледж）
106	9	卡尔马克夏农业技术职业学院（Кармакшинский аграрно-технический колледж）
曼吉斯套州		
107	1	曼吉斯套旅游职业学院（Мангистауский колледж туризма）
108	2	哈里尔-乌兹别克加里耶夫曼吉斯套理工职业学院（Мангистауский политехнический колледж имени Халела Узбекгалиева）
109	3	图尔马甘贝特利-曼吉斯套工业技术职业学院（Мангистауский индустриально-технический колледж имени О. Турмаганбетулы）
110	4	贝内乌理工职业学院（Бейнеуский политехнический колледж）
111	5	阿克套技术服务职业学院（Актауский технологический колледж сервиса）

续表

全国序号	地区序号	学校
曼吉斯套州		
112	6	扎瑙津服务与新技术职业学院（Жанаозенский колледж сервиса и новых технологий）
113	7	卡拉基扬职业学院（Каракиянский профессиональный колледж）
114	8	曼吉斯套能源职业学院（Мангистауский энергетический колледж）
115	9	图普卡拉甘人道主义技术职业学院（Тупкараганский гуманитарно-технический колледж）
116	10	曼吉斯套技术职业学院（Мангистауский технический колледж）
巴甫洛达尔州		
117	1	扎尤-穆萨阿克苏多学科高等专科学校（Аксуский высший многопрофильный колледж имени Жаяу Мусы）
118	2	阿克苏黑色冶金职业学院（Аксуский колледж черной металлургии）
119	3	巴甫洛达尔理工职业学院（Павлодарский технологический колледж）
120	4	巴甫洛达尔技术服务职业学院（Павлодарский колледж технического сервиса）
121	5	电子与通信高等职业学院（Высший колледж электроники и коммуникаций）
122	6	信息技术职业学院（Колледж информационных технологий）
123	7	巴甫洛达尔装配职业学院（Павлодарский монтажный колледж）
124	8	有色金属冶金高等职业学院（Высший колледж цветной металлургии）
125	9	埃尔蒂斯高等创新农业职业学院（Высший инновационный аграрный колледж）
126	10	巴甫洛达尔化学与机械职业学院（Павлодарский химико-механический колледж）

续表

全国序号	地区序号	学校
北哈萨克斯坦州		
127	1	彼得罗巴甫洛夫斯克土木工程和经济职业学院（Петропавловский строительно-экономический колледж）
128	2	马格占-朱马巴耶夫高等专科学校（Высший колледж имени Магжана Жумабаева）
129	3	北哈萨克斯坦职业教育职业学院（Северо Казахстанский профессионально педагогический колледж）
130	4	彼得罗巴甫洛夫斯克市机械工程职业学院（Машиностроительный колледж города Петропавловска）
131	5	贾列尔-基扎托夫高等农业职业学院（Высший сельскохозяйственный колледж имени Жалела Кизатова）
132	6	专业培训和服务职业学院（Колледж профессиональной подготовки и сервиса）
133	7	塔伊钦农业职业技术职业学院（Тайыншинский колледж агробизнеса）
134	8	新西姆斯克农业技术职业学院（Новоишимский аграрно технический колледж）
135	9	农业技术职业学院（Агротехнический колледж）
土耳其斯坦州		
136	1	卡普兰别克高等农业技术职业学院（Капланбекский высший аграрно-технический колледж）
137	2	第十一职业学院（Колледж №11）
138	3	图尔库巴斯基农业综合企业与旅游职业学院（Тюлькубасский колледж агробизнеса и туризма）
139	4	突厥斯坦人道主义技术职业学院（Туркестанский гуманитарно-технический колледж）

续表

全国序号	地区序号	学校
土耳其斯坦州		
140	5	多学科工业技术职业学院（Многопрофильный индустриально-технический колледж）
141	6	突厥斯坦高等农业职业学院（Туркестанский высший аграрный колледж）
142	7	突厥斯坦工业与建筑职业学院（Туркестанский индустриально-строительный колледж）
143	8	第十六职业学院（Колледж №16）
144	9	第七职业学院（№7 колледж）
145	10	突厥斯坦多学科技术职业学院（Туркестанский многопрофильно-технический колледж）
146	11	肯陶多学科职业学院（Кентауский многопрофильный колледж）
147	12	科纳耶夫农业和技术职业学院（Аграрно-технический колледж им Д. Конаева）
阿斯塔纳市		
148	1	餐饮与服务职业学院（Колледж общественного питания и сервиса）
149	2	理工职业学院（Политехнический колледж）
150	3	专业技术职业学院（Профессионально технический колледж）
151	4	建筑与技术职业学院（Строительно технический колледж）
152	5	交通运输高等职业学院（Высший колледж транспорта и коммуникаций）
153	6	工艺职业学院（Технологический колледж）
154	7	经济、技术和食品生产标准化职业学院（Колледж экономики, технологии и стандартизации пищевых производств）
155	8	技术职业学院（Технический колледж）

续表

全国序号	地区序号	学校
阿拉木图市		
156	1	旅游与酒店管理职业学院（Колледж индустрии туризма и гостеприимства）
157	2	阿拉木图服务职业学院（Алматинский колледж сервисного обслуживания）
158	3	阿拉木图国立理工职业学院（Алматинский государственный политехнический колледж）
159	4	阿拉木图建筑技术职业学院（Алматинский строительно технический колледж）
160	5	阿拉木图机电职业学院（Алматинский Электромеханический колледж）
161	6	阿拉木图国立电力工程与电子技术职业学院（Алматинский государственный колледж энергетики и электронных технологий）
162	7	阿拉木图多学科职业学院（Алматинский многопрофильный колледж）
163	8	阿拉木图客运与技术职业学院（Алматинский колледж пассажирского транспорта и технологий）
164	9	阿拉木图国立商业职业学院（Алматинский государственный бизнес колледж）
165	10	阿拉木图印刷职业学院（Алматинский колледж полиграфии）
166	11	阿拉木图汽车机械职业学院（Алматинский автомеханический колледж）
167	12	阿拉木图国立交通与通信职业学院（Алматинский государственный колледж транспорта и коммуникаций）
168	13	阿拉木图时装与设计职业学院（Алматинский колледж моды и дизайна）

续表

全国序号	地区序号	学校
阿拉木图市		
169	14	阿拉木图国立服务与技术职业学院（Алматинский государственный колледж сервиса и технологий）
170	15	阿拉木图建筑与民间工艺职业学院（Алматинский колледж строительства и народных промыслов）
171	16	阿拉木图国立新技术职业学院（Алматинский государственный колледж новых технологий）
172	17	阿拉木图技术与花卉职业学院（Алматинский колледж технологий и флористики）
173	18	阿拉木图电信与机械工程职业学院（Алматинский колледж телекоммуникаций и машиностроения）
奇姆肯特市		
174	1	轻工业与服务职业学院（Колледж легкой промышленности и сервиса）
175	2	道路运输职业学院（Дорожно-транспортный колледж）
176	3	第六职业学院（Колледж №6）
177	4	工业技术职业学院（Индустриально-технический колледж）
178	5	马纳普－乌特巴耶夫新技术高等专科学校（Высший колледж новых технологий имени Манапа Утебаева）
179	6	第四职业学院（№4 колледж）
180	7	理工职业学院（Политехнический колледж）

  该项目计划3年内在全国范围内招收和培养20万学生。入选的教育机构将配备必要的现代化设备，培养国家和世界标准的专业人才，成为其所在地区优势专业方向的职业训练中心，并为世界技能大赛的参赛者提供培训。

  项目实施过程中各地方政府对项目推进给予了积极配合和支持。北哈萨克斯坦州专门成立了一个地方工作委员会负责实施"青年专家"教育项目。根据教育部项目实施方案（哈萨克斯坦教育科学部 2018 年 11 月 26 日第 646 号命令）和哈萨克斯坦教育科学部与北哈萨克斯坦州政府合作备忘录，地方政府从地方预算中拨出项目资金的 5% 作为配套经费资助项目入选学院发展，2020 年共拨付经费 6 460 万坚戈。

总的来说，哈萨克斯坦政府鼓励和推动职业学院和企业制度化协作，打造校企合作与双元制培养模式，使学生在现实生活中获得宝贵的工作经验，掌握专业技能，同时促进企业员工的技能再培训，构建一个全维度的教育连续性生态系统。作为一种理论与实践并重的应用型技术人才培养模式，双元制教育模式通过教育机构和企业协作制订有针对性的课程和培养计划，通过学院和企业合作打造培训中心，这种企业和教育机构之间的合作已经成为地方社会经济发展的一种重要工具，有助于高素质人才的成长，服务国家产业升级，增强国家在世界舞台上的竞争力。

哈萨克斯坦职业教育专业分类细致，针对工程机械产业的专业主要分布在工程类专业目录下，包括起重机、挖掘机、装载机和筑路机械专业。同时，考虑到工程机械制造与维修涉及的专业和行业的通用性，机械、电气和自动化等专业的人才培养同样符合该行业人才需求。

根据哈萨克斯坦 TALAP 编制的职业学院排行榜数据，工科类职业院校前 10 名如下：

（1）阿克托别理工高级职业学院；

（2）阿斯塔纳交通运输高等职业学院；

（3）阿特劳理工高级职业学院；

（4）科斯塔奈高等理工职业学院；

（5）克孜勒奥尔达特凯巴特尔职业学院；

（6）阿斯塔纳理工高级职业学院；

（7）赫拉莫套采矿技术职业学院；

（8）私立哈萨克斯坦铜业集团理工职业学院；

（9）曼吉斯套理工职业学院；

（10）谢缅电子职业技术职业学院。

从哈萨克斯坦企业与教育机构成功开展合作的典型案例来看，学校都依托专业化程度高的特殊技术行业背景，合作培养合格的专业技术人员。如，电力、化工、石油、冶金等专业性较强的学校和企业合作效果较好，通用性较强的学校和企业合作效果并不显著。

从工程机械产业相关专业来看，校企合作开展双元制培养有着广泛的基础，但涉及专业和职业的通用性较强，以工程机械领域为目标的专业人才的双元制培养并不多，该产业的人才需求还是通过汽车维修与检测、机械、电气等专业人才的再培训来实现。

第四章
乌兹别克斯坦工程机械产业生态与校企合作发展

乌兹别克斯坦是历史悠久的中亚内陆国,也是世界上两个双重内陆国之一,北部和东北与哈萨克斯坦接壤,东部、东南部与吉尔吉斯斯坦和塔吉克斯坦相连,西部与土库曼斯坦毗邻,南部与阿富汗接壤,国土面积为44.89万平方千米。

乌兹别克斯坦的领土是平原和山区地形的独特结合,拥有巨大的资源潜力。现已探明有近100种矿产品,其中,黄金储量3 350吨(位列世界第4),石油储量1亿吨,凝析油储量1.9亿吨,天然气储量3.4万亿立方米,煤储量19亿吨,铀储量18.58万吨(位列世界第7),铜、钨等矿藏也较为丰富。

一、乌兹别克斯坦社会经济发展概况

独立后,乌兹别克斯坦在社会经济发展方面取得了重大成就,即使在2008—2009年世界金融和经济危机期间,乌兹别克斯坦的国民经济增长率也是世界上最高的。近年来,乌兹别克斯坦继续集中努力实施旨在进一步发展国家社会经济的广泛规划和项目,进行重大经济改革,创造有利的商业环境,促进创业精神的增长,创造新的就业机会,减轻企业的税收负担,改善产权保护,减少对企业的行政障碍,吸引投资。

(一)人口、城市化与基础设施

乌兹别克斯坦共有134个民族,主要民族有乌兹别克族、塔吉克族、俄罗斯族、哈萨克族、卡拉卡尔帕克族、鞑靼族、吉尔吉斯族、朝鲜族,此外,还有土库曼族、乌克兰族、维吾尔族、亚美尼亚族、土耳其族、白俄罗斯族等。

乌兹别克斯坦占中亚人口的46.7%，是中亚地区人口大国，是中亚地区最大的劳动力资源大国。截至2022年年底，乌兹别克斯坦人口为3 473.94万人，世界排名第41。2022年，乌兹别克斯坦人口增加了约51.1704人，年增长率约为1.49%。

2022年乌兹别克斯坦的主要人口指标：出生人口798 532，死亡人口240 621，自然增长人口557 911，移民人口增长46 207人；男性17 267 577人，女性17 471 823人（均为2022年12月31日估计数）。

截至2022年10月1日，劳动年龄以下（14岁及以下）人口占国家常住人口的31.7%，劳动年龄（15~64岁）人口占57.0%，劳动年龄以上（65岁及以上）人口占11.3%（见图4-1）。乌兹别克斯坦4岁以下儿童的比例最高，男孩为11.5%，女孩为10.8%（见图4-2）。虽然乌兹别克斯坦是中亚地区人口最多的国家，劳动力资源丰富，但受教育程度较低，拥有大学及以上学历的劳动力占劳动力总数不足10%。

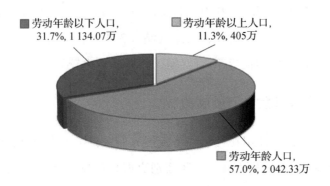

图4-1　2022年乌兹别克斯坦人口情况

就人口指标而言，乌兹别克斯坦属于"第一个人口红利"阶段。根据联合国《世界人口前景》的研究，到2048年，乌兹别克斯坦劳动适龄人口（15~64岁）将达到2 760万人，劳动适龄人口在总人口结构中占主导地位，平均每年有60万年轻人加入劳动适龄人口行列。因此有必要确保他们就业，创造新的就业机会。

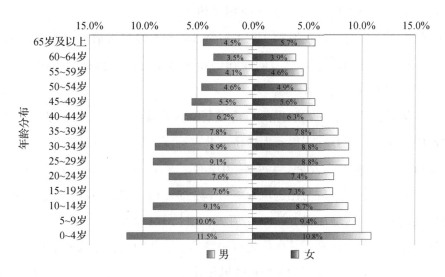

图 4-2 2022 年乌兹别克斯坦人口年龄性别分布

乌兹别克斯坦的失业问题比较突出，人口增长和教育机构毕业人数的增加需要创造足够的就业机会。乌兹别克斯坦政府正在采取措施减少失业人口和刺激经济增长，其中包括：实施中小企业发展方案，促进投资，建立经济发展特区，培训和再培训劳动力，鼓励创新和创业精神。

2022 年，270 万人在各个行业获得了长期就业，400 多万人从事季节性工作。法人实体就业 133 万人，其中包括受益于新投资项目的 30.5 万妇女。全国企业数量增加了 8.5 万家，吸纳了 55 万人就业，新增正式就业人口 40 万，全国就业人口达到了 510 万。同期有 110 万人登记为自我雇用职业者，总规模达到 200 万人，共有 10.1 万人依托个体工商户就业和 19.9 万人从事农业。[1]

2022 年，卡什卡达里亚州被认为是乌兹别克斯坦失业率最高的地区。劳动力市场指数低的地区还包括吉扎克州、撒马尔罕州和苏尔汉河州，这些地区求人倍率达 17.4，失业率不低于 9.3%。布哈拉州、安集延州、费尔干纳州、锡尔河州和纳曼干州求人倍率为 5.6，失业率不超过 9.1%。

塔什干州和纳沃伊州的劳动力市场指数最高，空缺率超过简历的数量，求人

---

[1] https://uzdaily.uz/ru/post/75861。

倍率低于1，失业率为8.9%，低于全国平均水平。

总的来说，应对失业挑战和实现可持续经济增长需要采取综合措施，包括发展经济、教育、基础设施以及为创业和创新创造条件，这将有助于改善就业状况，确保国家的可持续发展。

城市化促进了乌兹别克斯坦的经济发展，城市成长改善了居民的生活条件，在城市中工作岗位更容易获得，生活条件改善程度更高。独立以来，乌兹别克斯坦的城市化有了进一步发展，1991—2022年，农村人口从1 265.63万增加到1 768.92万，而占总人口的比例从60%下降到49.1%。城市人口占比为50.9%，城市居民从845万人增加到1 833.57万人，增长了1.2倍。

但乌兹别克斯坦在实现城市化进程中遇到了一些问题，导致城市化进程各地区不平衡，全国13个州中有10个州的城市化水平呈下降趋势（从51.7%下降到50.6%），其中花剌子模州（33.3%）、苏尔汉河州（35.5%）、布哈拉州（37.4%）和撒马尔罕州（37.4%）的城市化程度仍然很低。

2021年，49.7%的人口居住在撒马尔罕州（11.4%）、费尔干纳州（11.1%）、卡什卡达里亚州（9.7%）、安集延州（9.2%）和塔什干州（8.3%）。

乌兹别克斯坦的人口密度也在上升：1991年，每平方千米土地有46.1名居民，到2022年，这一数字已达到80.2人。安集延州（772.7人）、费尔干纳州（584.8人）和纳曼干州（405.1人）的人口密度相对较高。

城市化和有利的城市环境也有助于降低失业率。建设高质量的基础设施、发展社会服务、改善教育和保健服务以及创造就业机会，有助于提高就业水平和城市居民的生活质量。

乌兹别克斯坦正在积极发展其基础设施和建筑业，积极投资发展社会基础设施，特别重视教育、卫生、体育设施建设和文化中心建设，启动了公路、铁路、机场和能源系统的建设和重建项目，提高运输效率，改善能源业和创造就业机会，以确保可持续的经济增长和提高公民的生活质量。

乌兹别克斯坦居民住宅和商业地产建设对于经济发展意义重大。乌兹别克斯坦正在建设大型多功能商业综合体、酒店和住宅综合体，政府致力于为居民创造舒适的生活和工作条件，并吸引对房地产行业的投资。

能源基础设施在乌兹别克斯坦经济发展中也发挥着重要作用。乌兹别克斯坦正在积极投资建设能源设施，包括发电厂、太阳能和风能项目，努力实现能源领域的多样化和独立，并提高能源效率和可再生能源的使用。

运输基础设施在国家现代化建设和吸引外资方面发挥着重要作用。乌兹别克斯坦高度重视发展连接本国和周边国家以及世界市场的运输走廊，正在努力改善其公路网、铁路线、机场，包括建设新的道路、扩大和更新现有的运输干线以及发展物流基础设施。

乌兹别克斯坦在中亚具有独特的地理位置，使其成为亚欧大陆重要的过境运输国，这也为中乌两国带来巨大的经济效益和发展潜力。一方面，乌兹别克斯坦过境运输国的地位可提高本国出口市场的多元化，同时带动本国经济发展与稳定；另一方面，保持与乌兹别克斯坦的基础设施建设合作，可为中国产品西输波斯湾和欧洲提供安全高效、稳定可靠且极具性价比的过境路线。

中国和乌兹别克斯坦最具标志性意义的基础设施合作项目是 2016 年中国中铁隧道集团攻克中亚最长隧道——卡姆奇克隧道，建成"安格连—帕普"电气化铁路，自此乌兹别克斯坦东部费尔干纳谷地与中心地区实现铁路联通，助力乌兹别克斯坦实现国内交通一体化和成为地区交通枢纽。此条隧道的建设对于乌兹别克斯坦十分重要，在该隧道建设完成之前，乌兹别克斯坦国内的居民要想到纳曼干、费尔干纳等地区，需要绕到中亚其他国家才能够到达，而在该铁路隧道建设完成之后，就能够直接到达这些区域，这不仅加强了乌兹别克斯坦国内各地区之间的联系，同时降低了人们的出行成本以及货运成本。这是中亚地区首批与中国一起成功实施的大型基础设施建设项目的典范。2017 年，徐工中标，成为乌兹别克斯坦高速铁路乌尔根奇—希瓦建设项目的装备承制单位。此外，中国还大力支持乌兹别克斯坦实施通往巴基斯坦瓜达尔港和卡拉奇港的马扎里沙里夫—喀布尔—白沙瓦跨国铁路干线建设。①

乌兹别克斯坦人口的持续增长、城市化进程的快速推进以及大规模的基础设

---

① Мазари – Шариф – Пешавар： коридор в новое будущее Центральной и Южной Азии. https://www.gazeta.uz/ru/2021/02/11/route（访问时间：2022 年 8 月 1 日）。

施建设,为工程机械市场的繁荣带来了持续动力。

(二)宏观经济:GDP 和通货膨胀

近年来,乌兹别克斯坦的国内政治环境相对稳定,经济措施实施得当,整体经济保持着稳定快速的增长。2020 年全球营商环境排名中,乌兹别克斯坦位居第 69,属于欧亚国家中上升速度较快的国家。2021 年,乌兹别克斯坦 GDP 为692.4 亿美元,较 2020 年增长 7.4%,高于全球经济平均增速(见表 4-1 和图 4-3)。当前,在国际局势严峻、疫情危机尚未缓解、外部风险不断增多的情况下,全球经济增长缓慢,而乌兹别克斯坦经济总体保持着平稳增长的发展态势。

表 4-1 2017—2022 年乌兹别克斯坦宏观经济情况

年份	GDP		人均 GDP	
	亿美元	年增长率/%	美元	年增长率/%
2017	487	5.2	1 827	2.7
2018	503	5.1	1 529	3.6
2019	579	6.0	1 719	3.8
2020	577	-0.3	1 686	-0.3
2021	692.4	7.4	1 983	5.3
2022	803.84	5.7	2 254.9	3.5

资料来源:世界银行,https://databank.worldbank.org/reports.aspx? source = 2&series = NY. GDP. MKTP. CD&country = KAZ(访问时间:2022 年 7 月 20 日)。

据乌兹别克斯坦统计局 2023 年 1 月 26 日消息,2022 年,乌兹别克斯坦 GDP 为 888.3 万亿苏姆(803.84 亿美元,平均汇率 1 美元兑换 11 051 苏姆),同比增长 5.7%,相比 2021 年的 7.4% 有所放缓;人均 GDP 约 2 492 万苏姆,同比增长 3.5%;年通货膨胀率 12.3%。三大产业占 GDP 比重为:农业占比 25.1%,工业(含建筑业)占比 33.4%,服务业占比 41.5%。农业同比增长 3.6%,工业同比增长 5.2%,建筑业同比增长 6.6%,服务业同比增长 15.9%。

图 4-3 2017—2022 年乌兹别克斯坦 GDP

2022 年固定资本投资同比增长 0.9%，远低于 2021 年的 5.2%。按名义价值计算，2022 年消费市场的投资额为 269.9 万亿苏姆，占 GDP 的 30.4%（2021 年为 33.3%）。零售业营业额同比增长 12.3%（2021 年同比增长 12.0%，达到 249.5 万亿苏姆），达到 319.3 万亿苏姆。2022 年平均月名义工资额增长 21.1%（2021 年增长 20.3%），达到 389.24 万苏姆。家庭消费的增长不仅得到了工资增长的支持，劳务移民汇款收入也形成有力的支撑（增长了 46.8%，至 135 亿美元）。

自 2022 年 2 月末以来，由于俄乌战争以及能源市场的波动，世界上大多数国家都面临着高通货膨胀压力，乌兹别克斯坦也不例外。2022 年乌兹别克斯坦的通货膨胀率上升，范围更广，特别是食品和能源价格上涨。2022 年，乌兹别克斯坦经历了 3 年来最高的通货膨胀率，达到 12.2%（见表 4-2 和图 4-4）。乌兹别克斯坦采取了一系列措施来控制通货膨胀，包括货币政策、财政措施，以及刺激生产和投资的措施，以确保市场供应和物价稳定，保证经济稳定增长。

表 4-2 2012—2022 年乌兹别克斯坦通货膨胀率①

年份	2012	2013	2014	2015	2016	2017	2018	2019	2020	2021	2022
通货膨胀率/%	7.0	6.8	6.1	5.6	5.7	14.4	14.3	15.2	11.1	10.0	12.2

---

① https://stat.uz/ru/ofitsialnaya-statistika/prices-and-indexes。

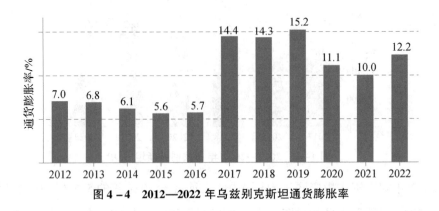

图4-4 2012—2022年乌兹别克斯坦通货膨胀率

尽管乌兹别克斯坦的经济发展稍有波动,但总体来说,乌兹别克斯坦在经济增长和控制通货膨胀方面还是取得了良好的成绩。随着新冠疫情带来的冲击消散,稳定的经济增长带来工程机械市场的持续性需求。

(三)产业结构

从产业结构来看,乌兹别克斯坦工业体系较为完善,产业波动也较为平缓;乌兹别克斯坦的农业发达;服务业在GDP中占比最高,也是国家未来的重点发展方向。2021年,乌兹别克斯坦经济结构中的第一、第二和第三产业占比分别为26.9%、34.5%和38.6%(见表4-3)。得益于丰富的自然资源,乌兹别克斯坦是中亚五国中经济实力较强的国家,国民经济支柱产业有"四金"之称,即黄金、"白金"(棉花)、"黑金"(石油)、"蓝金"(天然气)。

表4-3 2012—2021年乌兹别克斯坦各产业增加值占GDP比重

单位:%

年份	各产业增加值占GDP比重		
	第一产业	第二产业	第三产业
2012	29.0	20.0	39.0
2013	28.0	21.0	41.0
2014	29.0	22.0	39.0
2015	29.0	23.0	39.0
2016	18.1	32.9	49.0

续表

年份	各产业增加值占GDP比重		
	第一产业	第二产业	第三产业
2017	19.2	33.5	47.3
2018	32.4	32.0	35.6
2019	28.1	36.4	35.5
2020	28.1	35.5	36.3
2021	26.9	34.5	38.6

资料来源：2016—2020年数据根据世界银行相关资料整理，2021年数据来源于乌兹别克斯坦统计局，https://stat.uz/ru/default/ezhekvartal-nye-doklady/21517-2022。

在农业领域，乌兹别克斯坦的棉花种植业较为发达。苏联时期，乌兹别克斯坦棉花产量就占苏联总量的2/3，因此该国也被称作"白金之国"。乌兹别克斯坦得天独厚的地理位置与气候条件使农业成为本国国民经济的基础，再加上政府非常重视农业的发展，所以乌兹别克斯坦农业人口占就业人口的一半左右。但是从农业发展的经济效益来看，农业发展存在后劲不足、发展缓慢的问题。

乌兹别克斯坦已经建立了较为齐全的工业体系，承担着中亚地区2/3的机械制造品生产，也是中亚地区唯一生产丝织和纺织机械的国家。轻工业和食品工业也是乌兹别克斯坦的传统经济部门。虽然独立后的乌兹别克斯坦也在不断推进高附加值产业的发展，但是依旧尚未摆脱苏联时期的工业发展模式，偏重原料生产，石油、天然气和有色金属（主要是黄金）生产依旧是其国民经济支柱。

近年来，乌兹别克斯坦也在重点发展出口导向型经济，鼓励加快工业发展。2022年6月，联合国工业发展组织（UNIDO）发布的《2022年工业竞争力指数报告》显示，乌兹别克斯坦工业竞争力绩效指数在全球154个经济体中排名第89，相比2021年上升了5位（俄罗斯第35位，白俄罗斯第46位，哈萨克斯坦第63位)①。

独立后乌兹别克斯坦经济的逐渐恢复与稳定发展使其第三产业发展也渐趋向好。服务业目前在乌兹别克斯坦的经济结构中占有重要地位，2021年服务业占GDP的38.6%。在服务领域中，增长较快的行业是通信、信息、金融、银行、交通和汽车维修、家电维修；其中，电信业成为乌兹别克斯坦发展最快的行业。

工业是乌兹别克斯坦经济最重要的组成部分，包括纺织、石油加工、汽车、化工、电子、机械、食品和建筑等多个行业。

纺织生产在乌兹别克斯坦工业中发挥着重要作用，乌兹别克斯坦生产各种纺织品，包括棉布、纱线、纺织品和纺织品服装。纺织行业对出口和吸引外国投资至关重要。纺织行业的主要制造商包括UztexGroup、Uztekstilprom、Uzinterimpex、Daewoo Textile Fergana、Hamkor Textile、Korakosa Textile 和 Shovot Tekstil。

石油加工也是乌兹别克斯坦主要的工业之一。乌兹别克斯坦拥有丰富的石油和天然气储量，目前正在发展炼油厂。主要的石油产品生产商包括 Jizzakh Petroleum、Fergana Oil Refinery、Bukhara Oil Refinery 和 Uzbekneftegaz，它们生产汽油、柴油、燃油和其他石油产品，以满足国内需求和出口。

乌兹别克斯坦的汽车工业发展很快，成为中亚汽车工业的中心。乌兹别克斯坦拥有与国际汽车制造商合作生产汽车、卡车和公共汽车的企业，主要汽车制造商包括通用汽车乌兹别克斯坦公司（GM Uzbekistan，通用汽车和 Uzavtosanoat 的合资企业）、Samavto（Uzavtosanoat 和韩国的合资企业）、Uzauto Trailer 和 Man Auto Uzbekistan。

化工、电子、机械制造和食品工业也是乌兹别克斯坦主要的工业之一。

乌兹别克斯坦的化工业包括化肥、塑料、化学试剂和合成纤维的生产。乌兹别克斯坦天然气和石油储量丰富，为化工发展创造了有利条件。乌兹别克斯坦正在努力提高化工产品的产量，并吸引外国投资。主要的化工产品生产商有 Navoi Nitrogen、Farg'ona Azot、Bukhara Chemical Plant 和 Samarkandkimyo 等。

---

① Узбекистан вошел в топ – 5 стран СНГ по индексу конкурентоспособности. https://uz.sputniknews.ru/20220625/uzbekistan-voshel-v-top-5-stran-sng-po-indeksu-konkurentosposobnosti-25640715.html?ysclid=l8hcrp88d5346362902（访问日期：2022年8月1日）。

乌兹别克斯坦的电子业也在发展，主要生产电子产品，包括电视、手机、计算机和其他电子产品。乌兹别克斯坦致力于为吸引投资和发展电子业创造有利条件，以满足国内对电子产品日益增长的需求，并出口电子产品。主要的电子产品制造商包括 RDP 集团、Artel Electronics、Global Energy Solutions 和 Bravis。

机械制造业也是乌兹别克斯坦主要的工业之一，生产各种机械，包括纺织机械、农业机械、自动化系统、能源设备和其他类型的机械。乌兹别克斯坦正在积极制定吸引投资和发展机械制造业的战略和措施，以加强该行业并满足国内需求。主要的机械制造商包括 Uz–Kor Gas Chemical、Uzbekgidroenergo、Uzbekiston Temir Yullari（乌兹别克斯坦铁路公司）和 Uzbekselkhozmash（乌兹别克斯坦农业机械厂）。

纳沃伊州、塔什干州和首都塔什干市的工业发展迅速，产出比重最大，达到总产量的五成以上。

乌兹别克斯坦的服务业也越来越发达，政府积极投资发展旅游、金融服务、信息技术和电信等行业。服务质量的提高和这些行业的发展为经济增长、提供就业岗位和改善公民生活创造了新的机会。

（四）对外开放

对外贸易在乌兹别克斯坦的经济发展中发挥着重要作用，促进了国民经济的增长和多样化，满足了国内外市场的需要。乌兹别克斯坦签署了旨在扩大与其他国家或区域集团的贸易和经济联系的一系列国际协定和合作条约，促进了乌兹别克斯坦产品和服务的出口，吸引了外国投资和先进技术。

乌兹别克斯坦是国际贸易的积极参与者，正在努力扩大其进出口能力。乌兹别克斯坦的主要贸易伙伴包括中国、土耳其、哈萨克斯坦、俄罗斯、韩国、德国等。乌兹别克斯坦主要出口产品包括棉花、黄金、纺织品、石油产品、汽车和汽车零部件、水果和蔬菜，主要进口商品包括机械设备、化工产品、电子产品、食品等。

乌兹别克斯坦统计局数据显示，2021 年，乌兹别克斯坦的贸易额高达 420.7 亿美元，同比增长 16%。其中，出口额达到 166.1 亿美元，增长 10%；进口额为 254.6 亿美元，增长 20.4%（见表 4–4）。

2021年，乌俄贸易约为75.2亿美元，占乌兹别克斯坦对外贸易额比重的17.9%，是乌兹别克斯坦最大的进口来源国与第二大出口目的国。中乌贸易额为74.4亿美元，占乌兹别克斯坦对外贸易额的17.7%，中国是乌兹别克斯坦最大的出口目的国和第二大进口来源国。哈萨克斯坦与土耳其分别占乌兹别克斯坦对外贸易额的9.3%和8.1%。

表4-4 2017—2022年乌兹别克斯坦对外贸易额一览表

单位：亿美元

项目	2017	2018	2019	2020	2021	2022
贸易总额	269.62	338.15	422	363	421	500.084
出口额	139.54	142.58	179	151.2	166.1	193.091
进口额	130.08	195.57	243	211.7	254.6	306.993

资料来源：乌兹别克斯坦统计局，https://stat.uz/ru/ofitsialnaya-statistika/merchandise-trade（访问时间：2022年8月24日）。

目前，乌兹别克斯坦与世界204个国家建立了贸易关系，其中俄罗斯、中国、哈萨克斯坦、土耳其、韩国、吉尔吉斯斯坦和德国的贸易额排名靠前（见图4-5）。

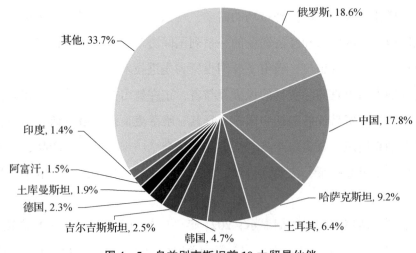

图4-5 乌兹别克斯坦前10大贸易伙伴

10个主要对外经济伙伴国家中，乌兹别克斯坦与两个国家的对外贸易顺差很大，即阿富汗（7.413亿美元）和吉尔吉斯斯坦（6.986亿美元），8个国家对外贸易额保持逆差（见图4-6）。另外对塔吉克斯坦的贸易顺差排在第3位，达到3.655亿美元。

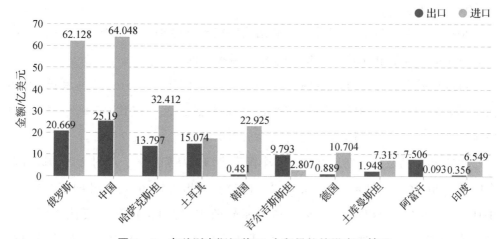

图4-6 乌兹别克斯坦前10大贸易伙伴进出口情况

乌兹别克斯坦与欧亚经济联盟国家的对外贸易额为157.215亿美元，其中出口额为55.72亿美元，进口额为101.495亿美元。

俄罗斯、中国、土耳其、哈萨克斯坦、吉尔吉斯斯坦、阿富汗和塔吉克斯坦等国是2022年产品和服务出口的主要合作伙伴，在出口总额中的份额达到55.5%。

2022年，乌兹别克斯坦出口产品结构中非黄金出口占比79.5%，其中工业制成品占比23.0%、食品和动物制品占比8.4%、化工产品占比6.7%。纺织品出口额为31.78亿美元，占出口总额的16.5%，同比增长8.6%。纺织品出口主要面向俄罗斯，贸易额为12.649亿美元，占比39.8%；与土耳其的出口额为5.191亿美元，占比16.3%。[①]

2022年1—12月服务出口额为39.595亿美元，占出口总额的20.5%，比2021年同期增长53.4%。在服务出口中，运输占比44.3%，旅游占比40.7%，

---

① https://stat.uz/images/uploads/docs/pressreliztashqisavdo202212ru.pdf.

电信、计算机和信息占比6.8%，其他商业服务占比3.9%，其他服务占比4.3%（包括金融服务1.8%、保险和养老服务1.4%、维修服务0.4%）。

2022年，乌兹别克斯坦进口额为306.993亿美元；其中，产品进口额增加44.326亿美元，同比增长20.4%，达到281.729亿美元，服务进口额达到25.264亿美元。

2022年，乌兹别克斯坦进口产品结构中机械和运输设备占比31.4%，工业产品占比18.8%，化工产品占比13.8%，排在前列。

机械和运输设备进口额达到96.483亿美元，同比增长16.9%，增长13.96亿美元。其中，来自中国的进口额是36.445亿美元，占比37.8%；韩国为15.471亿美元，占比16.0%；土耳其为7.269亿美元，占比7.5%。

2022年，乌兹别克斯坦共从179个国家进口产品和服务，超过2/3的进口来自中国（20.9%）、俄罗斯（20.2%）、哈萨克斯坦（10.6%）、韩国（7.5%）、土耳其（5.6%）、德国（3.5%）和土库曼斯坦（2.4%）等主要伙伴国。与2021年同期相比，与独联体成员国的贸易额下降4.2%，2022年独联体成员国在乌兹别克斯坦外贸总额中的占比为36.9%。

2022年，乌兹别克斯坦服务进口额为5.263亿美元，同比增长42.9%。在服务进口额中，旅游占比56.6%，运输占比15.5%，电信、计算机和信息服务占比9.4%，其他商业服务占比5.3%；其他服务占比13.2%（包括知识产权使用费4.4%、建筑费2.8%和维修费2.5%）。

2016年，中乌两国关系提升为全面战略伙伴关系，两国始终秉持友好合作、相互理解、彼此尊重的往来原则。在深入推进"一带一路"建设的背景下，两国在各个领域的合作持续发展。尤其对于乌兹别克斯坦而言，加强与中国的经济贸易往来具有十分重要的意义。

乌兹别克斯坦和中国是长期的贸易伙伴国。30多年来，中国与乌兹别克斯坦的双边贸易额已增长140多倍。近年来，中国始终保持着乌兹别克斯坦最大贸易伙伴国的地位。新冠疫情前，中乌两国贸易额年均增长20%~25%（见表4-5）。2021年，尽管双方的贸易额由于疫情有所缩减，但是两国贸易额依旧超过80亿美元,中国在乌兹别克斯坦的对外贸易比重为17.7%[①]。2021年,乌兹别克斯坦对中国的出口额为21.56亿美元,增加45.4%,进口额为58.97亿美元,增加14.5%。从进出口产品结构上看,中国对乌兹别克斯坦主要出口工程机械、空调、冰箱等机械设备及器具,电机、电气、音像设备及其零部件,塑料及其制品;而中国从乌兹别克斯坦主要进口天然气、纺织品、铜及其制品等。

表4-5 2016—2021年中国与乌兹别克斯坦双边贸易情况

年份	进出口总额/亿美元	同比增长/%	中对乌出口额/亿美元	同比增长/%	中从乌进口额/亿美元	同比增长/%
2016	36.14	3.4	20.07	-9.9	16.07	26.8
2017	42.24	16.9	27.53	37.1	14.71	-8.4
2018	62.68	48.5	39.43	43.4	23.24	58.0
2019	72.14	15.1	50.33	27.6	21.81	-6.2
2020	66.29	-8.1	51.5	2.3	14.83	-32.0
2021	80.53	21.5	58.97	14.5	21.56	45.4

资料来源:中国海关总署。

据乌兹别克斯坦总统直属统计署2023年1月21日消息,2022年中国为乌兹别克斯坦第二大贸易伙伴,双边贸易额达89.2亿美元,同比增长19.7%,占乌兹别克斯坦外贸总额的17.8%。其中,中方出口64亿美元,同比增长30.0%;中方进口25.2亿美元,同比下降0.4%。

乌兹别克斯坦非常重视招商引资工作,将吸引外资纳入其经济优先发展领域,并建立了坚实基础,颁布了《外资法》《外国投资权益保障和维护措施》等法律。联合国贸易和发展会议发布的2022年《世界投资报告》显示,2021年,乌兹别克斯坦吸收外资流量为20.44亿美元;截至2021年年底,乌兹别克斯坦

---

① Центральная Азия и Китай:устойчивый характер партнёрства и огромный экономический потенциал. https://yuz.uz/ru/news/tsentralnaya - aziya - i - kitay - ustoychivy - xarakter - partnerstva - i - ogromny - ekonomicheskiy - potentsial(访问时间:2022年8月1日)。

吸收外资存量为112.78亿美元。据乌兹别克斯坦政府统计，2021年乌兹别克斯坦利用外国投资和贷款98.5亿美元，同比增长14.8%；其中，利用外国直接投资86亿美元，外资主要来自中国、土耳其、德国、俄罗斯、美国、阿联酋、韩国。

在乌兹别克斯坦投资的国际知名企业主要集中在油气开采、汽车制造、电信等领域，包括俄罗斯卢克石油和天然气公司，中国石油天然气股份有限公司，韩国天然气公司，马来西亚国家石油公司，德国MAN，美国通用、霍尼韦尔、可口可乐公司，英美烟草公司，日本五十铃等。

俄罗斯卢克石油和天然气公司是乌兹别克斯坦最大的外国投资商，对乌兹别克斯坦累计投资百亿美元，集中在天然气开采和加工领域，大型项目包括坎德姆天然气加工综合体，以及在乌兹别克斯坦开采的天然气气田群。公司年开采规模在80亿立方米左右。在乌兹别克斯坦累计开采天然气超过670亿立方米，为当地解决就业岗位2 500个。

乌兹别克斯坦通用汽车厂是乌兹别克斯坦和美国合资的最大项目，2021年生产轿车约23.7万辆。

中国也是乌兹别克斯坦最大的投资来源国之一。自2017年以来，中国对乌兹别克斯坦的投资扩大了5倍，其中直接投资增长4倍。2018—2021年，中国对乌兹别克斯坦的直接投资和贷款超过55亿美元，总投资也已经超过100亿美元。目前，在乌兹别克斯坦国内有2 000多家中资企业，为该国创造了2万多个就业岗位。乌兹别克斯坦投资和对外贸易部吸引外国投资署数据显示，截至2021年年底，在乌兹别克斯坦50个投资来源国中，中国以22亿美元的总投资额排名第1[①]。中乌联合投资项目涉及油气、纺织、电信、农业、医药、化工、建材等多个行业。2022年2月5日，两国还签署了《中华人民共和国和乌兹别克斯坦共和国政府间经贸投资合作规划（2022—2026年）》，计划在人工智能、数字金融服务、跨境电子商务、5G、大数据、云计算、智慧城市、开辟"绿色走廊"等领

---

① Инвестиционная привлекательность Узбекистана сквозь призму деятельности Агентства стратегического развития. https://sda.gov.uz/ru/news/3531（访问时间：2022年8月1日）。

域展开合作。目前，许多中国大型企业都在乌兹别克斯坦积极开展业务，例如华为和中兴通讯与乌兹别克斯坦在电信领域开展合作，中国进出口银行在银行金融领域与乌兹别克斯坦开展合作，中国重汽则在汽车领域与乌兹别克斯坦展开合作，而江西恒邦纺织有限公司与乌兹别克斯坦在轻工业领域的合作也在井然有序地展开。

在中国企业不断"走出去"的背景下，通过双方金融机构的协调与参与，中国在乌兹别克斯坦投资了一批基础设施现代化项目。乌兹别克斯坦要想突破双重内陆的制约，重建中亚腹地的通衢要道，就必须加强基础设施建设，拓展国际合作，促使各种经济要素自由流动。

据中国商务部统计，2020 年中国企业在乌兹别克斯坦新签承包工程合同 39 份，新签合同金额 27.71 亿美元，完成营业额 9.57 亿美元，累计派出各类劳务人员 1 842 人，年末在乌兹别克斯坦的劳务人员有 2 991 人。

乌兹别克斯坦不仅油气资源丰富，可再生能源资源也相当丰富，尤其是太阳能。据世界银行估计，乌兹别克斯坦太阳能总潜力超过 510 亿吨油当量。2016 年，中国公司中标乌兹别克斯坦撒马尔罕州 100 兆瓦光伏电站的设计、建造和运营管理项目。2019 年，中国又与乌兹别克斯坦合资共建布哈拉风力水电站。近年，乌兹别克斯坦政府也在大力发展可再生能源，这无疑增加了中国与乌兹别克斯坦在光伏设备、光伏电站投资建设方面增加合作的可能性。

乌兹别克斯坦致力于在综合考虑全球经济趋势和国家市场需求的情况下，相互联系地发展外贸和国内贸易。由于在这些领域的努力，乌兹别克斯坦继续向前迈进，吸引了投资者的关注，并为进一步的经济发展开创了美好前景。

二、乌兹别克斯坦工程机械市场分析

工程机械在建筑、道路、货运、农业等多个行业发挥着关键作用。对乌兹别克斯坦工程机械市场分析是研究该国工业的一个重要方面，通过分析可以确定其发展潜力、趋势和主要参与者，确定对特定类型工程机械的需求，并制定吸引投资和发展当地生产的战略。对市场趋势的持续观察、对竞争环境的分析以及与主要参与者的互动，使乌兹别克斯坦能够有效地管理这一国民经济的重要产业。值得注意的是，乌兹别克斯坦工程机械市场分析是一个动态过程，需要不断监测和更新数据。技术、经济形势和市场需求的快速变化要求公司灵活调整，以保持竞争力，有效满足客户需求。

乌兹别克斯坦工程机械市场的主要参与者包括国内外生产商。本土知名工程机械制造商有 Uzavtosantechnika 和 Uzgostohservice 等公司，它们生产和供应各种建筑、道路和公用事业工程机械，同时还提供工程机械的维护和维修服务。

近年来，中国工程机械制造商也积极参与这一市场，它们以有竞争力的价格提供各种工程机械。徐工、三一重工、中联重科、柳工等中国工程机械制造商在乌兹别克斯坦市场上占有相当大的份额，它们提供广泛的工程机械产品线，包括挖掘机、平地机、推土机、起重机、装载机和其他工程机械。中国工程机械以其可靠性、先进技术和实惠的价格相结合而闻名，使其在乌兹别克斯坦市场上广受欢迎。

乌兹别克斯坦市场还有卡特彼勒、小松、沃尔沃等国际知名品牌，这些公司享有良好的声誉，提供高质量的工程机械，广泛应用于乌兹别克斯坦的各个行业。

乌兹别克斯坦的工程机械市场上也有各种中间商和经销商，它们提供来自不同制造商的各种工程机械，在工程机械产品销售、服务、咨询和客户技术支持方面发挥着重要作用。

近年来，乌兹别克斯坦政府积极支持发展国内工程机械产业，希望减少对进口的依赖，鼓励本土工业发展。乌兹别克斯坦出现了专门生产工程机械及其零部件的新企业。吸引外国投资、引进先进技术、与国际合作伙伴交流经验，在发展国内工程机械生产方面发挥着重要作用。此外，作为经济现代化和多样化战略的一部分，乌兹别克斯坦还积极发展创新型工程机械的生产，如生态和气候负荷较低的电动和混合动力车型。

总的来说，乌兹别克斯坦不断努力吸引投资，发展当地生产，实现技术现代化和支持创业精神，这有助于扩大工程机械的生产规模，提高其质量和在国际市场上的竞争力。

（一）乌兹别克斯坦工程机械市场的供需情况

乌兹别克斯坦工程机械市场的供求是决定该产业发展的重要因素。近年来，乌兹别克斯坦对工程机械的需求不断增长，与以下几个因素有关：①乌兹别克斯坦在基础设施和建筑业发展方面设定了雄心勃勃的目标，这需要各种工程机械，如挖掘机、装载机、推土机、汽车起重机等；②人口增长和生活水平的提高导致对公共设备的需求增加，包括垃圾车、清洁机、平地机和其他类似设备；③乌兹别克斯坦还积极发展农业，这导致对拖拉机、联合收割机和灌溉系统等农业机械的需求增加。

尽管需求不断增长，但乌兹别克斯坦工程机械市场的供应却有自己的特点。国内工程机械制造商仍难以提供全方位的型号和技术解决方案满足客户的各种需求，因此许多公司更喜欢从国外进口工程机械。政府正在采取措施，鼓励发展国内工程机械生产，减少对进口的依赖，提高乌兹别克斯坦工程机械的竞争力。

此外，乌兹别克斯坦积极吸引外国投资者发展自己的工程机械产业。例如，与国际公司签订联合生产和技术合作协议，从而吸引新技术和经验。

电动汽车行业的发展也有可能影响乌兹别克斯坦工程机械的供需。随着人们对环保解决方案的兴趣增加，对石油产品的依赖减少，对电动装载机和挖掘机等电气工程机械的需求可能会增加。

根据白俄罗斯有关机构对2022年上半年的市场分析，中国工程机械制造商在乌兹别克斯坦各工程机械细分市场都处于领先地位。

（1）轮式前置和通用装载机领域，需求最大的产品类型是装载能力为3.0~3.9吨的产品，其次为5.0~5.9吨产品，除了6.0~6.9吨和8吨以上的细分市场，中国工程机械制造商在所有细分市场都处于领先地位。连续5年中国工程机械进口量占乌兹别克斯坦工程机械进口总量的97%~98%，其中徐工以50%以上的市场份额占据绝对市场优势，其他进入市场排行的品牌有柳工、龙工、国机（"中国机械工业集团有限公司"的简称）、山推、山东临工、厦工以及卡特彼勒旗下的山工。

（2）电动叉车领域，中国工程机械制造商整体市场优势明显，装载能力为1.5~4吨的各个型号产品都占据较高市场份额，其中1.5~1.7吨产品为59%，

1.8~2.3吨产品为81%，2.4~2.6吨产品为100%，2.7~3.0吨产品为60%等。EP（中国）公司（36台，占进口量的23.7%）和合力（中国）公司（21台，占进口量的13.8%）在设备交付方面处于领先地位，其他中国品牌包括西林和杭叉。

2023年，乌兹别克斯坦道路工程机械销售出现下降，但徐工、龙工和柳工等中国工程机械制造商依旧主导该细分市场，这主要是由于中国和乌兹别克斯坦运输距离近、产业规模和配套完善实现低成本，以及令人满意的产品性能。

乌兹别克斯坦工程机械市场是一个成长性良好的国际化市场，尽管该国面临地缘政治环境带来的严重挑战，但也给吸引寻求转型的企业提供了发展机会。不断扩大与邻国的合作，改善现有运输线路和建立新的运输线路，将提高乌兹别克斯坦的投资吸引力，推动更多的企业落地乌兹别克斯坦，促进本土工程机械制造产业的发展。

（二）乌兹别克斯坦本土机械制造业发展情况

乌兹别克斯坦正在积极发展本国的工程机械制造业，以实现生产自主，减少对进口的依赖。作为这一战略的一部分，乌兹别克斯坦成功地建立了自己的工程机械品牌。

乌兹别克斯坦机械制造业的一个突出例子是Uzautotrailer公司，该公司专门生产各种类型的半挂车和拖车，产品包括集装箱车、自卸卡车、低框拖车和其他型号。Uzautotrailer公司产品以其高质量和可靠性而闻名，这使得它在国内外市场都很受欢迎。

Uzautotrailer是一家专业生产卡车、客车、专用和商用设备的公司，产品包括各种中型卡车、重型自卸车、各种容量的客车和其他车辆。Uzautotrailer公司的产品符合国际质量标准。

由于与德国汽车工业巨头MAN合作，MAN牌卡车也在乌兹别克斯坦组装。乌兹别克斯坦组装了各种型号的MAN卡车，以满足客户的要求，并在不同的活动领域使用。

Uzcase是一家专业生产农业机械的公司，产品包括拖拉机、收割机、播种机和其他农业机械。公司为农业提供现代高效的解决方案，同时考虑到当地农民和农业企业的特点和要求。

这些只是乌兹别克斯坦建立的一些工程机械品牌，除上述品牌外，还有外国公司本土化生产，如中国的徐工。

2014 年，徐工与乌兹别克斯坦铁路集团合作，在乌尔根奇挖掘机股份有限公司基础上，成立合资公司徐工乌兹别克公司，生产和维修 UZXCMG 牌液压挖掘机、压路机和振动式压路机、前装载机、挖掘机和平地机等产品。2020 年 12 月 3 日，乌兹别克斯坦总统沙夫卡特·米尔济约耶夫视察了 UZXCMG，参观了装配和焊接设备、本地化设备和零部件。"这家工厂有很大的潜力，"沙夫卡特·米尔齐约耶夫总统说，"但我们没有充分利用它。因此，有必要深入分析在这里还能生产什么样的产品，未来几年需要从国外购买什么样的设备，订购它并建立合作关系。这家工厂将发展成为花拉子模州工业的基础。"

UzdaeWooAuto 是乌兹别克斯坦国有公司 Uzautosanoat 和韩国公司大宇的合资企业，生产不同型号的卡车和客车，为客户提供货物和乘客运输的现代解决方案。

值得一提的是 Uzchasys 公司，它是乌兹别克斯坦公司 Uzautosanoat 和土耳其公司 Karsan 的合资企业，专门生产商用设备，包括卡车和客车。Uzchasys 的产品以现代设计和技术特点而著称，满足了商业和运输公司的需求。

乌兹别克斯坦机械制造业的发展不仅促进了经济增长，还有助于建筑业、农业和其他需要工程机械来提高生产效率的行业的发展。国家通过各种措施积极支持机械制造业的发展，如为当地制造商提供优惠政策和支持计划，鼓励投资、培训和技术支持，这有助于制造商提高产品质量和国际竞争力。生产本国工程机械的战略定位不仅可以减少进口，还可以增加出口，从而促进经济增长和创造就业机会。

乌兹别克斯坦是中亚最早生产汽车的国家，所产汽车包括雪佛兰轿车和自主品牌拉沃轿车（雪佛兰车贴牌）、五十铃牌客车和卡车，MAN 牌卡车，还包括汽车发动机和蓄电池。除满足国内需求外，乌兹别克斯坦生产的汽车还销往俄罗斯、哈萨克斯坦等国。2021 年生产轿车约 23.7 万辆，同比下降 15.4%；卡车 3 979 辆，下降 4.4%；客车 1 003 辆，增长 56.2%；汽车发动机 16 万台，下降 27.9%。当年轿车出口额为 3.8 亿美元，增长 84%。

2022 年，乌兹别克斯坦共生产乘用车 307 177 辆，比 2021 年增加 29.6%。2022 年乌兹别克斯坦汽车集团公司（Uzauto Motors）计划生产 28 万辆汽车，比 2021 年增长 21%。由于雪佛兰品牌汽车的强劲需求，通用（乌兹别克斯坦）生产的雪佛兰汽车达到 306 754 辆，占比达到 99%，超额完成年度生产计划。

乌兹别克斯坦还制定了增加新能源电动汽车产量的战略。2022 年 2 月，Uzautosanoat 公司与中国比亚迪公司签署了一份备忘录。根据备忘录，两家公司同意在电动汽车生产方面进行合作。这是乌兹别克斯坦发展电动汽车生产的第一步。

乌兹别克斯坦政府强调通过工业集群发展机械制造业的必要性。其"工程—零部件—成品—销售和服务"产业链将汇集 8 家机械制造企业、300 多家零部件生产商、物流、国内外市场的贸易和服务网络、塔什干都灵理工学院和安集延机械制造学院，形成一个国际化的产学研合作网络。

（三）乌兹别克斯坦国际工程机械品牌市场情况

在乌兹别克斯坦市场上国际知名工程机械品牌有卡特彼勒、小松、徐工、沃尔沃、杰西博、利勃海尔、中联重科、三一重工、现代、斗山、日立、约翰迪尔等。乌兹别克斯坦与国际工程机械制造商的合作过程中，获得了先进技术和创新解决方案，这有助于工业发展和提高经济部门的生产力。乌兹别克斯坦是徐工在中亚区域的重要战略布局国家，该公司生产、销售的液压挖掘机、推土机、装载机、压路机、平地机等产品，在乌兹别克斯坦工程机械市场连续多年稳居市场第 1 名，并逐步辐射周边各国。

根据中国和乌兹别克斯坦海关统计数据，中国工程机械市场份额很高；而乌兹别克斯坦作为俄罗斯传统市场，俄罗斯产品的市场份额和影响力下降显著。

1. 装载机

2018 年，乌兹别克斯坦装载机进口额为 9 082 万美元；2019 年同比增加 41.66%，增加额为 3 784 万美元；之后一直处于下降趋势，2022 年，装载机进口额为 5 860 万美元。

2018 年，乌兹别克斯坦进口中国装载机金额占比为 49.76%，与 2020 年、2022 年水平相近，2019 年与 2021 年分别达到 73.42%、74.76%。

2018年，乌兹别克斯坦进口俄罗斯装载机金额占比为2.03%，后呈小幅波动趋势。

2. 挖掘机

2018年，乌兹别克斯坦挖掘机进口额为19 867万美元；2019年同比增加8.45%，增加额为1 679万美元；2020年，下降6 707万美元，同比下降31.13%；2021年、2022年均有小幅下降。

2018年，乌兹别克斯坦进口中国挖掘机金额占比为8.95%，2019年上升至26.65%，2020年下降至8.07%，2022年上升至52.69%。

2018年，乌兹别克斯坦进口俄罗斯挖掘机金额占比为66.6%，2019年下降至33.08%，2020年上升至55.43%，后两年连续下降至19.38%。

3. 起重机

2018年，乌兹别克斯坦起重机进口额为13 914万美元；2019年大幅增加12 078万美元，同比增加86.8%；2020年下降至12 674万美元。

2018年，乌兹别克斯坦进口中国起重机金额占比为49.11%，2022年大幅上升至67.77%。

2018年，乌兹别克斯坦进口俄罗斯挖掘机金额占比为12.75%，后曲折下降至2022年的3.98%。

4. 混凝土机

2018年，乌兹别克斯坦混凝土机进口额为9 860万美元；2020年大幅下降至4 621万美元，同比下降50.11%；2021年继续下降至3 104万美元；2022年回升至6 482万美元。

2018年，乌兹别克斯坦进口中国混凝土机金额占比为78.34%，2020年下降至50.83%，2022年上升至72.31%。

2018年，乌兹别克斯坦进口俄罗斯混凝土机金额占比为2.09%，2019年上升至5.26%，后逐步下降至2022年的1.74%。

5. 道路机械

2018年，乌兹别克斯坦道路机械进口额为2 217万美元；2019年同比增加112.23%，增加额为2 491万美元；2020年下降至3 026万美元；之后两年小幅波动。

2018年,乌兹别克斯坦进口中国道路机械金额占比为73.61%,连续两年下降至39.56%,2021年上升至73.96%。

2018年,乌兹别克斯坦进口俄罗斯道路机械金额占比为0.45%,后呈小幅波动趋势。

6. 矿山机械

2018年,乌兹别克斯坦矿山机械进口额为1 363万美元;2019年急剧下降至64万美元;之后逐步小幅增加至2022年的396万美元。

2018年、2020年及2022年,乌兹别克斯坦均未从中国进口矿山机械,2019年和2021年进口中国矿山机械金额占比分别为24.92%和94.98%。

2018—2022年,乌兹别克斯坦进口俄罗斯矿山机械金额占比均几乎为0。

根据机械在线网站(https://machineryline.uz/)最新销售和租赁供求数据分析,乌兹别克斯坦各类工程机械产品最受欢迎的品牌如下:

装载机市场热销品牌有柳工、徐工、山推、小松、晋工("晋西工业集团有限责任公司"的简称)和国机等,中国品牌拥有绝对优势。

挖掘机市场竞争最激烈,热销品牌有现代、小松、山推、柳工、三一重工和利勃海尔,没有单独品牌拥有绝对市场份额。

混凝土机热销品牌如下:利勃海尔、PROMAX市场表现更突出,FABO、三一重工、豪沃等紧随其后,中国品牌整体市场份额不低,但单一品牌优势不突出。

随车起重机和升降设备热销品牌有徐工、GIRAFFE、中联重工、鼎力、五十铃、MAN、山推、三一重工等,以徐工为龙头的中国品牌有绝对市场优势。

土方机械领域主流品牌包括山推、柳工、常林("山东常林机械集团有限公司"的简称)、徐工和三一重工,但日本小松进入了前5名。

道路机械领域主流品牌包括柳工、宝马格、德纳帕克、山推、常林和徐工,以柳工为首的中国品牌占有市场优势。

桩工机械领域市场容量不大,主要品牌包括徐工、利勃海尔、三一重工、开山、P&H(小松)和柳工,以中国品牌为主。

采矿机械领域品牌包括FABO、小松、三一重工、利勃海尔以及陕汽、徐工等，中国品牌市场表现不突出。

总体而言，中国工程机械品牌在乌兹别克斯坦各行业发展中发挥着重要作用，它们的可靠性、可用性和不断改进的技术使它们在工程机械市场上很受欢迎。中国工程机械品牌继续巩固在乌兹别克斯坦的地位，为乌兹别克斯坦经济发展做出积极贡献。

（四）乌兹别克斯坦工程机械市场的供应链情况

乌兹别克斯坦市场的每一个著名工程机械制造商都有自己的供应链网络，包括组件生产、装配和质量控制、通过官方经销商和分销商分销，以及为最终用户提供售后服务和技术支持。官方经销商和分销商在工程机械的销售、交付、安装、维护、零部件和服务方面发挥着重要作用，使工程机械制造商能够在乌兹别克斯坦市场上有效地展示产品，并在设备的整个生命周期内为客户提供支持。

1. 卡特彼勒

齐柏林中亚机械公司（Zeppelin Central Asia Machinery）是乌兹别克斯坦的卡特彼勒经销商，是卡特彼勒欧洲总代理商齐柏林集团的分公司。Cat Rental Store Uzbekistan 提供卡特彼勒工程机械的租赁和销售以及服务。Unatrac Uzbekistan 负责卡特彼勒产品的销售和服务。SEM 是卡特彼勒旗下的中国工程机械品牌，SEM 将卡特彼勒品牌特有的质量和性能结合起来，生产装载机、挖掘机、推土机和压路机等各种机械。

2. 小松

小松（乌兹别克斯坦）公司（Komatsu Uzbekistan）提供小松建筑和采矿设备的销售和服务。亚洲技术机械（Asia Tech Machinery）公司负责小松设备的分销和技术支持。IKO 集团是小松品牌的官方代理商，IKO 集团是奥地利维也纳的 IKO Holding Gmbh 的子公司，是独联体地区工程机械的综合性国际供应商，IKO 集团在亚美尼亚、吉尔吉斯斯坦、塔吉克斯坦和乌兹别克斯坦的分公司，都是 IKO 集团（占20%股份）和日本三井公司（占80%股份）的合资企业。

3. 徐工

徐工在乌兹别克斯坦设有分公司和合资工厂，拥有广泛的官方经销商和分销商网络，负责销售、维保和零部件供应等服务。

4. 沃尔沃

沃尔沃建筑设备（乌兹别克斯坦）公司（Volvo Construction Equipment Uzbekistan）销售和维护沃尔沃建筑设备。乌兹别克斯坦汽车集团（Auto Group Uzbekistan）负责沃尔沃设备的分销和技术支持。

C&H International 公司是沃尔沃建筑机械、山东临工的乌兹别克斯坦独家经销商，同时销售中联重科推土机等工程机械，拥有自己的保税仓库。

5. 中联重科

中联重科乌兹别克斯坦办事处负责销售和客户管理，拥有官方经销商和分销商网络，为其产品提供销售、租赁，以及咨询服务。

6. 杰西博

UHM 公司（UK Heavy Machinery）是乌兹别克斯坦领先的建筑机械经销商之一，成立于 2013 年，是奥地利 CISEG 公司的子公司，是杰西博（Earthmoving）、宝马格（Compaction）、MARINI（Asphalt）和 GOMACO（Conrete）在乌兹别克斯坦的官方和独家经销商。同时，作为 LandTech 公司的合作伙伴，该公司是约翰迪尔在乌兹别克斯坦的官方和独家经销商。作为哈萨克斯坦 IPC Machines 公司的合作伙伴，也是利勃海尔 Earthmoving and Mining 产品的乌兹别克斯坦的官方独家经销商。

7. 三一重工

三一重工汽车中亚公司（Sany Automobile Manufacturing Central Asia）负责销售中国制造的道路工程机械，拥有自己的经销商网络，并提供大型道路工程机械和其他专用机械、零部件以及三一重工产品的保修和维修服务。

8. 柳工

柳工在乌兹别克斯坦不同城市拥有官方经销商和分销商网络，包括塔什干、撒马尔罕、布哈拉、纳曼干等，柳工的官方经销商和分销商提供销售、租赁和维修服务。

柳工中亚公司（Liugong Machinery Central Asia）成立于 2022 年，设在首都塔什干，为经销商和客户提供高质量的保障，有备件中心和培训中心，支持和维护亚美尼亚、哈萨克斯坦、吉尔吉斯斯坦、塔吉克斯坦、土库曼斯坦、乌兹别克斯坦和乌克兰等国的客户和经销商关系。

KCHM 集团是柳工的官方经销商，提供销售、技术、耗材、零部件供应等各项服务。

9. 现代

GST Oil 有限责任公司是现代品牌工程机械在乌兹别克斯坦的独家经销商和独家服务中心，为农业、采矿业、制造业、电力、燃气、供水、环保等领域提供支持。为提升服务品质，该公司在韩国设有代表处。现代建筑设备的官方经销商网络覆盖塔什干、撒马尔罕、布哈拉、纳曼干和乌兹别克斯坦其他主要城市。

10. 山推

Spets Texnika Tashkent 公司作为山推经销商专门销售建筑机械，包括推土机、挖掘机和平地机，提供技术支持、维修服务和备件销售。

11. 龙工

Texnoplaza Savdo Uyi 公司是龙工在乌兹别克斯坦的官方经销商。

12. 德纳帕克

德纳帕克（乌兹别克斯坦）公司负责德纳帕克道路机械的销售、租赁和维护服务。

乌兹别克斯坦市场上还有一批综合性的工程机械供应链企业：

Promzona.uz 公司成立于 2010 年，是一家工程机械和装备的互联网通用交易平台，主要交易供应农业机械、建筑机械等工程机械产品，包括拖拉机、装载机、打捆机、中耕机、土壤处理机组、前置装载机、平地机、卡车起重机、挖掘机、自动压路机、卡车起重机、自卸车等。

Orient Motors Truck 公司是中国重汽、华菱星马、明斯克、陕汽、三一重工、徐工、柳工、山推、施密茨品牌的官方经销商，提供货运、建筑和工程机械、矿山设备，以及售后保修服务、各种零部件供应服务。

欧亚机械公司是哈萨克斯坦欧亚建筑机械的全资子公司，是日立建机在乌兹别克斯坦和中亚各国的官方经销商，经销代理日立建筑机械、三菱和曼尼通物流机械、奔驰自卸卡车和拖车、特雷克斯矿山机械、马尼托瓦克起重机以及壳牌系列润滑油等。

Yema Group International 有限公司 2008 年开始运营,是乌兹别克斯坦市场上销售专业机械、重型汽车、建筑机械、重型专用机械、公共汽车等机械设备的领先公司之一。

Megavan 是豪沃、中联重科、柳工、厦工、同力重工(TONLY)、中集(CIMC)、中国一汽(FAW)、宏昌天马(SUNHUNK)等世界领先建筑和专用机械制造商在乌兹别克斯坦的官方经销商。公司的产品范围包括前置装载机、推土机、挖掘机、履带式挖掘机、溜冰场机、平地机、卡车、自卸卡车、混凝土搅拌机、自卸拖车和半拖车、采石场自卸卡车、水泥车、起重机、叉车和其他必要的建筑设备。

Ideal Tehno Unit 有限责任公司是乌兹别克斯坦的商用车和工程机械经销商,经销乌兹别克斯坦本土和进口产品,包括斗山、MAMMUT WORLD,中联重科等品牌,同时代理 UZ TRUCK & BUS MOTORS、JV MAN AUTO – UZBEKISTAN、UZAUTOTRAILER、卡玛斯和中国一汽的销售。

阿尔皮库斯公司于 2022 年成为乌兹别克斯坦第一家官方纽荷兰旗下凯斯道路工程机械经销商,公司在销售、维护和维修方面拥有丰富的经验。

Texnoplaza 是 HM Partners 控股公司所属企业,提供广泛的贸易、金融和咨询服务,主要供应中国制造的工程机械。

Alg Sales 有限责任公司是 Heli 集团在乌兹别克斯坦的官方经销商,从事仓储设备的销售和维护保障服务。

附:中国工程机械品牌的跨境生产供应链模式

中国工程机械品牌正在包括乌兹别克斯坦共和国在内的世界许多国家积极发展其生产供应链。中国工程机械品牌在乌兹别克斯坦的生产和销售链是一个基于中国原产商品的生产和随后供应乌兹别克斯坦市场的完整系统,如千里马机械供应链集团公司(SEVALO)。

SEVALO 依托新疆特殊的地缘优势,和山东临工长期商务往来形成的相互信任的合作基础,借鉴千里马哈萨克斯坦子公司成功的运营经验,于 2019 年 8 月 14 日在乌兹别克斯坦塔什干市注册成立千里马工程机械集团公司,注册资本金 150 万美元。公司是 SEVALO 旗下的海外全资企业,也是 SEVALO 充分践行"一带一路"发展、抓住全球化发展历史机遇的具体表现。公司主要经营产品包括山东临工全系列工程机械设备。公司宗旨是通过服务创造价值，促进乌兹别克斯坦国家基础设施建设，实现充分就业，推动当地经济和城市化发展。公司实施多产品线经营，提供差异化产品及服务，为客户提供系统化的解决方案。公司利用现有资源在纳曼干维修厂建立分销点，同时在各地区进行快速复制；利用合伙人的当地政府关系，参与招投标；针对当地维修痛点，提高配件、保修期外满意度，实现用户销售转化。

中国工程机械品牌在乌兹别克斯坦的生产和销售可以使两国受益：

中国工程机械品牌在乌兹别克斯坦的存在有助于当地工业的发展，为当地居民创造了新的就业机会。中国工程机械品牌在乌兹别克斯坦生产有助于技术转移。在与中国工程机械品牌的合作中，乌兹别克斯坦制造商可以掌握先进技术和工程解决方案，从而提高所生产设备的质量和效率。中国工程机械品牌在乌兹别克斯坦市场的存在为消费者提供了更多的选择和竞争，有助于他们获得更实惠的价格和更好的服务质量。

中国工程机械品牌在乌兹别克斯坦的生产和供应链对中国也有好处：

第一，将生产地点设在乌兹别克斯坦使中国工程机械品牌能够扩大销售市场。乌兹别克斯坦是一个有潜力的工程机械市场，中国工程机械品牌在当地生产有助于提高产品的可用性，吸引新客户。

第二，生产地点靠近乌兹别克斯坦消费市场，缩短了交付成品设备的时间，提高了物流效率，降低了中国企业的物流成本，这种紧密的位置提高了中国工程机械品牌在乌兹别克斯坦市场的竞争力。

第三，乌兹别克斯坦供应链的发展有助于加强中国与乌兹别克斯坦的贸易关系。中国工程机械品牌通过就地生产，有机会与当地合作伙伴交流经验和技术，有助于进一步发展合作，加强两国经济联系。

第四，将生产地点设在乌兹别克斯坦，使中国工程机械品牌能够实现生产能力的多样化。它们可以扩大地理位置，降低在一个地点的相关风险。此外，这种部署可以适应当地条件和市场需求，从而提高中国工程机械品牌在乌兹别克斯坦的竞争力。

总体而言，中国工程机械品牌在乌兹别克斯坦建立生产和供应链对两国都有利，有助于经济增长和发展。

三、乌兹别克斯坦职业教育发展与校企合作

乌兹别克斯坦教育体系同样源于苏联模式，有学前教育部、人民教育部（负责初等和普通中等教育）和高等教育部（负责职业教育、高等教育及教育培训等）三个教育主管部门，中小学实行免费教育，即实行 11 年制义务教育，包括 4 年小学教育、5 年初中教育、2 年高中教育或职业教育。有各类学校 10 130 所，在校学生总人数 624.6 万人，教职员工 50.2 万人。

大学基本实行收费教育，有 10%～20% 的大学生可获得国家预算支持，免缴学费。目前，乌兹别克斯坦有 1 470 多所职业院校，在校生近 61.3 万人，教师 5.4 万人；高等院校 96 所，其中，大学 31 所、学院 35 所、科学院 2 所、28 所分校，在校生超过 36 万人，教师 1.85 万人。著名高校有国立塔什干大学、国立塔什干东方学院、世界经济与政治大学、国立塔什干经济大学、塔什干医科大学等。

20 世纪 90 年代中后期，乌兹别克斯坦在国民教育发展愿景、教学机构所有制形式、教育体系结构、高等教育培养模式、招生制度等方面进行了重大改革。自 2016 年年底米尔济约耶夫当选总统后，将教育作为国家优先发展领域，以大开发和国际化为目标，追求人才培养与市场需求的"耦合"发展。①

（一）乌兹别克斯坦职业教育发展概况

乌兹别克斯坦政府认识到提升职业教育质量至关重要，积极对职业教育体系进行改革，以保障其符合就业市场需求。在改革框架下，有关各方制定了职业技术教育新愿景。因此，出现了新型职业教育机构和组织机构。政府还与有关各方进一步磋商，旨在就职业教育共同框架体系、管理和资助、资格和质量保障，以及与劳动市场的联系等方面达成一致意见。

9 年普通基础教育之后是 2～3 年的中等职业教育，由两个级别提供：第一级

---

① 李郁瑜. 乌兹别克斯坦国民教育改革及发展现状分析［J］. 比较教育研究，2020（7）：35－42.

别提供 6 个月至 3 年的基础职业培训；第二级别提供 2 年职业培训，超过 300 个专业可以获得中等专业教育文凭。① 中等专业教育完成之后获得中等教育证书，可继续进入高等教育阶段学习。高等教育由大学和高等教育机构提供。在义务教育体系框架下，所有职业教育机构都受到国家资助。

职业院校在教育系统中发挥着重要作用，提供了中等职业教育的机会。职业院校是学生在技术、医疗、经济、农业、信息技术等不同领域接受专业培训的教育机构。职业院校教育一般为 2~3 年。

职业院校教育的主要优势是面向实践。其课程侧重于知识的实际应用和技能发展，学生不仅有机会获得理论知识，还有机会通过实习、实验室讲习班和实践课获得实践经验，能够将自己的知识付诸实践，提高自己的专业技能。

职业院校还提供广泛的专业选择，使学生能够选择适合他们兴趣和潜力的领域。专业的多样性使学生有机会在特定领域接受专业培训，并在劳动力市场上具有竞争力。

总的来说，乌兹别克斯坦的职业院校为学生提供接受高质量中等职业教育的机会，为学生提供广泛的就业和职业前景，使毕业生能够在不同的行业工作。

2014—2019 年，乌兹别克斯坦政府投入巨资建设新学院和中学，因此，中学高年级学生数量增长了 2 倍多。② 此外，在每个区拟建一个示范性职业学校、职业学院和中等技术学校。③

自 2020 年起，乌兹别克斯坦开始实施新的职业教育体系，包括初等职业教育、中等职业教育。中等职业教育，分别在职业学校、职业学院和中等技术学校实施培养工作。职业学校面向 9 年级毕业生，学习普通教育和专业学科的综合课程，接受全日制教育，学制两年。职业学院面向具有普通中等教育毕业生，实施全日制、夜校和函授教育培养模式。中等技术学校由大学负责管理运行，毕业生可以直接进入大学二年级学习，但该政策从 2023 年起取消。

---

① International Institute for Educational Planning. Educational finance in Central Asia and Mongolia. Educational Forum Series gj. 7. Paris，IIEP – UNESCO，1996。

② Ким Андерсон，Э. Гинтинг и К. Танигучи. Узбекистан. Создание качественных рабочих мест как основа устойчивого экономического развития. Диагностическое исследование. АБР. Май，2020。

③ http：//www. uzdaily. uz/en/post/56546。

职业学校、职业学院和中等技术学校数量的变化表明，中等技术学校数量增加，职业学校和职业学院数量减少。与 2020/2021 学年相比，2022/2023 学年职业学校数量减少了 2 所，职业学院减少了 23 所，中等技术学校增加了 20 所（见图 4-7）。

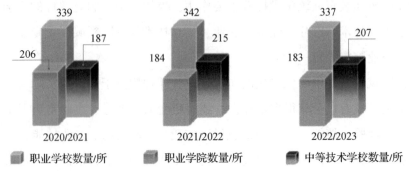

图 4-7　2020—2023 职业学校、职业学院和中等技术学校数量

从 2020/2021 学年到 2022/2023 学年，职业学校的人数增加了 1.3 倍，中等技术学校增加了 1.2 倍，职业学院增加了 67.4%（见图 4-8）。

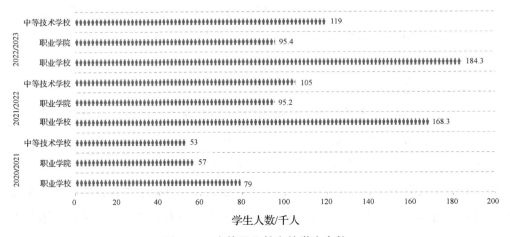

图 4-8　中等职业教育的学生人数

在 2022/2023 学年开始时，职业学院共有 3 955 名教师（非兼职），与 2021 年（3 873 人）相比增长了 2.1%。

尽管乌兹别克斯坦职业教育取得了可喜的成就，尤其是教育基础设施硬件方面，但是，教育质量和管理水平仍然需要进一步提高。例如，对企业家进行的社会学调查显示，18.2%的受访者对国内高等和中等专业机构毕业生在经济专业的培训水平完全满意，18.6%的受访者对工科专业的培训水平满意，17%的受访者对法律教育的培训水平满意，28.9%的受访者对信息技术的培训水平满意。200多个企业需求表明，尽管80%的企业对大学毕业生能力满意，但只有不超过60%的企业对职业教育毕业生的能力满意。未来乌兹别克斯坦将采取有力措施，积极解决上述问题，为职业教育创造新的发展机会。

（二）乌兹别克斯坦职业教育的改革与发展：现实问题与发展趋势

乌兹别克斯坦独立以来经济发展较为稳定，近年来GDP增速维持在8%左右，为职业教育发展创造了良好的条件。该国拥有广泛的职业教育机构网络，这些机构提供各种各样的学习计划，涵盖广泛的专业领域，包括建筑、机械工程、信息技术、医疗、旅游、酒店等。近年来，职业教育基础设施的发展受到了高度重视，新的教育机构正在建设中，现有的实验室和教室正在重建和使之现代化，这有助于为学生创造舒适的环境，并确保高质量的学习。

2019年9月6日，乌兹别克斯坦总统签署文件《关于进一步完善职业教育体系的补充措施》，根据该文件中提出的目标，乌兹别克斯坦正在采取措施改善国家的职业教育和培训制度。

为了在国外先进经验的基础上改进职业教育制度，通过引进初等教育、普通中等教育、中等职业教育和职业教育，为劳动力市场培养合格和有竞争力的人才，并使企业广泛参与这一进程。从2020/2021学年开始，乌兹别克斯坦建立了一个教育机构网络，在其活动中引入了新的初等、普通中等、中等职业和职业教育体系，以及符合国际教育标准分类（ISCO）水平的差异化教育课程（MCKO）。

总的来说，乌兹别克斯坦职业教育改革的一个重要方向是根据劳动力市场的趋势要求实施职业教育，另一个重要方向是发展学生的实践培训，教育机构与企业和组织合作，让学生获得工作经验，了解他们未来职业的实际方面。

为实现这些目标，政府采取了以下具体步骤：

第一，对劳动力市场需求进行了广泛的全面分析，以确定所需的职业和专业。根据所获得的数据，开发了新的学习计划，以满足现代要求，并为学生提供最新的知识和技能。

第二，对教学大纲和教学方法进行了现代化改造。采用新的技术和教学方法，包括使用电子资源和互动平台，有助于学生更有效地吸收材料；重点放在培养学生的批判性思维、沟通和专业技能方面。

第三，加强了教育机构与企业之间的联系，为学生提供高质量的实践培训。制订实习计划，让学生在他们的专业领域获得真正的工作经验，并将理论知识应用到实践中。

此外，还建立了创新中心或创新实验室，学生可以在那里开发和应用新技术，研究当前的问题，并找到创新的解决方案。

职业教育改革还有一个重点工作是发展教育机构的质量评估和认证制度，对课程、师资和教学质量进行监测和评估，以确保高水平的职业教育质量。

国家改革还包括教育机构的管理。引入现代管理制度，提高教育机构的自主性和责任感，有助于职业教育系统更有效地发挥作用。

2022年，乌兹别克斯坦总统宣布推进职业教育改革，计划引入一种新的制度，使职业教育适应现代要求。为此，45所职业学院将转入劳动就业保障部系统，取而代之的是"Isha Markhamat"就业中心。总统说："最重要的是，职业学院和中等技术学校的专业不符合企业的需求，因此，他们不得不重新培训他们雇用的年轻人。"

首先，有必要在新方法的基础上组织职业教育。以安格伦市为例，2022年有3 800名年轻人进入劳动力市场，535家企业有1 915个工作岗位空缺，由于新的投资项目，2022年还需要2 000多名中级专家。这将使6 000名居民接受职业教育，并在他们的居住地找到工作。

总统还批评了负责青年职业指导的心理学家的工作，并指示国民教育部对他们进行再培训或淘汰那些不符合要求的人。

此外，对7~11年级学生进行专业诊断。在各类职业院校的空置空间里设立了企业生产车间，学生在实习时可以领取月薪。

高等教育部被要求将一些专业方向从大学转移到中等技术学校。从2023年1月1日起，拥有学位的中等技术学校教师的工资将与大学教师的工资相同。

总统说："总的来说，对中等技术学校的态度必须改变。这不应该是进入大学的简单方式，而是一个提供复杂职业的系统，在劳动力市场上具有竞争力。"因此，从 2023 年起，将取消不通过考试从中等技术学校上大学的机制。

财政部被要求从新学年开始为中等技术学校和职业学院的学生提供优惠的教育贷款。政府还将增加对大学和中等技术学校教育的拨款以及对贫困家庭的补贴。

高等教育部的任务是在 2 个月内审核 207 所中等技术学校，关闭 70 所效率低下的学校。

总而言之，乌兹别克斯坦职业教育领域的国家政策和改革旨在建立一个强大和有竞争力的职业教育体系，不仅致力于为学生提供广泛的专业选择和高质量的培训，而且将教育与劳动力市场的实际需求联系起来。

（三）企业与教育机构的合作：问题及其解决措施

在乌兹别克斯坦，双元制教育是符合现代劳动力市场需要的人才培训体系的重要组成部分，教育机构积极与企业和组织合作，为学生提供在现实的专业环境中获得实践技能和工作经验的机会。学生花一定的时间在企业里，在经验丰富的专家指导下完成实际任务，参与项目，获得宝贵的经验。

乌兹别克斯坦的双元制教育有许多优点，但也面临一些挑战，为此乌兹别克斯坦采取了以下措施：

（1）建立伙伴关系：举办论坛、会议、展览和博览会等特别活动，促进学术界和企业代表之间的会议和经验交流。这些活动有助于建立伙伴关系和协作网络。

（2）发展培训方案：为主要教育机构的教师组织了专门的培训方案，使他们能够获得与劳动力市场需求相关的最新知识和技能。这有助于教师在他们所教授的领域更加胜任。

（3）定期审查和分析劳动力市场的需求：进行研究和审查，以确定劳动力市场的当前需求。这使教育机构能够调整其课程，以满足企业的需要和期望。

（4）企业参与制定课程和方案：教育机构让企业参与制定课程和方案。这使教育机构能够更灵活地应对劳动力市场不断变化的需求，并确保教育的相关性。

(5) 建立反馈机制：在学校和企业之间建立反馈机制。这使企业能够表达自己的需求和要求，并使教育机构能够获得关于学生培训质量和培训方案有效性的反馈。这种反馈机制可包括问卷调查、焦点小组、协商和相互讨论。

(6) 联合研究项目的形成：教育机构和企业可以通过联合研究项目进行合作，以开发创新，解决热点问题，提高竞争力。这促进了教育机构和企业之间知识和经验的交流，并促进了科学研究的发展。

(7) 财政支持和奖学金：为参加双元制教育项目的学生提供财政鼓励和奖学金。这可以成为学生选择这种教育形式的动机，也可以在学习期间在经济上帮助他们。

这些措施和决定旨在加强乌兹别克斯坦企业与教育机构在双元制教育框架内的合作，有助于开发人力资源潜力，提高教育质量，并使学生的培训符合劳动力市场的要求。

(四) 工程机械产业人力资源的供需情况

乌兹别克斯坦工程机械产业对人力资源的需求不断增长。

首先，近年来，乌兹别克斯坦积极发展基础设施、道路建设、住房设施和工业企业，因此，对挖掘机、推土机、装载机等工程机械的需求增加，自然需要操作这些机械的技术人员。

其次，乌兹别克斯坦拥有丰富的自然资源，包括石油、天然气、黄金和其他矿产，采矿业的发展需要使用钻机、采矿和地质等专业技术，因此，相关专业人员的需求也在增长。

再次，乌兹别克斯坦还积极发展农业。该国以棉花种植、水果和蔬菜以及谷物而闻名。农业部门的现代化需要使用现代农业设备，如拖拉机、联合收割机、灌溉系统和其他农业机械，这增加了对能够有效维护和修理此类设备的合格专业人员的需求。

为了满足工程机械产业对人力资源日益增长的需求，乌兹别克斯坦实施了各种教育和培训方案。高等教育机构和职业教育机构提供专业课程和各种工程机械培训方案；政府通过提供助学金和职业教育补助金，促进专业人员的培训和再培训。这有助于提高劳动力的技能，并建立一个能够有效管理和维护工程机械的专业人才库。

此外，从事工程机械销售和服务的公司与教育机构积极合作，为学生提供在企业实习的机会，这有助于学生掌握技术技能，将来更好地就业。

随着工程机械产业对人力资源需求的增长，也出现了一些问题，特别是教师缺乏现代技术方面的经验或专业培训机构不足。这需要政府和企业进一步努力，确保专业培训的发展。

乌兹别克斯坦在推动校企合作培养专业技术人才过程中，有多种形式的典型案例。

安集延州阿萨卡汽车建筑职业学院与乌兹别克斯坦通用阿萨卡汽车厂签署了校企合作协议，提升了毕业生的培养质量，促进了毕业生在该企业就业。

2023年5月，乌兹别克斯坦高等教育、科学和创新部与俄罗斯卡玛斯集团签署协议，在乌兹别克斯坦的职业学院和技术学校实施企业的职业教育培养计划，毕业生可以在俄罗斯企业中工作。目前，在鞑靼斯坦卡玛斯公司中，900名乌兹别克斯坦人接受培训，1 800名乌兹别克斯坦人在工作。卡玛斯公司对油漆工、钳工、焊工、司机和电工等人员的需求量很大，公司有兴趣在这些领域与乌兹别克斯坦青年就业部合作。

卡特彼勒官方经销商齐柏林乌兹别克斯坦公司将大量资源用于支持教育项目，主要有三个方面：建设工作实验室；卡特彼勒和齐柏林乌兹别克斯坦公司专家举办教育讲座；转让设备模拟器，以培养员工在高端设备上工作的技能。

齐柏林乌兹别克斯坦公司在卡特彼勒的支持下举办了两次教育讲座，作为两家公司合作的一部分。两次讲座分别在2022年10月24日和26日在莫斯科矿业大学阿拉木图分校和纳沃伊国立矿业技术大学举行，卡特彼勒代表丹尼斯·卢卡辛参加了讲座。讨论的主题包括"自卸车动力传动"和"卡特彼勒走向可持续环境未来的道路"。"对于齐柏林乌兹别克斯坦公司来说，经营和社会活动是不可分割的。我们不仅将自己视为建筑、采矿、石油和天然气、能源和农业领域的全面系统解决方案供应商，还将自己视为校企合作共享社区的正式成员。"齐柏林中亚机械有限公司首席执行官Mikhail Concevenko说，"我们的教育项目不仅是实践经验的交流和对行业发展的贡献，也是与年轻专业人士交流并从新的角度看待未来采矿业的机会。"

乌兹别克斯坦纺织工业协会设计了一个"支持乌兹别克斯坦职业教育体系改革和现代化进程"教育项目，在轻工业部门解决在职业教育中利益攸关方合作的问题。基于双元制培养模式，每周学生将在学校学习2天，在企业实践4天。德国国际合作协会、乌兹别克斯坦纺织工业协会和乌兹别克斯坦高等和中等专业教育部合作实施。

在卡什卡达里亚州、花拉子模州、塔什干市和卡拉卡尔帕克斯坦共和国选定了4所职业学院实施该项目。同时充分考虑企业利益攸关方对员工的战略和组织能力的需求，计划组织专门课程和其他活动，培训和提高职业学院教职工的技能。

该项目的目标是在德国经验的基础上，在该国引入职业教育的双元制模式。没有企业家和企业的参与和支持，双元制的实施是不可能的。

这些例子表明，教育机构和企业都在寻求建立互利的伙伴关系，在国家一级需要加强职业教育机构与劳动力市场企业之间的伙伴关系。针对校企合作的一些建议如下：

（1）在国家一级建立机制，使有前途和成功的企业有权向学生推荐研究生论文的主题，并推荐学科。

（2）定期研究和预测企业的需求和高等教育机构的劳动力市场趋势，并有权进一步修改课程。

（3）在高校和职业学院的课程中引入新的教学技术和教学方法，教学生自学和学习创新的能力。

（4）在心理学家和劳动力市场专家的帮助下，为中学（职业学院和高中）的最后课程提供职业指导。

（5）在每一所高校设立毕业生分配部门，其主要任务是通过劳动力市场和企业建立联系，根据所获得的专业安置毕业生。

（6）为积极参与培训过程的企业提供税收优惠，鼓励其投资高校和职业学院的技术更新，并通过立法规定大型成功企业必须参与与专业大学的合作。

总之，乌兹别克斯坦的校企合作关系正在逐步建立，但并不普及，为此国家应该提供协调和监管支持。

第五章
吉尔吉斯斯坦工程机械产业生态与校企合作发展

一、吉尔吉斯斯坦社会经济发展概况

吉尔吉斯斯坦位于中亚东北部,属内陆国家,北部与哈萨克斯坦毗邻,南部与塔吉克斯坦相连,西南部与乌兹别克斯坦交界,东部和东南部与中国接壤,边界线全长4 170千米,其中与中国的共同边界线长1 096千米,国土面积19.99万平方千米。

关于吉尔吉斯斯坦,公元前3世纪已有文字记载。6—13世纪曾建立吉尔吉斯汗国。16世纪被迫从叶尼塞河上游迁居至现居住地。1876年被沙俄吞并。1917年11月至1918年6月建立苏维埃政权。1924年10月14日成立卡拉吉尔吉斯自治州。1936年12月5日成立吉尔吉斯苏维埃社会主义共和国,加入苏联。1991年8月31日,吉尔吉斯最高苏维埃通过国家独立宣言,正式宣布独立,改国名为吉尔吉斯共和国,同年12月21日加入独联体。

吉尔吉斯斯坦境内多山,矿产资源较为丰富,拥有一些世界级的大型矿床,如库姆托尔金矿、哈伊达尔干汞矿、卡达姆詹锑矿等,境内已探明储量的优势矿产有金、钨、锡、汞、锑、铁,目前仅有部分矿产资源得到工业开发。此外,由于境内河流湖泊众多,吉尔吉斯斯坦的水资源极为丰富,潜在的水电蕴藏量达1 425亿千瓦,在独联体成员国中仅次于俄罗斯和塔吉克斯坦。另外,吉尔吉斯斯坦境内还发现约70处煤矿床和矿点,国家储量表上显示的储量为13.45亿吨。随着近年来吉尔吉斯斯坦国内经济发展日益稳定,采煤量也渐趋上升,逐渐成为拉动本国经济发展的重要资源。

(一) 人口、城市化与基础设施

据统计，截至 2022 年年底，吉尔吉斯斯坦人口为 6 799 321，当年出生人口为 181 240，死亡人口为 43 003，人口自然增长率为 1.67%，人口密度为每平方千米 34 人。吉尔吉斯斯坦是一个多民族国家，全国有 84 个民族，其中吉尔吉斯族占 74%、乌兹别克族占 15.4%、俄罗斯族占 5%、东干族占 1.1%、维吾尔族占 0.9%、塔吉克族占 0.9%、土耳其族占 0.7%、哈萨克族占 0.5%。伊斯兰教人口占 88%，多数属逊尼派，基督教人口占 11.5%。

吉尔吉斯斯坦全民受教育程度较高，男性和女性的识字率分别为 99.69% 和 99.81%，总人口识字率为 99.75%，劳动力质量较好。官方登记失业率不高，但由于吉尔吉斯斯坦是农业国家，本国工作机会少、工资低，形成大量的劳务移民，每年在境外谋生的吉尔吉斯斯坦公民有 70 万人以上。2022 年吉尔吉斯斯坦移民人口净逆差为 26 751，大量公民在俄罗斯和哈萨克斯坦务工。

2022 年吉尔吉斯斯坦人口性别年龄分布见图 5-1。

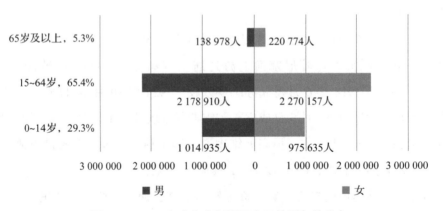

图 5-1　2022 年吉尔吉斯斯坦人口性别年龄分布

吉尔吉斯斯坦的年龄金字塔是递进型或增长型的，其人口特点是预期寿命相对较短，人口自然增长率较高。吉尔吉斯斯坦的人口年龄分布表明，该国社会负担相对较高，总人口负担系数为 52.8%，但低于邻国塔吉克斯坦。潜在替代率（儿童负担率）是指工作年龄以下人口与工作年龄人口的比率，吉尔吉斯斯坦的潜在替代率为 44.7%。养老负担率是按工作年龄以上人口与工作年龄人口的比率计算的，吉尔吉斯斯坦的养老负担率为 8.1%，高于邻国塔吉克斯坦。这意味着吉尔吉斯斯坦需要增加教育机构建设、社会保障、医疗保健、养老金支付等方面的成本。

吉尔吉斯斯坦的城市化水平不高，约 35% 的人口生活在城市，并且区域发展不平衡。虽然城市化程度较低，但城市人口的实际增长率高于全国水平，城市人口增长来源于国内的人口流动。大城市周边的城市人口增长更显著，比什凯克市和奥什市及其周边城市已经占到全国城市人口的 60% 以上，而这些周边城市贾拉拉巴德、卡拉科尔、托克莫克和乌兹根等，约占吉尔吉斯斯坦城市总人口的 25%。其余的城市人口集中在 19 个小城镇，仅占全国城市人口的 15%。吉尔吉斯斯坦城市发展的不平衡既降低了其他地区的经济发展潜力，又破坏了环境，农业用地减少，碳排放量增加。人口集中导致公共服务供给跟不上需求增加，面对气候变化造成的极端天气条件，易受自然灾害影响的风险也在增加。吉尔吉斯斯坦的贫困率很高，但城市的贫困率要显著低于农村的贫困率。

从基本公共服务（水、电、暖、卫生和电信以及教育）供给来看，教育与就业之间以及就业与贫困之间存在着正相关。城市地区提供了更多的高等教育机会，并随后扩大了就业机会。由此可见，政府加强公共服务供给和基础设施建设有利于降低贫困率。

2019 年，吉尔吉斯斯坦政府启动"清洁"计划，进行道路建设和维修，修缮了 1 600 多千米、新建了 400 多千米的道路。此外，吉尔吉斯斯坦正在建设铁路，包括连接吉尔吉斯斯坦和乌兹别克斯坦的锡尔河国际铁路桥。

吉尔吉斯斯坦也在积极发展能源领域的项目。筹划多年的卡姆巴尔阿塔 1 号水电站于 2019 年启动，成为中亚最大的水电站，后续还要建设卡姆巴尔阿塔 2 号和 3 号水电站。

吉尔吉斯斯坦积极在本国境内建设大型国际物流中心，为中亚国家和中国提供物流服务，使吉尔吉斯斯坦成为亚洲和欧洲之间重要的过境点。

在交通基础设施建设方面，中国参与承建了"奥什—伊斯法纳"和"比什凯克—巴雷克奇"公路建设项目。

当前，吉尔吉斯斯坦积极响应参与"丝绸之路经济"项目的建设，力图促进与中国的经贸往来、基础设施互联互通。两国在"中—吉"天然气管线、吉尔吉斯斯坦国内的"北—南"公路、比什凯克热电站及炼油厂等项目进行密切合作。2020年，中国在吉尔吉斯斯坦新签承包工程合同20份，新签合同额1.53亿美元，完成营业额1.38亿美元[①]。

2011年，中国新疆特变电工股份有限公司帮助吉尔吉斯斯坦南部电网改造项目500千伏变电站成功建设。2012年，在中吉两国最大的能源合作项目——吉尔吉斯斯坦南北输变电通道工程"达特卡—克明"50万伏输变电工程中，中国的华为公司为吉尔吉斯斯坦提供98%以上的通信产品。2016年11月2日，中铁五局承建的中国援吉尔吉斯斯坦灌溉系统改造项目开始实施，这是在中吉两国政府间援助协议框架下开展并实施的"一带一路"务实合作项目，也是中国政府在吉尔吉斯斯坦援建的第一个农业领域项目，不仅惠及吉尔吉斯斯坦未来的农业发展，也将为其国民创造约400个就业岗位。

（二）宏观经济：GDP和通货膨胀

苏联时期，吉尔吉斯斯坦的经济基础就十分薄弱，是当时苏联最落后的加盟共和国之一。苏联解体后，失去支持的吉尔吉斯斯坦经济陷入困境，工农业生产大幅下降，人民生活水平急剧下降。独立后的吉尔吉斯斯坦政府为了摆脱困境，开始实施经济私有化改革，于1998年加入世界贸易组织。政府的宏观调控政策和大量外资引入使吉尔吉斯斯坦的经济稍有好转。2002年吉尔吉斯斯坦的GDP仅为16.06亿美元，2012年则增长至64.2亿美元，之后缓慢增长。2015年，吉尔吉斯斯坦的GDP增长倒退，但是2015年欧亚经济联盟成立后，作为联盟成员国的吉尔吉斯斯坦经济开始出现稳定向好的趋势。

据吉尔吉斯斯坦统计局统计，2021年吉尔吉斯斯坦GDP为7 231.22亿索姆（约合85.44亿美元，2021年全年平均汇率为1美元兑换84.64索姆），GDP达到历史新高，同比增长3.6%（见表5-1）。但吉尔吉斯斯坦与中亚其他国家相比，经济总量较小，加之能源匮乏，2021年人均GDP仅为哈萨克斯坦的

---

① 数据来源于2020年度中国对外承包工程统计公报，http://images.mofcom.gov.cn/hzs/202110/20211013103551781.pdf（访问日期：2022年8月20日）。

13.5%。2021年，农业占吉尔吉斯斯坦GDP的比重为14.7%，工业占18.4%，服务业占45.2%（见表5-2）；农业产值下降5.0%，工业产值增长9.0%，建筑业产值下降4.8%，服务业产值增长10.2%。

表5-1 2016—2021年吉尔吉斯斯坦宏观经济指标

年份	GDP/亿美元	增长率/%	人均GDP/美元
2016	65.5	3.8	1 134
2017	71.6	4.5	1 042
2018	80.93	3.5	1 267
2019	84.55	4.5	1 300
2020	77.35	-8.6	1 167
2021	85.44	3.6	1 266

资料来源：吉尔吉斯斯坦统计局。

表5-2 2017—2021年吉尔吉斯斯坦各产业增加值占GDP比重

单位：%

年份	农业	工业	服务业
2017	12.9	18.5	48.7
2018	11.7	18.6	46.8
2019	12.1	17.9	46.9
2020	13.5	21.1	46.3
2021	14.7	18.4	45.2

资料来源：吉尔吉斯斯坦统计局。

2021年年底开始，世界各国经济逐渐复苏，由于俄罗斯在乌克兰的特别军事行动以及随后美国和西方国家对俄罗斯实施的一揽子制裁，吉尔吉斯斯坦经济出乎意料地面临新的挑战。

由于能源价格上涨，许多国家的货币相对于世界主要储备货币波动很大，商品、设备和原材料供应链中断。地缘政治不稳定的加剧导致全球经济进一步不稳定，并从长远来看导致全球贸易、投资和金融网络的分裂，全球经济正在进入一个类似于20世纪70年代的停滞期。

在此背景下,吉尔吉斯斯坦的经济表现稳定,保持了正增长趋势。根据吉尔吉斯斯坦统计局的初步估计,2022年GDP为9 194亿索姆,实际增长率为7.0%。其中,农业增长7.3%,建筑业增长8.0%,服务业增长4.8%,工业增长12.2%。

2022年吉尔吉斯斯坦的通货膨胀率继续保持较高水平(见图5-2),其中消费者物价指数达到了14.7%,食品和非酒精饮料价格上涨了15.8%,而酒精饮料、烟草制品价格上涨24.4%,服务价格上涨9.1%。食品和非酒精饮料价格上涨对民众生活影响很大,其中鱼价格大幅上涨32.5%,砂糖价格上涨30.5%,面粉价格上涨27.8%,其他奶制品价格上涨26.8%,面食和其他谷物价格上涨25.5%,糕点价格上涨22.6%,黄油价格上涨22.3%,干果和坚果价格上涨20.6%,大米价格上涨19.7%,猪肉价格上涨19.3%,面包价格上涨17.4%,软饮料价格上涨16.1%,牛肉价格上涨12.2%,荞麦粒价格上涨12.1%,羊肉价格上涨11.7%。

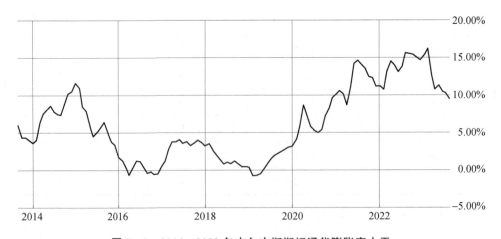

图5-2 2014—2022年吉尔吉斯斯坦通货膨胀率水平

价格上涨的原因如下:全球粮食价格大幅上涨,全球供应链不稳,国际能源价格上涨,地缘政治局势动荡,主要邻国通货膨胀加速,民众对通货膨胀的预期提高。更主要的原因是吉尔吉斯斯坦国内商品供应几乎全部依赖进口,这意味着价格深受世界市场和国际汇率的影响。

为了确保粮食安全和稳定国内基本食品市场的价格,吉尔吉斯斯坦政府采取了以下措施:2022年5月20日,反垄断机构要求国内食糖生产商Kainda Kant保证国内食糖供应。吉尔吉斯斯坦政府决定在6个月内禁止出口某些类型的农产品,如小麦、面粉、植物油、砂糖。根据吉尔吉斯斯坦政府2022年3月11日第137号决议,对境内砂糖、植物油和饲料(大麦、稻草)的供应和进口免征增值税。

(三)产业结构

独立前的1990年,吉尔吉斯斯坦的产业结构呈现二、一、三序列,第二产业、第一产业和第三产业分别占35.76%、34.24%和29.99%。独立后,苏联原有的产业分工联系中断,吉尔吉斯斯坦工业发展水平大幅下降。1996年,工业产值已经降至GDP的18.29%。而后虽有所上升,但是由于本国经济发展模式并未出现明显变化,再加上自身工业结构单一,主要以采矿业为主,技术设备和资本投入严重落后,工业发展始终没有对国民经济发展起到主要作用。

目前,吉尔吉斯斯坦第三产业的比重明显高于第二和第一产业。在最近10多年中,吉尔吉斯斯坦的产业结构并未发生明显变动,其产业结构基本呈现三、二、一序列,第一产业基本维持在本国GDP的15%左右,第二产业在25%~30%,第三产业则在50%左右。2021年,第一产业占GDP的15%,第二产业占27%,第三产业则占48%(见表5-3)。

表5-3 2012—2021年吉尔吉斯斯坦各产业增加值占GDP比重情况

单位:%

年份	各产业增加值占GDP比重		
	第一产业	第二产业	第三产业
2012	17	22	51
2013	15	25	50
2014	15	24	51
2015	14	25	52

续表

年份	各产业增加值占 GDP 比重		
	第一产业	第二产业	第三产业
2016	13	27	50
2017	13	27	49
2018	12	27	47
2019	12	28	47
2020	14	29	46
2021	15	27	48

资料来源：根据世界银行相关数据整理得出，https://databank.worldbank.org/reports.aspx?source=2&series=NY.GDP.MKTP.CD&country（访问时间：2022年8月15日）。

农业在吉尔吉斯斯坦国民经济中占据着基础性的地位。农业产值占吉尔吉斯斯坦 GDP 的比重较大，其中又以农产品种植和畜牧业为主。吉尔吉斯斯坦境内土地肥沃，适宜农作物的生长，农民主要种植玉米、小麦、大豆、水稻等作物，同时也擅长饲养家禽和家畜。虽然农业对吉尔吉斯斯坦的经济发展和农村居民的生活有着重要的意义，但是由于自身土地资源的有限性和生产技术的落后性，农业出现明显的后劲不足，在国民经济中的地位并不是十分突出，农业发展不能完全满足国内消费市场。吉尔吉斯斯坦高度重视农业发展，重点加强农业基础设施，如供水和电气化，带来对工程机械和农业机械的持续需求。

吉尔吉斯斯坦政府采取措施提升农机装备水平，更新生产资料，扩大技术服务，强化基础设施。政府推动发展农业机械租赁业务，扩大农业机械供给。2016—2022年，吉尔吉斯斯坦在全国各地建立了125个农业机械站，其中50个是国有站，75个是私人站，共有约1 500台农业机械。

2022年，吉尔吉斯斯坦政府拨付10亿索姆预算用于农业水利基础设施的修建和修缮，包括116.1千米运河的维修、26.1千米运河的混凝土化、716.7千米运河的机械化清理，以及535个水利设施、304个水文站、103个泵站的修缮，提高农业发展的抗风险水平。

吉尔吉斯斯坦的工业中采矿业、制造业和建筑业占据了主导地位。采矿业是吉尔吉斯斯坦的支柱产业，以黄金、铜、锌的开采为主。轻工制造业比重更高，主要包括纺织、造纸、牛奶、果汁、烟草等行业，大部分产品出口到俄罗斯和哈萨克斯坦等欧亚经济联盟国家。金属加工、机械制造和电子产品制造行业比重不高。建材行业发展较快，部分依赖国外市场。吉尔吉斯斯坦拥有丰富的水电资源，由于资金不足、设备老化，水电行业应有的优势并没有发挥出来。水电行业由于投资规模大，回收周期长，引进外资难度大，短期内很难有根本性的改观。

2021年，吉尔吉斯斯坦工业产值为42.2亿美元，同比增长9%。其中，采矿业产值为3.88亿美元，同比增长83.0%；加工业产值为32.94亿美元，同比增长6.3%；供电供气供热产值为4.91亿美元，同比增长10.7%；供水及废料加工产值为4 840万美元，同比增长31.0%。

第三产业在吉尔吉斯斯坦的经济增长中发挥着重要作用，也是该国独立后始终保持增长的行业，为国家发展贡献了几乎50%的增量，成为吉尔吉斯斯坦经济增长的重要基础。服务业是吉尔吉斯斯坦经济发展的重要支柱，其中，零售商业、餐饮业、酒店旅游业、交通运输业和金融业是吉尔吉斯斯坦服务业的主要组成部分。近年来，吉尔吉斯斯坦不断扩大服务业的规模，促进国内市场的繁荣和消费者信心的增强。

（四）对外开放

近10多年来，吉尔吉斯斯坦一直保持较高的外贸依存度。据吉尔吉斯斯坦官方统计，其货物出口总额连续6年维持在GDP的40%左右（高峰年份为43%，最低年份为27%）。

受新冠疫情影响，2020年吉尔吉斯斯坦对外贸易额出现较大幅度的下降，其中与中国的贸易下降幅度最大。2019年，中国是吉尔吉斯斯坦最大的贸易伙伴国，当年中吉双边贸易额为18.15亿美元，占吉尔吉斯斯坦外贸额的26.0%；其次是俄罗斯，俄吉贸易额为16.33亿美元，占吉尔吉斯斯坦外贸额的23.4%。但是2020年由于新冠疫情的突然暴发，中国减少了从国外进口商品的数额，中吉贸易额下降。

从进出口贸易结构看，吉尔吉斯斯坦目前以矿业为经济支柱，能源短缺、加工业落后导致吉尔吉斯斯坦以矿产出口为主、以能源和工业制成品进口为主的外贸结构在中短期内难以发生显著改变。出口产品主要为贵金属、农产品等，进口产品主要有机械设备、化工产品、石油产品、天然气、轻工纺织品等。

根据吉尔吉斯斯坦统计局公布的数据，2021年吉尔吉斯斯坦外贸货物进出口总额为72.29亿美元，同比增长27.97%。其中，出口额为16.59亿美元，同比下降18.44%；进口额为55.70亿美元，同比增长51.19%；对外贸易逆差从2020年的17.19亿美元增至39.11亿美元。

2021年，吉尔吉斯斯坦主要贸易伙伴为俄罗斯、中国、哈萨克斯坦、乌兹别克斯坦、英国等（见表5-4）。2021年，吉尔吉斯斯坦主要进口来源国为俄罗斯、中国、哈萨克斯坦、土耳其、乌兹别克斯坦；最大进口来源国为俄罗斯，进口额为18.73亿美元，占进口总额的33.6%；主要出口对象国为俄罗斯、哈萨克斯坦、英国、乌兹别克斯坦、土耳其、中国；最大出口对象国为俄罗斯，出口额为4.13亿美元，占出口总额的24.9%。吉尔吉斯斯坦黄金出口额为3.08亿美元，对英国黄金出口额为2.34亿美元，居黄金出口首位；对俄罗斯出口以服装为主，出口额为6 820万美元；对哈萨克斯坦出口以矿石及贵金属精矿砂为主，出口额为1.28亿美元；对土耳其出口以棉花、水果及坚果为主，出口额分别为3 100万美元、2 520万美元。

表5-4　2021年吉尔吉斯斯坦五大货物贸易伙伴

排名	国家	贸易额/亿美元	占比/%
1	俄罗斯	22.85	31.6
2	中国	15.28	21.1
3	哈萨克斯坦	10.60	14.7
4	乌兹别克斯坦	4.97	6.9
5	英国	2.45	3.4

2021年，吉尔吉斯斯坦主要出口商品有黄金、矿石及贵金属精矿砂、脱水豆类蔬菜、服装及其辅料、牛奶及奶制品、塑料及其制品、水果及坚果、废铜

等,其中,黄金是吉尔吉斯斯坦主要出口商品,在对外出口总额中占比18.57%。

2021年,吉尔吉斯斯坦主要进口商品有医药制品、黑金属制品、塑料及其制品、服装及其辅料、鞋、水果坚果、废铜、玻璃、棉花等。

根据吉尔吉斯斯坦统计局的初步数据,2022年吉尔吉斯斯坦对外贸易总额为118.158亿美元,同比增长41.8%(见表5-5);其中,出口22.87亿美元,进口96.29亿美元,出口占比18.5%,进口占比81.5%。2022年贸易逆差为74.42亿美元,而2021年同期为39.11亿美元。进出口贸易总额中,与欧亚经济联盟成员国贸易占比38.4%,其中出口占比65.8%,进口占比32.1%。

表5-5 2018—2022年吉尔吉斯斯坦的对外贸易情况

单位:亿美元

年份	2018	2019	2020	2021	2022
对外贸易总额	71.29	69.75	56.92	72.29	118.16
出口额	18.37	19.86	19.73	16.59	22.87
进口额	52.92	49.89	37.19	55.70	96.29

资料来源:2018—2020年数据来自 Статистический ежегодник Кыргызской Республики 2016-2020. Национальный статистический комитет Кыргызской Республики. С. 336;2021年数据来自独联体国家事务委员会网站:В 2021 году объем внешней торговли Кыргызстана составил 7,2 млрд долларов. https://e-cis.info/news/567/98174/?ysclid=l8ld0lzx62532271923Сельское хозяйство。

吉尔吉斯斯坦统计局的数据显示,2021年,吉尔吉斯斯坦吸收外资流量为3.19亿美元;截至2021年年末,吉尔吉斯斯坦吸收外资存量为45.29亿美元。另据联合国贸易发展会议《2022年世界投资报告》统计数据,2021年吉尔吉斯斯坦吸收外国直接投资2.48亿美元,截至2021年年末,吉尔吉斯斯坦吸收外国直接投资存量为42.33亿美元(见表5-6)。

表 5-6　2017—2021 年吉尔吉斯斯坦吸收外国直接投资情况

单位：亿美元

年份	外国直接投资	外国直接投资存量
2017	6.16	
2018	-1.07	
2019	1.44	
2020	-4.02	
2021	2.48	42.33

1992 年，中国和吉尔吉斯斯坦建交。作为上海合作组织成员国之一的吉尔吉斯斯坦，是中亚国家第一个加入世界贸易组织的国家。中、吉两国自建交起，双边贸易基本保持稳定增长态势，特别是近几年增速明显。

据中国海关统计，1992 年双边贸易额仅为 3 549 万美元。2008 年，双边贸易额达到 93.3 亿美元。2021 年双贸易额为 75.57 亿美元，同比增长 160.6%；其中，中方出口 74.77 亿美元，同比增长 161%；中方进口 7 975 万美元，同比增长 129.1%。[①] 中国是吉尔吉斯斯坦第二大贸易伙伴国和第二大进口来源国。

中国对吉尔吉斯斯坦出口商品主要类别包括服装及其附件、机电设备、鞋类、塑料及其制品、家具、皮革制品、化纤、玩具、车辆及其零部件、水果及坚果等。

中国从吉尔吉斯斯坦进口商品主要类别包括贵金属、矿砂矿渣及矿灰、生皮及皮革、棉花、铝及其制品、水果及坚果、羊毛、乳制品及蜂蜜等（见表 5-7）。

---

① 因中吉两国的统计口径不同，所以数据与前文表 5-4 和表 5-5 中数据不一致。下文表 5-7 中数据同理。

表 5-7 2016—2021 年中国与吉尔吉斯斯坦斯坦双边贸易情况

年份	贸易总额/亿美元	同比增长/%	中对吉出口/亿美元	同比增长/%	中从吉进口/亿美元	同比增长/%
2016	56.76	30.8	56.05	30.9	0.71	21.6
2017	54.5	-4.0	53.6	-4.4	0.9	22.2
2018	56.11	3.5	55.57	3.5	0.54	-37.6
2019	63.78	13.2	63.12	13.1	0.66	21.4
2020	29.0	-54.29	28.66	-54.36	0.34	-47.34
2021	75.57	160.6	74.8	161.0	0.80	129.1

资料来源：中国海关总署 http://www.customs.gov.cn//customs/302249/zfxxgk/2799825/302274/302277/302276/4127455/index.html（访问时间：2022 年 8 月 21 日）。

从双边贸易商品结构看，中国对吉尔吉斯斯坦主要出口劳动密集型产品，如服装、纺织及其制品；其次是机电产品，主要为汽车零部件和家用电器；再次是农产品，以核桃和茶叶为主。这些产业基本是中国的优势产业。而中国从吉尔吉斯斯坦的进口产品以矿物原料为主，尤其是金属矿石和砂矿，2021 年中国从吉尔吉斯斯坦进口的矿物原料就有 2 451.7 万美元，占中国自吉尔吉斯斯坦进口总额的 30.8%。其次是皮革和农产品的进口。中吉两国的经济发展结构在一定程度上具有较强的互补性，双方的外贸合作可以实现两国之间产业发展的优势互补。因此，中吉两国在农业、矿业开发和制造业领域的合作具有很大的挖掘空间。

中国还是吉尔吉斯斯坦最重要的外资来源国之一。2020 年，中国对吉尔吉斯斯坦的直接投资总额为 2.52 亿美元，直接投资存量为 17.67 亿美元。目前，中国在吉尔吉斯斯坦的投资主要涉及矿产资源的开发、工程承包、通信服务、交通运输等多个领域。

据中国商务部公布的统计数据，2021 年，中国对吉尔吉斯斯坦直接投资流量为 7 643 万美元，截至 2021 年年末，中国对吉直接投资存量为 15.3 亿美元（见表 5-8）。

表 5-8 2017—2021 年中国对吉尔吉斯斯坦直接投资统计

单位：万美元

年份	2017	2018	2019	2020	2021
年度流量	12 370	10 016	21 566	25 246	7 643
年末存量	129 938	139 308	155 003	176 733	153 142

资料来源：中国商务部、国家统计局、国家外汇管理局《2021 年度中国对外直接投资统计公报》。

中国紫金矿业公司投资设立奥同克有限责任公司，项目为塔尔德布拉克左岸金矿，是中资企业在吉尔吉斯斯坦投资的项目之一。中国紫金矿业公司和吉尔吉斯斯坦黄金公司分别持股 60% 和 40%。

中资企业河南贵友实业集团有限公司牵头设立境外经贸合作区"亚洲之星农业产业合作区"，总占地面积 5.67 平方千米，建筑面积 19 万平方米。该合作区于 2016 年 8 月通过商务部、财政部"境外经济贸易合作区"的确认考核。截至 2022 年第一季度，入园企业有 7 家，包含农作物和蔬菜种植、牛羊养殖、蛋鸡养殖和孵化、肉鸡养殖屠宰加工、饲料加工、国际贸易等产业。

据中国商务部统计，2021 年中国企业在吉尔吉斯斯坦新签承包工程合同 17 份，新签合同额 1.52 亿美元，完成营业额 1.9 亿美元。累计派出各类劳务人员 195 人，年末在吉尔吉斯斯坦的劳务人员有 774 人。

2022 年 7 月 26 日，吉尔吉斯—中国政府间委员会第 15 次会议举行。在委员会会议期间，双方讨论并商定了中吉双边合作最紧迫的问题，如贸易、交通、农业、投资、卫生、技术经济合作等双边合作同样重要的问题，签署了《中华人民共和国政府和吉尔吉斯共和国内阁中长期经贸合作规划（至 2030 年）》。在委员会会议期间，双方讨论并商定了跨境电商、本币结算、农业、交通、海关合作、卫生等双边合作最为重要的问题。

为了吸引投资和创造有利的商业环境，吉尔吉斯斯坦政府正在采取措施改善投资环境，简化企业注册手续，减少税收负担。

此外，吉尔吉斯斯坦政府与世界银行、国际货币基金组织和欧洲联盟等国际组织积极合作,以获得财政支持和经济援助。

二、吉尔吉斯斯坦工程机械市场分析

吉尔吉斯斯坦经济发展水平不高,工程机械市场相对较小。尽管市场有限,但吉尔吉斯斯坦对工程机械的需求量很大,特别是在基础设施建设、道路维修、采矿和农业方面。但是市场上仍然存在一些问题,如工程机械成本高、选择有限、缺乏优质服务和零部件。

从行业发展需求来看,吉尔吉斯斯坦市场需要的主要工程机械类型包括:挖掘机,主要用于土方工程、采矿和建筑领域;装载机,主要用于建筑工地和仓储物流领域;卡车,主要用于交通运输领域;拖拉机,主要用于农业生产和道路施工;汽车起重机,主要用于建筑施工和重型货物吊装领域。

吉尔吉斯斯坦工程机械市场以卡特彼勒、小松、徐工、山推、沃尔沃、日立、杰西博、现代、利勃海尔等国外品牌为主。中国工程机械产品影响力逐年上升,总体市场份额很大。

独联体成员国的工程机械制造商和供应商的产品价格更实惠,品牌影响力有历史传承上的优势。据吉尔吉斯斯坦商务部官方网站报道,比什凯克公共部门从哈萨克斯坦汽车制造商处购买了工程机械和公共汽车,交付额超过 2.3 亿美元。

(一)吉尔吉斯斯坦工程机械市场的供需情况

吉尔吉斯斯坦工程机械市场的需求有所增长,这是因为该国许多经济部门,如建筑业、采矿业、农业,都需要专有工程机械来完成任务。此外,该国不断增长的民用基础设施也需要不断更新和扩大技术基础。

但吉尔吉斯斯坦工程机械市场的产品供应规模有限。大多数工程机械的销售公司只提供过时的型号,不符合现代技术和安全标准的要求。因此,许多企业不得不从国外采购工程机械,这增加了购买和维护成本,成为制约吉尔吉斯斯坦经济发展的一个影响因素。随着吉尔吉斯斯坦对工程机械需求的不断增长,市场出现了一个积极的趋势,个别本土公司开始供应技术更现代和型号更新的工程机械。

从图 5-3 可知,2023 年吉尔吉斯斯坦工程机械市场上需求量最大的是吸污车和清障车；供水车和砌块设备也占据了相当大的市场份额；起重设备合计占比较高，达到了总订单的 9%。

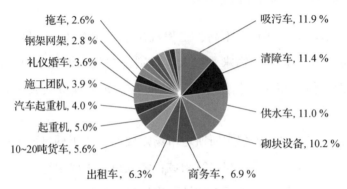

图 5-3 2023 年吉尔吉斯斯坦工程机械租赁市场订单统计

从订单统计数据来看，礼仪婚车、钢架网架和拖车等专业类别也有一定需求，商务车、15~20 吨货车以及出租车均有一定的需求。

总的来说，吉尔吉斯斯坦的工程机械需求相当多样化。某些类别的工程机械的需求量大于其他类别，可能是受到该国的经济发展水平、不同地区的经济活动特点以及特定行业需求的影响。

从图 5-4 可知，各类运输工具市场供给量最大，总占比达到了 38.9%，包括 20 吨以下各类货车。各类专用设备中，起重设备、吸污车、混凝土泵车和清障车等占比较高。

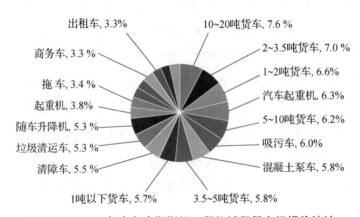

图 5-4 2023 年吉尔吉斯斯坦工程机械租赁市场报价统计

综上分析,在吉尔吉斯斯坦的工程机械租赁市场上,货运工具、起重设备以及公用事业类设备是产品供应最大的类别,而需求主要集中在物流货运、公共事业服务类别设备方面。挖掘机、装载机等使用频率高的工程机械鲜有供给和需求,这应该与设备使用者通常是专门采购长期持有使用有关。

(二)吉尔吉斯斯坦工程机械供应链

吉尔吉斯斯坦作为一个小经济体,没有自己的工程机械生产,大部分机械设备来自日本、中国、韩国、俄罗斯、德国等。

然而,吉尔吉斯斯坦正在发展机械制造业,特别是农业机械。吉尔吉斯斯坦的几家公司生产不同类型的农业机械,如拖拉机、联合收割机和其他设备。

2020年3月,吉尔吉斯斯坦卡米汽车公司成立,并宣布接收首款电动卡车订单。2020年春季,卡米汽车公司表示,第一批交付将于2021年11月至12月进行,并于2022年1月开始向包括哈萨克斯坦在内的公司经销商公开销售。官方网站提供了L7型新车的技术规格。卡米汽车有一个4×2前轮驱动底座、一个空间金属框架和一个6.5缸机械传动系统,三相电动机位于驾驶室下方,驾驶室配有两个座椅,使用100安·时锂铁磷酸盐电池,续航里程为110千米,价格是60万索姆。产品技术指标并不突出,但对于吉尔吉斯斯坦这样一个发展水平的国家,这个公司的产品已经足够了。

国际工程机械品牌卡特彼勒、小松、日立、沃尔沃、利勃海尔、杰西博、山猫、凯斯等都已进入吉尔吉斯斯坦市场,但这些品牌的工程机械可能比独联体成员国的更昂贵(见表5-9)。

表5-9 吉尔吉斯斯坦市场最受欢迎的工程机械产品类别和品牌

产品类别	品牌
挖掘机	三一重工、现代、杰西博、小松、卡特彼勒、斗山、日立、徐工、利勃海尔
装载机	三一重工、现代、杰西博、小松、卡特彼勒、斗山、日立、徐工、利勃海尔
推土机	现代、小松、卡特彼勒、日立、徐工、利勃海尔
平地机	小松、卡特彼勒、徐工、利勃海尔
起重机	现代、卡特彼勒、徐工、利勃海尔

生产和供应链是一个复杂的系统，包括生产、物流、供应和销售。有效的生产供应链组织是工程机械市场有效运作的重要任务，因此能够快速交货、服务优质和有技术支持的品牌往往在吉尔吉斯斯坦消费者中最受欢迎。著名的工程机械品牌通常拥有广泛的经销商网络和服务中心，在全国不同地区提供和维护设备。

吉尔吉斯斯坦知名的工程机械经销商如下：

（1）Motor Centre Trade 有限责任公司是卡特彼勒在吉尔吉斯斯坦的官方经销商，公司提供广泛的工程机械及其零部件和服务。

（2）Tehnika 有限责任公司是小松、杰西博、山猫、ATLAS COPCO、CHICAGO PNEUMATIC、INGERSOLL RAND 等品牌的官方经销商，该公司提供新的和二手工程机械、零部件和服务。

（3）Technocontract 有限责任公司是利勃海尔品牌的分销商，该公司为采矿、建筑和交通运输业提供多种工程机械及其零部件和服务。

（4）Mega Mashineri 有限责任公司是日立品牌在吉尔吉斯斯坦的经销商，该公司提供新的和二手的工程机械及其零部件和服务。

（5）Agrotechnics 有限责任公司是科乐收和卡玛斯品牌的分销商，该公司提供农业机械及其零部件和服务。

（6）Borusan Cat 吉尔吉斯斯坦公司是卡特彼勒在吉尔吉斯斯坦的官方经销商。该公司是 Borusan 控股公司（土耳其）的一部分，为吉尔吉斯斯坦提供采矿设备、道路工程设备和 CAT 发电机、原始机油和零部件。此外，还提供经认证的二手工程机械和各种维保服务。

（7）SMK 有限责任公司从中国向吉尔吉斯斯坦市场供应工程机械，包括采矿、建筑、道路和公用事业领域的用途广泛的工程机械。公司的固定供应商包括山推、成工重工和浙江海斯特美科斯。特种零件–KG 店是 SMK 有限责任公司重要合作伙伴，于 2008 年开业，为客户提供中国制造的工程机械零件，供应道路建设、采矿设备全套零件，包括挖掘机、汽车起重机、推土机、装载机、堆垛机、自卸车和其他工程机械，覆盖徐工、中联重工、厦工、山推、山东临工、柳工、陕汽、豪沃、龙工、常林等工程机械品牌所有型号的零部件，这家商店也供应一些韩国挖掘机型号的零部件。公司与中国制造商合作，长期的合作关系和广泛的联系使其能够为任何年份的特殊机械系列提供完整的零部件。SMK 有限责任公司为产品提供定期维保和零部件供应，同时，与 Ayil Bank 股份有限公司和 Izhara Kyrgyzstan 租赁公司合作，提供租赁和信贷服务。

（8）Japan Start 公司供应各类叉车，包括现货叉车和定制叉车，提供销售、服务、维修和租赁业务。

（9）KG Kazyna 有限责任公司成立于 2007 年，供应工程机械，承接全面的维护、设计、安装，包括调试和人员培训。

（10）徐工贸易有限公司是徐工在吉尔吉斯斯坦境内唯一的经销商，销售徐工各类产品和零部件，提供自卸卡车、拖车、随车起重机和压路机（1.8 吨、2 吨、3 吨、4 吨、14 吨和 16 吨租赁业务）。

（11）Megatex Industry 有限责任公司成立于 2008 年，供应韩国知名企业的建筑和采矿行业用工程机械设备，包括挖掘机、前装载机/叉车、起重机、井架、水钻、爆破和金刚石钻机及 R/C 钻机、铰接式自卸车、附加设备等。

（12）Sung Bok 有限责任公司供应现代、斗山、沃尔沃、三星挖掘机和装载机的各种原装零件和配件。

（13）亚洲汽车有限责任公司是吉尔吉斯斯坦最大的汽车经销商之一，其品牌组合相当广泛。2014—2017 年，公司成为现代汽车、梅赛德斯-奔驰、雷诺、大众商用车、现代建筑设备的官方经销商，2018 年成为俄罗斯拉达的吉尔吉斯斯坦官方进口商。公司不仅出售工程机械，还提供短期和长期的挖掘机租赁业务。

（14）ТРАСТ-Сервис 有限责任公司是柳工在吉尔吉斯斯坦的官方经销商。

（三）吉尔吉斯斯坦的中国工程机械品牌

中国工程机械品牌在吉尔吉斯斯坦越来越受欢迎，在吉尔吉斯斯坦市场占有相当大的份额。中国工程机械应用于建筑、采矿、农业等多个行业。在吉尔吉斯斯坦最受欢迎的中国工程机械品牌是徐工、三一重工、柳工、中联重科、福田雷沃、山推等。

中国工程机械品牌在吉尔吉斯斯坦的影响力因行业和技术类型而异，但总体而言，福田雷沃以农业机械产品而闻名；徐工和三一重工是中国工程机械在吉尔吉斯斯坦最知名的两个品牌，它们提供挖掘机、推土机和卡车等，并在吉尔吉斯斯坦拥有发达的服务中心和经销商网络。

中国工程机械品牌在吉尔吉斯斯坦的生产和供应链与经销商和官方经销商紧密相连，它们为中国工程机械品牌在当地市场提供销售服务和技术支持。工程机械的客户更喜欢与官方经销商打交道，因为它们能提供制造商的担保和额外的服务，代表了广泛的产品范围、灵活的价格政策、及时的优质服务。

三、吉尔吉斯斯坦职业教育发展与校企合作

承袭苏联时期的教育方式和教育体系，吉尔吉斯斯坦的教育分为初等教育和高等教育。其中，初等教育，即 1～11 年级实行免费义务教育。截至 2021 年，吉尔吉斯斯坦共有各类中小学校 2 296 所，在校生约 140 万人，教师约 8.2 万人。

吉尔吉斯斯坦的教育体系中包括职业学校、职业学院和大学，它们提供各种培训项目和专业训练。职业学校和职业学院倾向于提供更加实用和高度专业化的培训，而大学则倾向于提供更加基础和宽泛的教育。国家根据毕业生的考试排名，前 20% 的优秀学生享受免费高等义务教育，其余学生则实行市场化教育，即对学生收取高等教育培育费。

（一）吉尔吉斯斯坦职业教育概况

吉尔吉斯斯坦的职业教育从初中后开始。职业教育课程类型分为以下三种：第一种是结合职业教育和普通教育的 3 年制课程，为高等教育做准备；第二种是结合职业教育和普通教育的 2 年制课程，不为高等教育做准备；第三种是纯职业教育的 9 个月课程（成年人也可以参加）。

职业教育包括职业学校和职业学院两个层级。大约 1/3 的学校与高等教育机构合作。在考入高等教育机构时，职业学院毕业生之前的教育可以被计入。

目前，98 家教育机构提供初等职业教育，全部为国立机构。148 家教育机构提供中等职业教育，其中私立机构占 23%。国立机构招生分为公费和自费两种名额，公费名额超过 4 500 个，它们被分配到国家优先发展专业（师范、医学、交通等专业），自费比例约为 87%。

根据企业的需求形成招生计划，在教育学、医学、交通、文化和体育专业的

定向培训中的比例逐渐增加。2012 年，只有 10% 的教育机构形成这样的招生计划，2014 年为 21%，2018 年已经达到 32.4%。

此前，多年来，只有约 10% 的中学毕业生进入初级和中级职业教育阶段学习。但近年来，为了提高公众对职业教育的认识，吉尔吉斯共和国制定并实施了《青年职业指导体系发展构想》，根据该构想，每年 4 月 26 日在所有教育机构举行统一的"职业指导日"。

由于开展了全面的工作，两级职业教育的学生人数都有增加。在中等职业教育方面尤为显著：与 2011/2012 学年相比，2019 年学生人数增加 46%，达到 9 万多人。每年有 2.5 万~3 万名申请者被吉尔吉斯共和国的大学录取。

2021—2022 年，从公立职业学校毕业的学生人数为 14 535 人。在毕业生总数中，67% 在毕业后的第一年就在国内就业（其中 30% 是自由职业），11% 出境务工，8% 继续在中等和高等教育机构学习，4% 被征召入伍。

根据吉尔吉斯斯坦教育和科学部的数据，2021/2022 学年，有 153 个中等职业教育机构，共有约 93 900 名学生，教师的数量为 7 505 人。

吉尔吉斯斯坦劳动和社会发展部的劳动力市场分析表明，到 2023 年，吉尔吉斯斯坦国内劳动力市场上有超过 2/3 的工作岗位（81%）需要接受初等或中等职业教育。

吉尔吉斯斯坦加强国际合作，争取外援，发展职业教育。2021 年亚洲开发银行向吉尔吉斯斯坦提供 800 万美元的赠款，作为亚洲开发银行"包容性增长技能部门发展计划"的一部分，根据该计划制定试点专业和职业专业标准，并制定了 16 项实验性教育计划。2023 年追加 3 000 万美元用于发展满足市场需求与包容性增长的职业教育技能发展项目，该项目旨在通过提高吉尔吉斯斯坦关键经济部门的劳动力技能和生产力来实现包容性增长，并帮助全国各地的学生提高就业能力。作为该项目的一部分，吉尔吉斯斯坦的 8 所职业学院创建了经过全面升级的"卓越中心"，通过"在职学习"学生能够获得实用技能和知识，大大提高了他们的就业能力。

考虑到教育体制和模式的传统，中等职业教育专业培养方案与其他各级教育的连续性正在逐步完善。因此，初等职业教育机构的毕业生可以根据简化的计划接受相关专业的中等职业教育。中等职业教育培养方案与高等教育课程体系相结合，为继续接受高等教育提供机会。

现代变革的进程要求中等职业教育系统向实施高等教育模式过渡，其重点不是某个特定的专业活动，而是培养毕业生掌握新知识和获得多功能技能的准备，并确保专业流动性和竞争力，满足现代和未来劳动力市场的需求。由于吉尔吉斯斯坦缺乏专业认证标准，难以明确企业对进入劳动力市场的职业院校毕业生的要求。虽然人才培养方案制定征求了企业的意见，但具体标准和要求不明确，难以及时调整课程结构以满足劳动力市场不断变化的需求。在许多职业学院和大学里，理论知识学习重于实际能力的训练，因此，一些毕业生不具备劳动力市场所需的技能。

吉尔吉斯斯坦职业教育体系存在很多问题：①地域分布不平衡，大多数职业学校位于农村地区（占56%），大多数职业学院位于城市地区（占96%）；②职业教育体系不健全，初等和中等职业教育的分类代码不匹配，同一地区的初等职业教育机构的专业与中等职业教育机构的专业没有连续性，学生为了进一步深造被迫转学或者转专业；③职业学校和职业学院提供的课程和市场需求不匹配，例如，尽管吉尔吉斯斯坦超过50%就业人口就业于农业领域私营企业，但只有少数职业学院提供这部分人所需课程。因此，需要优化职业学校和职业学院的网络，以确保各地区的居民有平等的机会获得职业教育课程。

职业学校和职业学院毕业生的培训和资质水平并不能完全满足劳动力市场的要求，初等和中等职业教育机构缺乏资源。2019年只有6.8%的教育预算被分配给初等和中等职业教育，直接用于教育过程本身和技术支持的资源非常有限，这导致学生在老旧设备上工作，使一些专业的毕业生无法获得劳动力市场所需的专业能力，导致他们要么失业，要么毕业后自费或以企业的名义进行再培训。

初等和中等职业教育组织没有足够的自主权来创造性地、灵活地应对劳动力市场的变化。缺乏自主权的原因在于，初等职业教育机构是非营利组织。根据《吉尔吉斯共和国非营利组织法》第2条，营利不是活动的主要目的，所获利润不在成员、创始人和权益人之间分配。同时，销售培训过程中产生的服务或产品可以为职业学院和大学提供财务稳定性。

尽管与企业的合作有了显著增加，如企业参加培养标准制定和国家认证委员会，组织学生到企业实习，教师参与企业发展活动等，但还是缺少制度化的管理体系安排。由于目前两个层次的职业教育都缺乏经批准的教育标准，预期的学习成果和能力缺少市场认可度，不能完全满足劳动力市场的需求。

吉尔吉斯斯坦职业教育政策旨在培养合格的劳动力和培训满足劳动力市场需求的专家，为此，正在进行改革，并采取措施使教育计划现代化，更新课程，以及发展与企业和组织的合作。吉尔吉斯斯坦的职业教育政策重点如下：

（1）发展管理职业教育系统的组织机制，包括使用教育管理信息系统。

（2）建立和发展管理机制，确保将职业教育纳入解决企业和组织的人力资源管理系统。

（3）根据企业需求标准更新职业教育的内容。

（4）基于成本的职业教育过渡到规范的预算融资。

（5）试点创建英才中心，发展初等和中等职业教育课程的互动衔接模式。

（6）利用数字创造职业学校和职业学院现代教育环境，向电子学习过渡，利用远程学习技术培训学生和教学人员，提高教师和培训人员的素质。

（7）建立职业教育质量评估系统，对毕业生进行评估和认证。

（8）建立职业教育教师管理人员再培训制度，以提高教学质量。

（9）发展职业教育的国际一体化，参加世界技能大赛和其他专业比赛，对标国际标准提高职业培训标准。

（10）建立年轻人的职业指导体系，旨在改变社会对职业需求、技术培训和复杂的知识密集型专业的态度。

国家职业教育政策和改革的目的是提高教育质量，扩大教育方案的可及性，提高专业培训与现代劳动力市场需求的相关性，这为专业技能的发展创造了有利环境，并通过发展熟练的劳动力确保经济的可持续增长。

（二）吉尔吉斯斯坦劳动力市场供求分析

吉尔吉斯斯坦对专业技术工人的需求每年都在增长，而该国的多数职业学校和职业学院都不能满足劳动力市场的需求，在吉尔吉斯斯坦的劳动力市场存在结构性不平衡、蓝领职业岗位紧缺的问题。

在亚洲开发银行职业教育和技能发展项目框架下，吉尔吉斯斯坦制定了劳动力紧缺的行业名单，包括建筑业、农业和加工业、能源业、轻工业、采矿业、运输业、旅游业和服务业。年轻人更喜欢有名望、高收入的工作，而不是做服务员、水管工或建筑工人。专家们指出，职业指导工作应该从学校开始，不仅要对孩子进行指导，还要对家长进行指导。许多家长认为，他们的孩子肯定应该上大学，成为一名律师或经济学家，但这些并不是吉尔吉斯斯坦劳动力市场急需的专业技术人员。

初等和中等职业教育的招生计划是根据吉尔吉斯斯坦劳动和社会发展部提供的《专业技术人员需求预测》来制定的。

近年来，初等职业教育中最受欢迎的专业是建筑、食品加工、农业、缝纫、IT技术、旅游和运输。

接受初等职业教育的女性人数有所增加，然而，她们仍然只占学生的1/3。对她们来说，缝纫、烹饪、农业和服务是优先专业。

对接受中等职业教育的学生来说，优先专业是经济和管理（约占录取总数的29%）、医疗保健（21%）、人文和社会科学（11%）、教育（10%）。

职业学院学生中超过一半（58%）的学生是女性。在自然科学（94%）、消费品技术（93%）、医疗（87%）、教育（82%）、服务（65%）、文化和艺术（62%）以及经济和管理（61%）专业的学生中她们的比例较高。

超过30%的职业学院毕业生进入大学继续学习。根据不同的情况和专业领域，职业学校和职业学院的就业率在40%至70%之间；就业率最高的是食品和轻工业技术以及工程建筑专业。

在初等职业教育阶段，也有旨在为成年人，包括失业公民提供教育的项目，90%以上的职业学校提供这种服务。作为继续教育的组成部分，初等职业教育和培训提供了建立终身学习的机会。例如，2018年，再培训（包括失业公民的培训/再培训）项目培训了17 652人。

近年来，吉尔吉斯斯坦的基建活动比较活跃，包括道路、住宅和商业设施以及基础设施项目的建设，带动了工程机械专业技术人员的需求，包括机械师和各类工程机械的操作员。随着技术的进步和新型工程机械的发展，该行业需要拥有现代技术设备的知识和技能的高技能专业人员。此外，对在某些行业（采矿业、建筑业、农业等）有经验的专业人员的需求也会因市场变化而有所不同。

工程机械产业的人力资源需求取决于几个因素，包括工程机械的生产和销售量、技术进步、市场需求的变化，以及基础设施项目和建设的发展。

工程机械产业的发展和对人力资源的需求，需要努力吸引和培训年轻的专业技术人员，以及提升资格和再培训现有的专业技术人员。教育和职业培训的政策、教育机构和企业之间的合作，以及实习和学徒计划的发展，都有助于发展和培训工程机械产业所必需的人力资源。

为了满足吉尔吉斯斯坦工业在人力资源方面的需求，必须发展职业教育和培训工程机械领域的专业技术人员。职业学校、职业学院和大学提供适当的培训计划，使学生能够获得必要的知识和技能，以操作各种类型的工程机械。

国家在发展和支持工程机械产业方面也发挥了重要作用，包括向学生和专业人士提供财政支持，提供实习和学徒计划，以及促进教育机构和企业之间的伙伴关系。这有助于培训合格的专业技术人员，并提高该产业的专业水平。

（三）吉尔吉斯斯坦的校企合作概况

吉尔吉斯斯坦双元制教育是学生进行职业教育培训的重要形式之一，还保留着苏联模式的浓厚色彩，教育机构和企业对此有着清醒的认识。但一些问题阻碍了吉尔吉斯斯坦双元制教育的发展，如教育机构和企业之间的合作关系数量有限，缺乏资金，培训项目与劳动力市场的需求不完全一致，以及缺乏来自政府的明确协调和支持。

市场经济条件下，企业和教育机构在双元制教育框架下的有效合作需要国家、教育机构和企业的共同努力。只有通过互动和合作，才能确保培养出符合现代经济需求的合格和适应性强的专业技术人员。与合作和双元制教育有关的问题可以通过制定和实施具体措施来克服，如发展伙伴关系、劳动力市场需求分析、财政支持和改善协调。政府应发挥积极作用，为双元制教育的发展创造一个合适的立法和制度框架，支持教育机构和企业之间的合作。同时，应该进行教育改革，以提高职业教育的质量，使其适应当前劳动力市场的需求。

总的来说，学生在企业中度过一些时间，在真实的生产条件下获得实际技能和工作经验，这使他们能够更好地了解劳动力市场的需求，发展他们的专业技能并为未来的职业生涯做准备。同时，企业也有机会根据自己的需求来培训和造就人才。

为了在吉尔吉斯斯坦成功发展双元制教育，必须采取措施加强教育机构和企业之间的伙伴关系，更新课程以满足现代劳动力市场的需求，增加对学生和教育机构的财政支持，并建立一个有效的系统来监测和评估双元制教育成果。

吉尔吉斯斯坦教育政策重点是加强教育机构与企业之间的合作，这包括制订适合劳动力市场需求的教育计划、为学生组织实践培训和实习，以及支持教育机构和企业之间发展伙伴关系。

国家为毕业生制订培训和再培训计划，举办招聘会和职业介绍会，并为企业的实习和工作安置建立设施，这有助于青年专业技术人员更好地融入劳动力市场，提高他们的竞争力。

在吉尔吉斯斯坦，政府部门积极推动校企合作，提升人才培养质量，"工程机械＋"项目就是代表。该项目由吉尔吉斯斯坦教育和科学部与从事工程机械生产和销售的企业共同发起，目的是为教育机构的学生提供获得现代工程机械工作的实际技能和经验的机会。在该项目框架内，企业为学生的实践培训提供机器，并协助组织毕业生的实习和就业。

吉尔吉斯斯坦的一些大学与著名的工程机械制造商建立了合作伙伴关系，为学生提供实践经验和在这些企业的实习机会。学生可以参加真正的项目，并与有经验的专业人士一起工作，让他们将知识付诸实践，发展专业技能。

企业可以为学生组织研讨会和培训，让他们熟悉新技术和工作方法，这有助于学生扩大知识和获得实际技能，并改善教育机构和企业之间的沟通。

企业和教育机构可以相互交流经验和信息，这有助于提高教育质量和学生学习的针对性。可以组织会议、研讨会和论坛，让企业的专家和教育机构的教师分享他们的知识，分享最佳做法，并讨论当前工程机械产业的趋势和挑战。

企业和教育机构可以在联合研究和项目上进行合作，使学术知识和企业实践经验相结合，以解决具体问题和开发新技术。

企业可以与教育机构积极合作，培训学生，并为毕业生的后续就业提供帮助。他们可以为学生提供实习和工作安排，为成功完成培训并具备必要技能的毕业生提供工作。这在教育系统和劳动力市场之间建立了一座桥梁，确保了教育的相关性，并满足了企业对熟练专业技术人员的需求。

教育机构和企业合作代表性案例如下：

（1）2022年11月，达斯坦跨国股份有限公司与比什凯克第三职业学校签订了联合培养合同，11月1日起，24名职业学院的学生到达斯坦跨国股份有限公司接受双元制培训，为企业培养车工。这些学生不仅学习理论知识，而且直接在生产现场进行车工专业训练，由企业员工担任导师现场指导，接受生产车间的实际技能训练。

在双重培训项目的框架内，公司承担了提供热餐、为学生提供工作服、支付交通费用等费用。在完成为期10个月的培训后，所有经过培训的职业学院毕业生都将在公司就业。

（2）比什凯克市第十八职业学校于2019年开始实行双元制培训，学校和企业在互利合作的关系上发展社会伙伴关系。

在亚洲开发银行职业教育和技能发展项目的支持下，一个配备了最新技术的现代化培训和生产企业将使学生不仅能够获得知识，还能通过向民众提供汽车维修服务将其应用于实践。也就是说，除了职业培训和实践基地，教学实践联合体还将成为第十八职业学院学生进一步就业的场所。

教学实践联合体有能力组织整个生产链上的各环节工作，包括诊断、汽车电气、油漆和车身工程、发动机和传动装置维修、轮胎装配和焊接工程，以及汽车美容。校舍中装备了现代化的培训设备、办公设备、视频监控和消防安全系统。

职业学校的教师已经接受过行业的高级培训，同时还有经验丰富的汽车工程领域的专家参与这项工作。

吉尔吉斯斯坦企业和教育机构之间的这种合作实例有助于有效地培训人员，并根据现代市场的要求发展职业教育。

第六章
土库曼斯坦工程机械产业生态与校企合作发展

一、土库曼斯坦社会经济发展概况

土库曼斯坦有着独特的社会经济发展情况。土库曼斯坦于 1991 年 10 月 27 日宣布独立，实行三权分立的总统共和制，总统兼任国家元首、政府首脑、武装力量总司令和议会人民委员会主席。总统由全民直接选举产生，立法权和司法权分属国民议会和法院。土库曼斯坦实行高度集中的计划经济体制，国家对政治、经济和社会活动的控制力很强，国家控制了大部分经济部门和媒体，集会和结社等活动也受到限制。

独立以来，土库曼斯坦秉持永久中立原则。1995 年 12 月 12 日，联合国 185 个会员国通过决议，一致承认土库曼斯坦为永久中立国。这确保了该国外交政策拥有较大的回旋余地，有效避免外来干涉。

土库曼斯坦高度重视与周边国家的外交关系，与中国、俄罗斯、土耳其、伊朗、阿富汗的关系具有战略性意义。虽然土库曼斯坦不参加任何军事政治集团和集体安全体系，但由于邻国阿富汗局势恶化，宗教极端主义组织的武装分子进入土库曼斯坦领土的风险增加，土库曼斯坦不得不采取某些措施以确保国家安全。

石油和天然气工业在土库曼斯坦经济中发挥着主要作用。土库曼斯坦拥有丰富的石油和天然气资源，相关资源和碳氢化合物出口约占土库曼斯坦出口总额的 90%。土库曼斯坦已探明天然气储量达 25 万亿立方米（居世界第 4 位），石油和天然气部是该国经济的一个关键部门。对石油和天然气的依赖使土库曼斯坦经济容易受到世界能源市场波动的影响，该国外交工作的一个优先事项就是天然气供应路线的多样化。

目前，土库曼斯坦没有定期系统公布统计资料的做法，获得关于该国统计数据和信息的渠道有限，根据有限的官方统计数据，政府在教育、卫生保健和社会保障领域投入了大量资金，建造了很多新学校和医院。

（一）人口、城市化与基础设施

截至 2022 年年底，土库曼斯坦平均预期寿命为 68.5 岁，低于世界平均指标 71 岁（见表 6-1）。男性出生时的平均预期寿命为 65.6 岁，妇女出生时的平均预期寿命为 71.6 岁。①

表 6-1　2022 年土库曼斯坦人口统计

人口规模	6 218 446 人
人口排名	114 名（占世界人口的 0.08%）
人口密度	12.7/平方千米
平均年龄	25.6 岁
预期寿命	68.5 岁（男性 65.6 岁，女性 71.6 岁）
人口识字率	99.70%
男性人口（49.2%）	3 060 784 人
女性人口（50.8%）	3 157 662 人
年度新出生人口	131 770 人
年度死亡人口	47 710 人
年度移民人口	-5 895 人
年度人口增长规模	78 166 人
人口增长率	1.27%

---

① 资料来源：根据联合国经济和社会事务部人口司公布数据测算。

根据之前联合国预测数据，2023年土库曼斯坦人口将增加79 161人，年底将达到6 297 607人，人口自然增长率为12.73‰。如果外来移民的水平保持在2022年的水平，人口将发生-5 970人的变化。也就是说，离开该国（移民）的总人数将高于为长期居留目的进入该国（移民）的人数。

土库曼斯坦人口的年龄结构是进步型或增长型。这种结构通常是发展中国家的特点，其人口特点是预期寿命相对较短，死亡率和出生率较高。高死亡率和高出生率与健康和教育水平低有关。

人口抚养系数是指人口中非劳动年龄人口数与劳动年龄人口数之比，反映了非劳动年龄人口（受抚养人口）给社会和经济发展带来的负担。非劳动适龄人口是指15岁以下和64岁以上人口的总和，劳动适龄人口（生产人口）的年龄在15~64岁。

人口抚养系数直接反映了一个国家社会政策的财政支出。例如，如果这个系数增加，就应该增加教育机构建设、社会保障、医疗保健、养老金支付等方面的成本。土库曼斯坦的人口抚养系数为46.3%，数值相对较低，表明劳动年龄人口是非劳动年龄人口的2倍多，土库曼斯坦社会经济发展的负担相对较低。具体而言，少年儿童抚养系数是指工作年龄以下人口与工作年龄人口的比率，土库曼斯坦的少年儿童抚养系数为40.3%。老年负担系数是按工作年龄以上人口与工作年龄人口的比率计算的，土库曼斯坦的老年负担系数为6%。[1]

土库曼斯坦的教育普及程度很高，人口识字率达到了99.7%。根据相关数据测算，成年男性的识字率为99.76%，成年女性的识字率为99.63%。15~24岁的青年人口中，青年男性为99.76%，青年女性为99.91%，青年识字率为99.84%。[2]

目前土库曼斯坦的城市化率为52.5%，城镇人口为326.6万人，相比2010年增长了79.8万人；农村人口数量为295.4万人，占总人口比重为47.5%。

土库曼斯坦城市化发展较快，正经历人口持续增长和城市基础设施快速发展

---

[1] 资料来源：根据联合国统计部门的数据得出。
[2] 资料来源：联合国教科文组织统计研究所2016年3月发布的数据。

不断完善的进程。土库曼斯坦政府正在积极投资城市发展，建设新的住宅区、道路、学校、医院和其他基础设施，城市化进程有力地推动了该国经济的快速稳定发展。城市化同时也带来挑战：如何更好地管理人口增长，为城市居民提供负担得起的住房和社会服务，以及保护文化遗产和平衡城乡发展。

土库曼斯坦的最大城市是阿什哈巴德，是一座拥有完善的现代化基础设施的城市，是该国的政治、经济和文化中心。近年来，阿什哈巴德实施了几个大型建设项目，包括建造新的高层建筑、公园、购物中心和旅馆。土库曼斯坦其他主要城市还有马雷、土库曼纳巴特、达绍古兹和巴尔干那巴特。

土库曼斯坦正在努力通过发展城市和交通基础设施以及建立新的发展中心来实现现代化和改善人民的生活条件。

阿哈尔州正在建设的现代化新行政中心阿卡达格新城，已成为积极投资基础设施发展的一个突出例子。阿卡达格新城位于土库曼斯坦首都阿什哈巴德西南 30 千米处，正在被设计成一个新的中心，集中了现代化的住宅和商业综合体、行政大楼、教育和医疗机构。

这个新城的建设涉及现代基础设施，包括道路网络、能源系统、供水和污水处理以及公共设施。这些项目清楚地表明进步的公共政策和该国投资于现代基础设施的意愿，不仅有助于提高当地居民的生活质量，也促进该地区发展旅游业和吸引投资，反映了土库曼斯坦对多元化和可持续发展、提高公共服务水平和居民舒适度的愿望。这个新城坐落在卡别特塔格山脚，绿色技术被广泛使用，以保护风景区的自然美景。

阿卡达格新城总面积 1 002 公顷，专为 6.4 万居民设计，共有 368 栋住宅，入住 11 652 户家庭。阿卡达格新城第一阶段建设耗资超过 33 亿美元，已建成包括居民楼和公共、卫生、教育、体育、文化等设施共 336 座建筑。住宅区附近配建 4 所学校、10 所幼儿园、5 所教育机构和 3 个体育场馆。新城建筑均配备隔热涂层，可以根据季节调节室内温度，以创造舒适生活并节省电力。2023 年 6 月 29 日，土库曼斯坦举行盛大仪式，庆祝该国全新建造的智慧城市阿卡达格落成。

阿卡达格的城市空间将基于"智慧城市"概念运行，成为土库曼斯坦第一个拥有绿色交通,即电动巴士和电动汽车、智慧停车场、光伏发电、风力发电等设施的智慧城市。

土库曼斯坦的物流基础设施网络实现了领土全覆盖,但整体运行质量不佳。土库曼斯坦在世界银行物流绩效指数中的总体得分只有 2.34(满分 5 分),排名第 142。土库曼斯坦的基础设施质量特别差,得分为 2.23 分(满分 5 分),中亚五国中与吉尔吉斯斯坦处于同一水平,仅略高于塔吉克斯坦(世界银行,2018 年)。运输基础设施项目对土库曼斯坦至关重要,将有助于石油和石油产品、矿物、农产品和纺织品等笨重货物的运输,有利于周边落后国家的经济增长。

土库曼斯坦运输业的发展大大提高了与邻国的连通性,政府加大对交通基础设施的投资,以便从其靠近伊朗、南亚和通过里海毗邻俄罗斯的运输市场地位中获得经济利益。但土库曼斯坦的地理特点使运输基础设施建设工作复杂化,人口密度低,沙漠比重达到领土的 80%,因此,修建公路和铁路造价更高。

2018 年建成的里海土库曼巴什国际海港和 2014 年建成的通过土库曼斯坦连接哈萨克斯坦和伊朗的铁路线,提高了区域贸易流动的便捷度。根据《2019—2025 年土库曼斯坦社会经济发展计划》,土库曼斯坦将对土库曼纳巴特—土库曼巴什港段铁路进行电气化改造。

苏联时期建成的铁路线路大部分严重老化,土库曼斯坦目前正在实施铁路现代化方案,包括建造新的铁路线和翻修现有铁路线、发展准轨铁路运输、更新机车设备、铁路电气化等。

2019 年 7 月,土库曼斯坦—阿富汗—塔吉克斯坦铁路的阿富汗境内阿基纳—安德霍伊段开工建设,该铁路项目由土库曼斯坦倡议实施,也被称作亚洲铁路走廊,全长逾 400 千米,三国元首于 2013 年 3 月签署实施该项目备忘录。2016 年,该铁路第一段克尔基(土耳其)—伊曼纳扎尔(土耳其)—阿基纳(阿富汗)建成通车。2021 年 1 月,土库曼斯坦与阿富汗举行了阿基纳—安德霍伊铁路通车典礼。

2019 年 1 月,土库曼斯坦举行了阿什哈巴德—土库曼纳巴特高速公路奠基仪式并动工。该高速公路项目造价 23 亿美元,全长 600 千米(竣工后约占全国公路总里程的 4.3%),路宽 34.5 米,双向八车道,分三个阶段建设:2020 年 12

月完成第一阶段阿什哈巴德—捷詹段建设；2022 年 12 月完成第二阶段捷詹—马雷段建设；2023 年 12 前完成第三阶段马雷—土库曼纳巴特段建设。阿什哈巴德—土库曼纳巴特高速公路将为土库曼斯坦与邻国乌兹别克斯坦开展运输合作开辟广阔前景，有望进一步提高土库曼斯坦过境货运量。该公路与阿什哈巴德—土库曼巴什高速公路相连，将构成直达土库曼巴什港的物流通道，并可进一步通达欧洲、俄罗斯南部、伊朗北部、波斯湾和阿曼湾。

2018 年 7 月，112 千米长的拉巴特卡山—卡莱瑙输电线路投入使用，每小时输电能力为 100 兆瓦。该线路与已运营的伊曼纳扎尔—安德洪和谢尔合塔巴特—格拉特输电线路都是跨国能源基础设施的重要组成部分，有助于其各国经济复苏，对土库曼斯坦—阿富汗—巴基斯坦输电线路项目至关重要。2020 年 2 月 1 日，在马雷州与 FZE 公司（土耳其著名公司 Çalik Holding A. Ş. 的子公司）举行了马雷国营发电站至赫拉特市方向 220 千瓦高压输电线路土库曼段建设项目启动仪式。输电线路的建成，除了为这条高速公路的所有基础设施供电，还使通过阿富汗过境向巴基斯坦和其他南亚国家出口电力成为可能。

（二）宏观经济：GDP 和通货膨胀

苏联解体 30 多年来，土库曼斯坦政府从未正式公布通货膨胀指数和消费者物价指数等统计数据。本部分内容中相关统计数据来自国际货币基金组织的估算，以及土库曼斯坦政府相关信息发布中的个别数据汇总。

2009—2014 年，土库曼斯坦经济保持快速增长。由于 2015 年以来国际油价持续下跌并长期在低位徘徊，近年土库曼斯坦宏观经济增速放缓，GDP 增速稳定在 6.0%~7.0%。据土库曼斯坦官方信息，新冠疫情期间，尽管受各种不利因素影响，2020 年 GDP 依然保持了 5.9% 的快速增长，相比上年 6.3% 的增幅略有回落。2021 年 GDP 增长率超过了 6%。

2022 年，土库曼斯坦经济表现出了非常强劲的发展势头，在全球经济增速从 2021 年的 6.0% 下降至 2022 年的 3.2% 的背景下，该国 GDP 增长率达到 6.2%。土库曼斯坦 2022 年的经济发展还得益于积极的投资政策，与上年相比，投资增长率为 14.2%。

土库曼斯坦经济在 2022 年仍以发展工业为主要导向。这点体现在 GDP 结构中工业所占比重的增长，从2021年的29.2%上升到2022年的33.7%。其他产业在2022年GDP结构中所占比重有所下降，分别为：农业11.6%，建筑业6.9%，交通通信8.8%，贸易18.4%，其他服务业20.6%。

上述所有指标都证明了土库曼斯坦经济高速发展积极态势。现在，土库曼斯坦已成为全球增长最快的经济体之一（见表6-2）。

表6-2 1992—2022年土库曼斯坦GDP（购买力平价）

年份	GDP/亿美元
1992	172
1995	127
2000	168
2005	399
2010	765
2015	938
2016	905
2017	1 000
2018	1 033
2019	1 016
2020	999
2021	1 092
2022	1 189

2018年土库曼斯坦恩格尔系数为37%[①]，即家庭总支出的37%用于食品，民众总体生活水平尚可。尽管土库曼斯坦政府每年上调工作水平10%，但在新冠疫情期间通货膨胀水平急剧上升，对土库曼斯坦普通公民的日常生活影响更大。同时，通货膨胀也影响到土库曼斯坦的企业经营活动。价格不稳定导致难以

---

① 资料来源：美国农业部经济研究局发布的2018年全球各国和地区恩格尔系数报告。

预测企业的盈利能力，减少对新项目的投资和停止扩大经营规模，进而导致产能下降和创新活力下降（见表6-3和图6-1）。

表6-3 土库曼斯坦通货膨胀指数

年份	通货膨胀指数/%
1993	3 102.4
1995	1 005.3
2000	8.0
2005	10.7
2010	4.4
2015	7.4
2016	3.6
2017	8.0
2018	13.3
2019	5.1
2020	6.1
2021	19.5
2022	11.5

数据来源：国际货币基金组织。

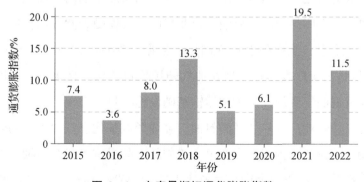

图6-1 土库曼斯坦通货膨胀指数

（三）产业结构

独立30多年来，土库曼斯坦经济迅速发展，工业化进程加快，经济结构多元化不断深入，持续推进电力、石油和天然气、机械制造、冶金、化工、建筑、电子、轻工、食品加工和制药等行业的发展。GDP中农业占比从40%以上下降到11%，农业生产基础设施也进行了根本性革新。在保持棉花在行业中地位的同时，恢复了粮食生产，建立了畜牧业发展基地，国家粮食安全得到了有力保障。据今日独联体网站2019年3月5日报道，土库曼斯坦农业占GDP比例为11.0%，建筑业为12.6%，交通运输业为9.9%，贸易为13.8%。

据俄罗斯Arzuw新闻网2021年1月26日报道，2020年土库曼斯坦工业产值占GDP比例为27.8%，年内生产的工业产品总值逾590亿马纳特，其中能源产品占比40.0%。根据《2019—2025年土库曼斯坦社会经济发展规划》，土库曼斯坦致力于在2025年实现农业占GDP比例8.9%、工业占GDP比例33.8%、建筑业占GDP比例11.5%、服务业占GDP比例45.8%的目标。

2019年2月，土库曼斯坦出台《2019—2025年土库曼斯坦社会经济发展规划》，将油气开采业、工业、电力行业、电子业、农业、交通业、通信业和旅游业作为未来7年经济发展重要领域，实施经济多元化和进口替代战略，加快工业化和私有化进程。2020年，土库曼斯坦私营经济在国民经济中（油气产业除外）占比为70%。

油气产业是土库曼斯坦经济的支柱产业。土库曼斯坦天然气储量位于俄罗斯、伊朗、卡塔尔之后，居世界第4位。作为国家战略部门，油气产业包括天然气开采和加工，土库曼斯坦主要油气企业集团有土库曼天然气国家康采恩、土库曼石油国家康采恩、土库曼巴什炼油厂。根据《2019—2025年土库曼斯坦社会经济发展规划》，土库曼斯坦计划在油气领域投资约457亿美元。土库曼斯坦油气产业高度重视油气资源深加工和运输基础设施项目。

土库曼巴什炼油厂真空处理燃料油、轻烯烃烷基化、汽油和聚丙烯的异构化及其混合装置的投产，为生产有竞争力的创新产品提供了机会。油气产业发展的一个方向是高分子聚合物生产，服务工业、建筑业、运输业、农业和民众生活所需。

土库曼斯坦纺织业发展很快。近年来，土库曼斯坦不断从日本、欧洲等国家和地区引进国际先进的技术设备，大部分产品已达到国际标准，55%以上的产品出口国外。其主要客户包括宜家、沃尔玛、李维斯等国际知名企业，产品远销到美国、加拿大、德国、英国、俄罗斯、意大利、土耳其、中国、乌克兰、法国、瑞士等国家。2020年棉纱年产量增至22.4万吨，棉布产量达到3.05亿平方米。

目前，该行业共有85家企业，其中63家是本土企业，15家是合资企业，生产高品质的棉纱和混纺纱线、织物、针织物、毛毯、成衣和牛仔裤产品，还有部分制鞋厂和皮革加工。主要有土库曼巴什纺织综合体、阿什哈巴德纺织综合体、土库曼巴什牛仔布综合体、卢哈巴特纺织综合体、古扬乌尔根奇纺织厂、阿哈尔巴德缫丝厂和土库曼纳巴特丝绸生产联合体等厂。此外，该国政府纺织工业部还管理着Altyn Asyr购物中心和11家专卖店。该行业创造就业岗位3万余个。

电力行业是土库曼斯坦的重要经济部门，该国进行了大规模改革、建设和投入，引进外国投资，在很短的时期内，在全国所有地区建造了一批大型现代发电厂，发电产能得到了大规模提升，同时更新和建造数千千米的输电线路，这不仅确保了土库曼斯坦的能源独立，而且大大增加了向外国出口电力的能力。土库曼斯坦国家能源学院着力培养高素质的专业技术人才，激发青年对科学发展的兴趣。

土库曼国家电力公司是土库曼斯坦能源（电力）部下属企业，成立于1992年，旗下共有12座发电站（总容量为6 511.2兆瓦）、6家生产企业、1个国家电力管理局、1个电力维修公司、1个城市照明管理局、1个电力设备公司、1个供电公司。土库曼电力建设康采恩主要负责铺设输电线路，成立于1995年，旗下共有13个企业（组织），分别位于首都和各地州。

阿什哈巴德国家发电厂于2006年投产，拥有两台燃气轮机，总容量为254.2兆瓦。2007年12月，达绍古兹国营发电厂投入运营。2010年12月，在阿哈尔州、阿瓦扎国家旅游区和巴尔干那巴特市同时建造了三座类型相似的燃气轮机发电厂。

2015年，在马雷州建造了一座燃气轮机发电厂，开发规模巨大的Galkynysh气田。2016年，列巴普州东南部的现代化发电厂瓦坦也开始运营，一个大型工业和工业集群开始形成。2018年9月8日，马雷国营发电站启动了1 574兆瓦的中亚最大的高科技联合循环发电厂，未来该国电力出口规模将达到30亿千瓦时。

2020年，列巴普州Charjevsky区正在加快建设一座容量为432兆瓦的新燃气轮机发电厂。该项目由住友商事株式会社和日本三菱日立电力系统公司以及土耳其Rönesans Holding公司共同实施。

土库曼斯坦丰富的油气资源以及陆生和水生自然资源储量，成为该国化学工业发展的资源保障。近年来，该国化学工业发展迅速，硫酸钠、炭黑、食盐和工业盐产量提高，油气资源深加工产品以及工业碘、溴等产品在国内外市场都有巨大的需求，并部分实现进口替代，促进高附加值产品出口，同时也支持了国内农业发展。2007年8月24日，土库曼斯坦设立土库曼化学国家康采恩，包括9个生产联合体、Dökünhimiýa公司和Garabogaz karbamid管理局。Dökünhimiýa公司生产化肥和其他化学产品，Garabogaz karbamid管理局负责监督相关设施的建设和土库曼纳巴特市的一所中等技术学校。

近年来，土库曼化学国家康采恩实施了一系列大型化肥和化工项目。2014年，马雷州建成年产64万吨尿素和40万吨氨的Marykarbamid工厂。2016年，列巴普州建成年产50万吨硫酸的生产装置。2017年，年产140万吨氯化钾的Garlyk采选生产联合体投产。2018年，Garabogazkarbamid工厂在巴尔干州卡拉巴卡兹市建成，年产115.5万吨尿素和66万吨氨。为了保证对本国农业的氮肥供应和增加出口潜力，土库曼斯坦在马雷市规划建设一个氮肥生产综合体。在列巴普州，将在Garabil钾盐矿床建设年产140万吨钾肥生产综合体。在巴尔干州，年产115.5万吨尿素的工厂二期已投产。土库曼纳巴特化工厂是土库曼斯坦的重要化工企业，年生产22.5万吨磷肥、50万吨硫酸和其他化工制品，还将规划建设年产30万吨浓缩磷肥车间。为了提高巴尔干半岛Gumdag镇Balkanabat工厂处理碘和溴水的生产和技术指标，将启动年产250吨工业碘和2 350吨溴和溴产品的装置。

除上述项目外，为了培养管理和维护这些生产设施的专业技术人员，计划在列巴普州建设土库曼斯坦化学技术学院。为了通过里海出口化学产品，主要是尿素肥料，在巴尔干州卡拉巴卡兹市重建了一个出口专用码头，该码头有一个专门的输送系统，将 Garabogazkarbamid 工厂的产品直接装上一艘船，并能够同时为两艘船服务。

土库曼斯坦已投产和待投产产能将供应国内市场和国外市场，满足国民经济各部门对化学产品的需求，并有可能将其出口量增加数倍。土库曼的化工产品出口到世界各国，是中亚最大的矿物肥生产国和出口国。

（四）对外开放

土库曼斯坦于 1992 年 11 月加入经济合作组织，与该组织各成员国建立了广泛的联系和合作关系，与俄罗斯、格鲁吉亚、亚美尼亚等国签署了双边自由贸易协定。

土库曼斯坦制定了《2020—2025 年土库曼斯坦对外经济活动发展规划》《2021—2030 年土库曼斯坦对外贸易战略》以及其他规范贸易、经济和投资活动的文件，创造有利于国民经济可持续发展和改善人民福祉的有利国际环境，积极参与世界经济活动，进一步发展对外经济关系，吸引大量外国投资。

土库曼斯坦进出口贸易实行计划管理。本国产品出口实行计划配额管理，并由国家统一联合经营，即国家根据产品的实际产量和国内需求，确定当年出口计划，并将全部出口产品统一投放到国家商品和原料交易所进行竞卖。国家商品和原料交易所有权对出口产品价格进行管控，若双方签订合同中，出口商品价格低于国家商品和原料交易所规定的基准范围，则国家商品和原料交易所有权拒绝对合同进行注册。

产品进口采用关税措施进行管理和调节，同时对烟酒类商品、机动车、化工产品等进口实行许可证管理制度。土库曼斯坦国有企业签订供货合同，同样须经过国家商品和原料交易所、财政和经济部等单位的审核、注册。参与交易的自然人和法人，无论买方还是卖方，均需取得经纪资格，否则只能通过与经纪人签订经纪服务合同参与交易。外国法人、合资企业、外国公民及无国籍人士仅能通过交易中介（经纪人）参与交易。交易中介只能由国家商品和原料交易所经纪服务机构人员或独立经纪人担任。交易中介有权要求客户在其开设于交易所结算中心的账户中存入保证金并授权交易中介监管上述资金。自 2017 年 6 月起，土库曼斯坦实施对外国供货商资质审核制度，要求本国进口商必须在国家商品和原料交易所为外国供货商注册，否则货物不予清关。

土库曼斯坦主要贸易伙伴为中国、土耳其、伊朗、俄罗斯、阿联酋、意大利、美国、阿富汗、英国、日本和韩国，主要出口商品为天然气及其产品、石油及其产品、皮棉、液化气、纺织品等，主要进口商品为机械设备、交通工具、日用消费品和食品等。

根据国际货币基金组织 2023 年 5 月初发布的《中东和中亚区域经济展望》报告，2022 年土库曼斯坦外贸出口额为 156 亿美元，进口额为 85 亿美元。此外，报告预测土库曼斯坦 2023 年外贸出口额与 2022 年持平，进口额将小幅增长至 90 亿美元。

土库曼斯坦与中国长期保持着密切的经济贸易关系，并保持了较快的发展势头。根据中国海关统计，2019 年，中土双边贸易总额 91.17 亿美元，比上年增长 8.07%。其中，中国向土库曼斯坦出口 4.31 亿美元，增长 35.99%；中国自土库曼斯坦进口 86.86 亿美元，同比增长 6.98%。

2020 年，中土双边贸易总额 65.15 亿美元，比上年下降 28.54%。其中，中国向土库曼斯坦出口 4.43 亿美元，增长 2.78%；中国自土库曼斯坦进口 60.72 亿美元，下降 30.09%。

2021 年，中土双边贸易总额 73.58 亿美元，同比增长 12.94%。其中，中国向土库曼斯坦出口 5.13 亿美元，同比增长 15.89%；自土库曼斯坦进口 68.44 亿美元，同比增长 12.71%。中国继续保持同土库曼斯坦第一大贸易伙伴地位。

2022 年，中土双边贸易总额逾 111.81 亿美元，同比增长 52%。其中，中国向土库曼斯坦出口逾 8.68 亿美元；自土库曼斯坦进口逾 103 亿美元，主要进口产品为管道天然气。土库曼斯坦是中国管道天然气最大的进口来源国。

自苏联解体以来，土库曼斯坦的国家体制发生了根本性变化，2008 年，政府发布了第一部外商直接管理法——《土库曼斯坦外国投资法》，首次以法律形式对境内的外国投资行为进行管理，并成立了土库曼斯坦投资经济风险保护机构,以提升投资便利度和投资管理稳定性。这些措施的出台,大大地促进了外国投资的流入。

近年来,土库曼斯坦政府不断加大吸引外资的宣传力度,利用各种场合宣传改革开放政策和良好的投资环境。外资来源国主要为土耳其、中国、日本、韩国等国家,投资主要方向为能源、化工、交通和通信等领域。联合国贸易和发展会议发布的《2023年世界投资报告》显示,2021年土库曼斯坦吸收外资流量为14.53亿美元,2022年为9.36亿美元,在中亚地区排名第3(见图6-2)。截至2021年年底,土库曼斯坦吸收外资存量为407.75亿美元。外国直接投资主要投向燃料和能源、化工和农业等领域。

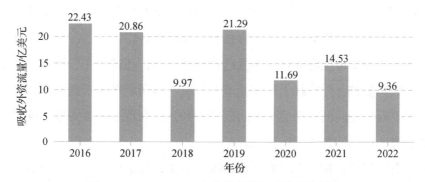

图6-2 2016—2022年土库曼斯坦吸收外资情况

资料来源:联合国贸易和发展会议《2023年世界投资报告》

20多年来,土库曼斯坦共吸引外国投资1 172亿美元。根据土库曼斯坦外经银行行长对外消息称,2021年土库曼斯坦外经银行与外国金融机构签署了5份融资协议,总金额2.36亿美元,贷款来源国主要为日本(48%)、韩国(17%)、沙特阿拉伯(12%)、德国(6%)、美国(5%)、中国(3%)和瑞士(2%)。伊斯兰开发银行、沙特发展基金在TAPI天然气管道项目上积极与土库曼斯坦开展合作,分别投资7亿美元和1亿美元。2020年,土库曼斯坦国家外经银行加强国际金融合作,分别与美国Deer Credit公司、OPEC基金以及伊斯兰私营部门发展公司,签署数笔贷款协议。2022年3月,OPEC基金与土库曼斯坦签署4 500万美元的贷款协议。

在土库曼斯坦开展大规模直接投资的中资企业仅中石油阿姆河天然气公司

一家，投资项目为阿姆河右岸"巴格德雷"合同区域天然气勘探开发项目。阿姆河项目是中石油迄今最大的海外陆上天然气勘探开发项目，也是土库曼斯坦政府唯一授予外国企业陆上天然气开采权的项目。该项目2009年建成并投产运行，是我国天然气陆上进口主力气田，也带动了土库曼斯坦经济社会发展。

土库曼斯坦正在积极努力融入区域和国际运输、信息和通信系统，从而发展其国际运输和过境能力。土库曼斯坦拥有南北和东西方向的运输和过境走廊，参与建立土库曼斯坦—阿塞拜疆—格鲁吉亚—土耳其，乌兹别克斯坦—土库曼斯坦—伊朗—阿曼—卡塔尔国际运输走廊，欧洲—高加索—亚洲运输走廊。

2018年10月，土库曼斯坦与阿富汗、阿塞拜疆、格鲁吉亚、土耳其在第七届阿富汗区域经济合作会议上签署青金石走廊运输合作协议。青金石走廊始于阿富汗，经土库曼斯坦里海港口土库曼巴什跨越里海，通过巴库、第比利斯抵达黑海港口巴统和波季，随后经土耳其城市卡尔斯、伊斯坦布尔抵达欧洲。这是一个包括土库曼斯坦在内的五个国家之间以铁路和公路为重点的多式联运项目，将促进区域经济一体化并扩大国际贸易。

土库曼斯坦正在加强全球和区域两级在能源领域的广泛合作。在这方面，与《国际能源宪章》组织、国际能源机构、国际原子能机构和国际可再生能源机构以及专门从事能源生产的外国领先公司开展合作。近年来，土库曼斯坦优先推进土库曼斯坦—阿富汗—巴基斯坦—印度跨国管道，土库曼斯坦—阿富汗—巴基斯坦输电线路和光纤通信项目，这些跨国项目的实施为能源流动开辟进入亚太、近东和中东等新的充满活力的大型经济体市场的战略通道。

土库曼斯坦人口高增长和城市化发展，带动了建筑业发展和基础设施的大规模建设，对工程机械产生了持续的需求，而社会经济的稳定发展、不断扩大的内需，产生了大规模的工程机械的进口需求，土库曼斯坦的工程机械市场已经是一个事实上的国际化市场。

二、土库曼斯坦工程机械市场分析

土库曼斯坦对工程机械的需求是由多种因素造成的。一个国家的经济增长和投资规模，特别是基础设施领域的投资项目，需要专门的设备来执行各种任务。工程机械市场属于土库曼斯坦基础设施体系发展的重要组成部分，在建筑业、石油和天然气工业、农业和其他基础设施项目中发挥着重要作用。土库曼斯坦社会经济的快速发展，基础设施投资、城市建设发展和关键生产部门扩张带来了对工程机械的持续性需求。

（一）土库曼斯坦工程机械市场的需求

目前，土库曼斯坦积极投资基础设施建设，如公路、铁路、天然气管道和其他能源基础设施，带来了对建筑工程机械和道路施工机械广泛的市场需求。如摊铺机、压路机、道路铣刨机等。

土库曼斯坦石油和天然气资源储量丰富，石油和天然气是土库曼斯坦的战略性行业，钻机、卡车、专门的石油和天然气开采和运输设备是该行业成功经营和发展的必要条件，由此对各种类型的工程机械，如钻机、专用车辆、重型运输和起重设备有持续需求。

城市规模的不断扩大和建筑业的发展，带来了对各种类型的建筑施工设备的需求，起重机、挖掘机、混凝土泵车、推土机、平地机、汽车起重机等工程机械需求持续旺盛。

尽管农业在土库曼斯坦经济发展中的比重在下降，但事关国家粮食安全，农业依然拥有不可替代的战略性价值。地广人稀条件下，土库曼斯坦对农用机械，如拖拉机、收割机、灌溉系统和其他农业专用机械有持续需求。

土库曼斯坦各个战略性行业的骨干国有企业是工程机械设备的大客户。

（1）土库曼斯坦天然气公司是一家从事天然气开采和加工的国有企业，对与天然气生产和加工有关的工程机械有需求。

（2）土库曼斯坦国家石油公司对石油生产和炼油的工程机械有需求。

（3）土库曼斯坦国家电力公司是从事电力生产和电力设施建设的国有企业，对电力设施建设和电网维护的工程机械有需求。

（4）土库曼斯坦国家铁路公司对与铁路轨道维护和货物运输相关的工程机械有需求。

（二）土库曼斯坦工程机械的市场供给

土库曼斯坦的工程机械供应既包括当地生产，也包括进口产品，但以进口产品为主。国内制造商的生产供给能力比较薄弱，对于范围更广、技术更先进的产品进口需求量更大。根据国家经济发展形势的变化，土库曼斯坦针对各行业的工程机械实施进口调控，针对特定类别和型号的产品实施进口限制或鼓励政策。

土库曼斯坦重型机械制造和金属加工业主要集中在灌溉区城市和主要交通枢纽，从事各种机械设备的生产和维修，主要中心位于首都阿什哈巴德。阿什哈巴德市的工厂从事燃机车和汽车维修，生产大功率离心油泵、工业冷却器（冷却塔）风机、中耕机、电缆、燃气灶和揉面机。

土库曼斯坦正在发展本土机械工业，包括为各个行业生产工程机械和汽车。该国正在努力减少进口，力争在工程机械生产方面实现自给自足，这有助于发展国内工业并创造新的就业机会。土库曼斯坦与国际公司合作，吸收它们在工程机械生产方面的经验和技术。例如，与中国工程机械制造商合作，在该国启动了一个组装与生产公共汽车和卡车的项目。

该行业的代表性企业主要位于阿什哈巴德、巴尔干那巴特、达绍古兹、马雷和土库曼纳巴特等大城市，为本国的石油天然气行业、建筑业、轻工和食品工业以及农业提供生产服务和生产设备，如特种泵、通风设备、电缆、照明设备和农业机械，还有铁路车辆和轮船维修能力，并与德国和土耳其合作建造了小型客轮。

土库曼斯坦工程机械的本土品牌之一是土库曼巴什，该企业生产混凝土搅拌车、高空作业车、汽车起重机等多种类型的工程机械和其他专用设备。

土库曼巴什机械制造厂位于土库曼巴什市，专业生产各类金属制品及油气行业工程机械。

土库曼重型机械制造厂位于马雷市，从事机械设备的制造和维修业务，包括中耕机和其他类型的农业机械。

阿什哈巴德通风机器制造厂位于首都阿什哈巴德，专业生产工业水冷却器（冷却塔）等通风系统用风机。

土库曼照明灯具厂位于土库曼纳巴特市，从事照明设备制造业务，产品包括灯具、便携灯具、探照灯等。

巴尔干纳巴特电缆厂位于巴尔干纳巴特市，专业生产各类电线电缆。

土库曼纳巴特农业机械厂位于土库曼纳巴特市，从事各类农业机械的生产，包括拖拉机、收割机、播种机等。

巴尔干纳巴特农业机械厂位于巴尔干纳巴特市，专业生产拖拉机、割草机、犁等农用机械设备。

马雷农业机械厂位于马雷市，从事收割机、拖拉机和其他农业机械的生产和维修。

阿什哈巴德农业机械厂位于首都阿什哈巴德，专业生产拖拉机、播种机、收割机等农用机械及其他农具。

土库曼斯坦的工程机械市场上，既有欧美日国际知名品牌，也有独联体成员国的品牌，中国品牌的影响力同样巨大，这些品牌的服务网络广泛、保修服务到位、备品备件到位、技术支持到位，使得这些品牌对于客户具有吸引力。

土库曼斯坦国内农工综合体的基础设施现代化和技术改造有助于提高劳动生产率，确保行业可持续发展。为此，土库曼斯坦政府拨出大量资金用于灌溉和农田开垦，并从世界领先的制造商那里购买工程机械，以不断更新农工综合体的技术条件。2021年为个体农户进口了大量约翰迪尔公司的农业机械，个体农户可以通过银行贷款购买。为了使以前购买的设备保持正常工作状态，政府长期进口约翰迪尔、科乐收的拖拉机和联合收割机零部件、润滑油和其他消耗品。

2022年1月，时任总统别尔德穆哈梅多夫批准了与约翰迪尔公司的合作方案，确定了约翰迪尔的长期商业伙伴地位。约翰迪尔获得为该国供应农业、建筑、道路工程机械的机会，土库曼斯坦财政和经济部与约翰迪尔签署一项关于农业发展和私营、商业领域合理用水的谅解备忘录，国内建筑工业综合体与约翰迪尔针对维特根道路工程机械供应开展相关工作。根据土库曼斯坦政府与约翰迪尔2019年签署的谅解备忘录，建议农业和环境保护部采取联合举措，通过约翰迪尔信贷公司的长期贷款购买农业机械。

来自韩国的斗山、INFRACORE 和现代提供广泛的工程机械，包括挖掘机、装载机、推土机、平地机和其他建筑和采矿机械。

美国的特雷克斯公司和捷尼公司专业生产起重机械，包括伸缩式升降机、起重机、升降平台等设备，广泛应用于基础设施建设和维护。

来自土耳其的 CUKUROVA、OPET、GENPOWER 和 KATMERCILER 提供各种类型的农业和建筑机械，包括拖拉机、收割机、土壤处理机、混凝土搅拌机和其他有助于提高农业和建筑效率的机械。

来自西班牙的利勃海尔专业生产工程机械，包括平地机、汽车起重机等，用于路面铺设、平整和吊装作业。

来自波兰的锐斯塔公司是中国企业柳工旗下专门生产推土机和重型土方机械的公司，产品广泛应用于建筑、采矿和道路作业。

同时，土库曼斯坦市场上独联体成员国的品牌拥有传统的市场优势，如别拉兹（白俄罗斯）、嘎斯（俄罗斯）、卡玛斯（俄罗斯）、马兹（白俄罗斯）和乌拉尔（俄罗斯）等品牌的市场保有量很高。

卡玛斯汽车制造厂在许多国家享有盛名。卡玛斯以其可靠性、适应各种使用条件和广泛的车型系列而闻名，在土库曼斯坦具有独特吸引力和市场优势。

土库曼斯坦是卡玛斯卡车和工程机械的稳定销售市场之一，这些卡车和工程机械广泛应用在土库曼斯坦的各行业，据统计，土库曼斯坦的卡玛斯卡车的市场保有量超过1.1万台。鉴于该地区对卡玛斯卡车的需求很大，2008 年卡玛斯在阿什哈巴德开设了培训服务中心，除了从事销售和维保服务，还提供培训服务，内容包括卡玛斯产品的结构、操作、维护、诊断和维修技能。卡玛斯经销服务网络覆盖全境，在巴尔干那巴特、马拉、达绍兹和土库曼巴什设有代表处。

2021 年，土库曼斯坦成功扩大了与白俄罗斯在各个经济领域的合作，特别是土库曼斯坦进口 MTZ（明斯克拖拉机厂）旗下的拖拉机和运输设备。除了拖拉机设备，白俄罗斯产品维修所需的零部件和其他必要产品也出口到土库曼斯坦。此外，土库曼斯坦还从日本采购小松挖掘机，由土库曼斯坦齐柏林公司供应卡特彼勒挖掘机全系列产品。

中国工程机械的优势之一是中国在地理上接近土库曼斯坦，这使得供应和服务过程更加容易，中国低廉的生产成本和生产规模使中国公司能够提供有竞争力的价格，来自中国的工程机械已成为土库曼斯坦市场不可或缺的一部分。

中国工程机械在土库曼斯坦的知名品牌包括徐工、中联重科、山推、柳工和三一重工等，这些品牌各有特色，提供不同的模式和解决方案，以满足不同行业客户的需求。

目前，在土库曼斯坦最受欢迎的中国工程机械品牌是徐工，徐工以其产品种类多而著称，包括挖掘机、装载机、推土机、平地机等，产品广泛应用于包括建筑业和农业在内的各个行业。

在农业领域，中国一拖、福田雷沃等中国品牌也颇受欢迎。中国一拖专业生产拖拉机和农业机械，提供多种型号产品；福田雷沃生产拖拉机、收割机等农业机械。

为土库曼斯坦提供工程机械的中国品牌提供以下客户支持服务：

操作员培训：对工程机械操作员进行培训，使他们掌握机器的所有功能，这可以提高工作效率和设备使用的安全性。

机械选择和使用建议：为客户提供建议，以选择最适合他们需要的工程机械。考虑项目或任务的特殊性，并就最佳使用技术提出建议。

咨询服务：通过回答客户的问题和提供必要的信息来提供客户支持服务，这些信息可能与规格、维护、零部件或客户感兴趣的任何其他方面有关。

客户支持是中国品牌与土库曼斯坦客户业务关系的重要内容，它有助于设备的有效使用、提高生产率并尽量减少工程机械运行中可能出现的问题或困难。

（三）土库曼斯坦工程机械的市场供应链

知名工程机械品牌在土库曼斯坦的供应链，在确保设备供应和维护方面发挥着重要作用。卡特彼勒、中联重科、徐工等拥有广泛的产业链，覆盖生产、物流、配送、销售、服务和零配件供应。这些品牌在土库曼斯坦的授权经销商和分销商在工程机械的供应和维护方面发挥着关键作用，它们与制造商密切合作，销售新产品，提供高质量的零部件和专业的服务。

土库曼斯坦著名的经销商和分销商如下：

齐柏林土库曼斯坦公司已在土库曼斯坦市场成功运营了 10 余年，是卡特彼勒的授权经销商，销售 CAT 品牌的全系列产品，包括挖掘机、装载机、自卸车、推土机、铺管机、铲运机、平地机、压路机、道路铣刨机和沥青摊铺机等，同时提供技术咨询、售后维护和零部件供给服务，客户来自土木工程、工业和道路建设以及采矿业。该公司还协助客户办理贷款租赁等金融服务。

哈萨克斯坦工程机械经销商欧亚机械公司是重型工程机械最大的区域分销商之一，总部位于哈萨克斯坦阿拉木图，自 2018 年以来一直是日立工程机械在哈萨克斯坦和中亚地区的授权经销商，还供应德国马尼托沃克（MANITOWOC）的格鲁夫汽车起重机，以及奔驰和三菱产品，同时是壳牌润滑油的中亚总代理。该公司的经销商网络覆盖哈萨克斯坦、乌兹别克斯坦、塔吉克斯坦、吉尔吉斯斯坦、土库曼斯坦 5 个国家境内，共设有 15 个办事处、20 个仓库以及完善的供应和物流布局。为了快速响应客户的需求，公司拥有一支由 70 多辆服务车组成的车队。每个服务中心都有一个维修和诊断车间，配备特殊工具和设备，包括诊断设备，为客户提供全方位服务。欧亚机械公司向土库曼斯坦市场供应的德国格鲁夫汽车起重机，起重能力为 130 吨，起吊高度可达 95 米，可以高达每小时 85 千米的速度在道路上行驶。

土库曼斯坦供应中国工程机械的代表性经销商如下：

（1）土库曼机械工程股份有限公司是徐工的授权经销商，提供徐工的各种工程机械，包括挖掘机、装载机、推土机、起重机和其他工程机械。

（2）巨型汽车有限公司是柳工的经销商，提供柳工的各种工程机械，包括挖掘机、装载机、平地机等建筑和货物运输设备。

（3）土库曼斯坦三一有限责任公司是三一重工的经销商，专业供应和维修挖掘机、推土机、起重机、混凝土泵等。

（4）Grand Technology LLC 是山东临工的授权经销商，专业从事装载机、平地机、挖掘机等的供应和维护。

（5）珠穆朗玛峰有限公司是龙工的经销商，提供龙工的各种产品，包括装载机、挖掘机和压路机。

（6）Techmashin 有限责任公司是中联重科的授权经销商，提供多种型号的工程机械，如塔式起重机、建筑升降机、混凝土泵等。

（7）亚洲机械有限责任公司是徐工的经销商，从事徐工产品的供应和维护，包括装载机、挖掘机和压路机。

三、土库曼斯坦职业教育发展与校企合作

土库曼斯坦高度重视教育事业发展和各类专家人才的培养。土库曼斯坦的教育体系由学前教育、小学教育、普通中等教育、中等职业教育和高等教育组成，土库曼斯坦实行 10 年制义务教育，中小学教育、高等教育均免费。

苏联解体后，土库曼斯坦对本国的教育体系多次做出重大改革。从 1991 年开始，首任总统尼亚佐夫将教育体系改为 9 年。2006 年上任的第二位总统别尔德穆哈梅多夫制定了新的教育政策，其中最显著的变化是儿童教育和权利方面遵循国际标准。自 2007 年之后，土库曼斯坦政府将普通中等教育和高等教育的学制分别改为 10 年和 4~5 年，并恢复了体育、音乐、美术及其他一些教学科目。2013 年 3 月 1 日，总统别尔德穆哈梅多夫签署了《关于完善土库曼斯坦教育制度的法令》，土库曼斯坦实施 12 年普通中等教育，保留了许多苏联教育体系的特点，但是目前正在实行改革，以使土库曼斯坦能够更好地参与国际教育活动。政府还根据西方标准重组初等和中等教育体系，其特点是教学大纲更短，但具有大量职业培训和发展课程。

土库曼斯坦全国有中小学 1 900 多所、中等专科学校 18 所、高等院校 25 所，此外还有数十所职业技术学校，各类学校在校生总人数超过 100 万人。当地著名大学有国立马赫图姆库里大学、阿扎季世界语言学院、土库曼斯坦工学院、土库曼斯坦国立石油和天然气学院、国立通信建设学院、俄罗斯古铂金油气学院土库曼斯坦分院等。

2017 年 9 月，土库曼斯坦批准了数字教育系统发展方案，并计划于 2024 年前建立完善的外语教学体系。土库曼斯坦正在进行大量改革，以改善国内教育系统，发展高等教育，使其达到世界发达国家的水平。近年来通过了《土库曼斯坦

教育法》，全国各地都在加紧建设新的幼儿园、中学和高等教育机构。为提高教学质量和效率，在教育系统中广泛采用先进的信息和通信技术，为学校配备计算机和多媒体教学设备。

为提供经济发展急需的专业人才，土库曼斯坦于2019年扩大大专院校和中等专业技术学校的招生人数，并扩大同中国、俄罗斯、白俄罗斯、日本、马来西亚、罗马尼亚、土耳其、德国等国家的高校合作。

(一) 土库曼斯坦职业教育概况

为了确保职业教育系统与经济部门的融合，土库曼斯坦正在努力制定和实施国家教育标准，使毕业生能够在劳动力市场上具有竞争力。这些标准是与企业合作制定的，包括劳动力市场所需的知识和技能。在土库曼斯坦，职业教育由初等职业培训机构提供，它们提供短期课程，使学员能够提高现有技能或获得新的技能，以便长期就业。它们特别关注弱势群体和残疾人的培训。全国高等和中等职业教育由高等和中等职业教育机构提供，其中60.2%的学生的培养经费由政府财政支持。

1. 初等职业教育

学生接受普通中等教育毕业后，开始接受初等职业教育。初等职业教育主要培养所有经济活动领域半熟练工人。初等职业教育有全日制和非全日制（夜校）两种形式，学习时限3~18个月。初等职业教育吸引了大量没有考入中等专业技术学校或高等院校的年轻人。

土库曼斯坦目前有128个提供初等职业教育培训的职业技术学校和教学中心。通常，国家不对初等职业教育进行资助。见表6-4，2012—2017年初等职业教育机构有明显减少的趋势。由于大多数课程的持续时间较短，初等职业教育培训班的年入学人数几乎是官方学生总入学人数的3倍。

表6-4 2012—2017年土库曼斯坦初等职业教育概况

项目	2012	2013	2014	2015	2016	2017
初等职业教育机构数量/个	130	131	131	130	129	128
学生总数/人	51 800	49 200	37 400	34 100	35 500	36 700

续表

项目	2012	2013	2014	2015	2016	2017
培训班新生总数/人	120 600	118 500	92 700	87 700	83 200	90 400
毕业生总数/人	119 900	118 700	101 800	88 300	79 400	86 500

数据来源：《土库曼斯坦统计年鉴（2018 年）》。

根据教育部的数据显示，初等职业教育涵盖了 268 个专业。大多数教学培训课程根据专业流行度设置，比如会计专业；也有一些专业化教学课程，如农业、纺织工业、建筑业、动力学和经济学。

2. 中等职业教育

中等职业教育主要培养相应经济领域熟练工人和技术人员。中等职业教育由中等专业学校、职业技术学校和高等院校提供，授课形式为面授，课程时长 24～36 个月。2017 年土库曼斯坦共有 42 个中等职业教育机构，学生总数为 21 600 人，几乎是 2012 年的 2 倍多（见表 6-5）。

表 6-5　2012—2017 年土库曼斯坦中等职业教育概况

项目	2012	2013	2014	2015	2016	2017
中等职业教育机构数量/个	32	37	40	42	42	42
学生总数/人	11 600	14 500	17 200	20 000	21 500	21 600
录取新生总数/人	5 800	6 600	7 800	8 400	8 500	8 300
毕业生总数/人	2 500	3 600	4 900	5 440	7 000	8 000

数据来源：《土库曼斯坦统计年鉴（2018 年）》。

近年来，土库曼斯坦国民经济发展迅猛，各行业对专业技术人员的需求也不断增加。鉴于此，土库曼斯坦政府把全方位推进职业教育发展作为教育改革重要方针之一。据统计，2019 年土库曼斯坦 42 个中等职业教育机构共招生 9 063 人，全国高校共招生 12 241 人；2020 年，全国中等职业教育机构共招生 9 490 人，全国高校共招生 14 337 人。①

根据资料显示，36 个中等职业教育机构与其相应的专业部门建立了合作关系。接受中等职业教育的女性占比为 55%，男性为 45%。女性学习的专业大多为教育学、卫生与保健、经济学、旅游学、文化和艺术等。

中等职业教育毕业生获得普通课程文凭或职业教育文凭。但是，毕业生在完成两年的国家义务服务后才能获得文凭。对于男性而言，两年通常在武装部队中度过。

3. 高等职业教育

土库曼斯坦高等教育机构包括 6 所大学、17 个学院、1 个研究院和 1 个音乐学院（见表 6 – 6）。近 10 多年来开办了以下高等院校：土库曼斯坦农业学院（Туркменский сельскохозяйственный институт）、军事海洋学院（Военно – морской институт）、外交部国际关系学院（Институт международных отношений Министерства иностранных дел）、土库曼斯坦国立金融学院（Туркменский государственный финансовый институт）、土库曼斯坦国立石油和天然气学院（Туркменский государственный институт нефти и газа）、建筑学院（Архитектурно – строительный институт）、国家安全和边防部队学院（Институт национальной безопасности и пограничных войск）。

表 6 – 6　土库曼斯坦高等教育概况

项目	2012/2013	2013/2014	2014/2015	2015/2016	2016/2017	2017/2018
高等院校数量/个	23	24	24	24	25	25
入学人数/人	6 700	7 000	8 000	8 300	8 500	9 400
学生总数/人	27 400	29 800	32 600	35 500	38 000	41 200
毕业生人数/人	4 400	4 900	5 200	5 900	6 000	

数据来源：《土库曼斯坦统计年鉴（2018 年）》。

---

① Первокурсниками вузов и профшкол страны в этому году станут почти 24 тысячи юношей и девушеки [EB/OL]. (2020 – 07 – 06) [2022 – 08 – 24]. http://www.turkmenistan.gov.tm/? id = 21335.

根据专业不同，高等教育学制分为4～7年。只有少数高等院校可以提供硕士和博士项目。2018年，土库曼斯坦根据博洛尼亚标准引入学士、硕士、博士以及专家文凭，开始实施新的教育体系。

高等院校和职业技术学校的升学必须通过三门入学考试。高等院校只录取最有竞争力的学生。根据教育部数据，高等院校入学名额的竞争比例大约是4∶1。2017/2018学年比2012/2013学年多录取了30%多的学生。但高等院校学生中还存在性别差异：34%的学生是女性，66%的学生是男性。

通过5年的学习，高等院校毕业生被分配到不同的工作岗位，他们必须在岗位上工作满两年，两年后颁发高等院校毕业证书。根据区域定额录取的高等院校毕业生必须回到本地岗位工作。

土库曼斯坦政府积极推进职业教育现代化、数字化和国际化。2020年4月1日，时任总统别尔德穆哈梅多夫在卫生和教育工作专题视频会议上特别强调在职业技术学校开设新专业，积极筹措专门教授机器人技术的中等职业技术学校。他还指出，要运用数字技术促进科教系统改革，引入新型职业教育课程。①

国际化方面，总统于2017年5月26日签署了一项承认由国外院校颁发的职业教育毕业文凭的决议。政府提议加强与欧盟在初等、中等和高等职业教育的合作。②

土库曼斯坦职业教育存在一些现实问题。根据《社会经济发展规划（2011—2030）》，土库曼斯坦进行了社会改革和教育改革。但当前职业教育与培训的效果并不理想，学生辍学率很高。现有的技术技能不能满足国家社会经济发展需要，职业技术院校提供的专业种类较少，只在个别情况下，学生能够学习普通教育课程和其他课程，这导致毕业生在高等院校继续接受教育的机会大大减少。此外，劳动力市场对中等职业教育毕业生的吸收情况，以及企业对这些毕业生能力和技能的满意度情况更是知之甚少。

---

① 土库曼斯坦总统主持召开卫生和教育工作专题视频会议．[EB/OL]．(2020-06-26) [2022-08-24]．http://tm.china-embassy.org/chn/tgdt/t1794247.htm.
② Perspectives of international cooperation discussed in educational sphere [EB/OL]．(2020-04-23) [2022-08-24]．http://tdh.gov.tm/news/en/articles.aspx&article2225&cat30．

土库曼斯坦职业教育发展趋势积极向好。未来土库曼斯坦政府将积极推进职业教育系统改革。首先，根据世界标准，加强教育体制改革。在全国各地推行先进的教学方法，培养高技能创新型专家人才。紧跟社会经济发展需求，更新职业技术学校专业设置。其次，通过扩大资金种类来源，引入多种教育形式，加强利用国外先进网络技术等手段，进一步扩大受教育人群范围，增加国民受教育机会。最后，积极贯彻实施教学和科研并举，建立研究所和高等院校相结合的有效机制，增加高科技领域的研究成果。

（二）土库曼斯坦劳动力市场供求分析

劳动力市场需求结构直接体现一个国家产业结构升级水平，土库曼斯坦也不例外。总体来说，土库曼斯坦的教育水平和劳动力素质有限，高级技工短缺。根据土库曼斯坦官方统计，2020年土库曼斯坦平均月工资为1 857.4马纳特，约合530美元（美元兑换马纳特汇率按1∶3.5官方汇率计算），但具有熟练技术的工程师和在外资企业工作的高级人才月工资可达到1 200~2 000美元，普通工人月工资在300~350美元。土库曼斯坦劳动力需求最热门的专业分别为油气行业相关专业、建筑行业相关专业、财务会计、市场营销和医疗行业相关专业。

油气行业是土库曼斯坦的支柱行业，这是一个资金和技术密集型的垄断程度很高的行业。根据土库曼斯坦的国家发展战略，油气行业有着巨大的发展空间，国内外企业积极进入该行业，对相关专业的人才需求至少在20~30年内保持在一个很高水平。该行业最需要的专业包括钻井技术、钻井设备维护、地质学、地震勘探和油气运输。该行业薪酬待遇丰厚，但工作环境比较恶劣。通常，外资企业月工资超过1 000美元并提供实习、高级培训或海外就业、补贴。本土国企月工资超过250美元，但企业为员工及其家庭成员提供大量社会福利，同时提供购买土库曼斯坦石油和天然气部住房折扣和补贴。土库曼斯坦油气行业专业技术人员由土库曼斯坦理工学院培养，目前已经独立成立土库曼斯坦国立石油和天然气学院。土库曼斯坦遴选优秀人才，根据国家间交流机制派遣人员出国学习。

建筑业是全国发展最快的行业。由于土库曼斯坦实施了许多旨在改善生活条件的政府计划，对工业、文化、商业和休闲设施进行了大量投资，建筑业快速发展还会持续10~15年。该行业吸纳了大量的工程技术人员和劳动力，仅仅考虑急需和薪酬最高的岗位有设计工程师、土木工程师、建筑师、工程设计师、造价工程师。外资企业的需求量最大，近两年本土建筑公司的需求也在增加，但政府机构需求不大。通常，入行月工资基本是500美元起，随着经验积累和业绩提升不断加薪，经过5年或完成2~3个项目，月工资可以突破1 000美元大关。但是，该行业的运行有着明显的季节和阶段性特点，多数岗位不需要高等教育阶段的培养训练。

随着土库曼斯坦国民经济的快速发展，私营企业经营的不断规范化，财务会计已经成为最热门的职业，在公共机构中需求不大，但从私营企业到能源巨头，所有经济部门都有需求。通常，新手会计入行可以获得250美元或以上的月工资。随着工作技能和经验的提升，2~3年后突破500美元的月工资，总会计师会超过1 000美元，有些会计师可以代理几个小企业的工作。会计和财务是一个非常广泛的领域，涉及许多领域，可以在未来重新接受审计员、分析师或金融专业的培训。随着国家经济和企业融资体系的发展，对这些专业的需求将不断增长。土库曼斯坦国立国民经济学院承担人才培养任务，学生也可以出国学习。

营销和销售专业人员掌握识别客户需求的现代技术，并能够很好地销售。到目前为止，对这些专业的需求并不是很大，但随着消费品领域的大型企业进入土库曼斯坦市场，以及本土制造业的发展，竞争也将加剧，这应该会增加对销售人员、营销人员和外国公司代表的需求。通常，营销人员工资由固定底薪和销售额的百分比组成，月工资从300~1 000美元不等，并拥有自己的客户资源。但是，为了在平等的基础上与企业合作，营销人员需要进一步投资自己，再培训成为采购和物流专家。营销管理是出国留学生最喜欢的专业。

土库曼斯坦正在建造大量新的诊所和保健中心，这些诊所和保健中心配备了现代化的设备，因此对医疗专业人员有着广泛的需求。土库曼斯坦医疗机构完全国有，医生的入行月工资从250美元起步。医药代表可以在私人市场上获得更高收入，获得300~1 500美元的收入。医生的成长之路很艰辛，学习加实践至少需要11年，土库曼斯坦的医生由国立医学院培训。

（三）土库曼斯坦的校企合作概况

在土库曼斯坦独特的国家治理体系下，校企合作对行业发展具有重要意义，学校、企业之间有着密切的合作，实施高质量的教育和培训，使学生能够在现实环境中获得实践技能和工作经验，了解行业最新技术，企业能够及时发现吸纳优秀人才。但土库曼斯坦的产业发展现实使校企合作存在很多难以克服的困难，这也是苏联解体的后果。苏联产业分工体系解体后，独立后的土库曼斯坦国民经济体系资源化、产业分工体系去工业化，所以校企合作共同推动人才培养工作失去了现代化产业基础。

土库曼斯坦的专业技术人才培养模式继承了苏联教育体系，尤其是专业性强的行业院校和企业之间的合作非常密切，如能源油气行业的院校和企业合作非常密切，成效显著。据2020年7月23日土库曼斯坦NEBIT-GAZ报道，国营土库曼斯坦天然气康采恩附属马雷石油天然气中等职业学校承担着专业技术人员培训的任务。马雷石油天然气中等职业学校自成立以来，培训了大量学员，不断提升教学质量，所有的专业培养方案都包含实践教学内容，包括石油和天然气工业设备的维护和维修、石油和天然气钻井的开发、天然气和油田的开发、化工企业设备的维护和维修等，并在设备齐全的教室里进行。

每学年结束后，学生在教师的指导下赴国营土库曼斯坦天然气康采恩下属企业进行生产实习。天然气管道和储气操作系一年级学生在中央服务部接受实践培训，在实践中了解车床的使用、各种管道零件加工和气井管道的制造等，学生还学习安全规则。石油和天然气工业设备维修系二年级学生在Marygazchykarysh管理的生产企业实习，参观Galkinysh油田，熟悉最新的开采技术设备以及天然气净化设备的工作原理。

2023年，土库曼斯坦在亚格希格尔迪·卡卡耶夫国际石油天然气大学与相关国际公司和大学举行了土库曼斯坦石油和天然气行业代表的工作会议。土库曼斯坦石油公司和天然气公司的代表、中国石油天然气公司土库曼斯坦分公司的工作人员、Petronas Charigali SDN BHD（土库曼斯坦）公司、Dragon Oil Turkmenistan Ltd.的代表出席了会议。[①] 高校有奥地利莱奥本矿业大学、意大利都灵理工

---

① https://orient.tm/ru/post/49854/turkmenistan-obsudil-sotrudnichestvo-s-neftegazovymi-kompaniyami-i-vuzami。

大学、韩国仁川大学、德意志联邦共和国茨维考西撒克逊应用科学大学、罗马尼亚普洛伊斯蒂石油和天然气大学（通过视频会议参加了讨论）、塔什干国立技术大学、俄罗斯国立石油天然气大学、白俄罗斯国立技术大学、波洛茨克国立大学。

但在通用性更强的专业，或者土库曼斯坦发展水平不高的行业所需人才的培养方面，对产教融合的苏联模式的继承存在不足。为此，土库曼斯坦一部分专业性很强的专业人才培养依托原苏联各加盟共和国的高校培养，如医学、机械、信息技术等，甚至是服务于土库曼斯坦能源行业的采矿类专业，实习实践环节有时候也在境外完成。

土库曼斯坦政府逐步扩大国际合作范围，派出学生的培训是根据教育部、各部门和机构之间达成的政府间协定进行。2018/2019 学年，来自土库曼斯坦的数千名学生赴俄罗斯、白俄罗斯、中国、马来西亚、罗马尼亚、土耳其、克罗地亚等国著名大学学习。

土库曼斯坦学生最集中的地区是俄罗斯里海沿岸鞑靼斯坦共和国等地区，这些地区地理接近，交通便利，文化相通。土库曼斯坦在俄罗斯留学生超过 30 000 人。最吸引土库曼斯坦学生的俄罗斯高校是喀山联邦大学、喀山国立技术大学、阿特盖国立大学、卡拉恰耶夫切尔克斯国立阿利耶夫大学和奥廖尔国立经济大学，其中，喀山联邦大学接收来自土库曼斯坦约 4 000 名学生。喀山联邦大学是俄罗斯最古老的大学之一，成立于 1804 年，也是 10 所联邦大学之一。

俄罗斯联邦鞑靼斯坦共和国喀山市阿拉布经济特区，由阿拉布加工业生产型经济特区股份公司管理运行，成立了 Alabuga Politech 教育中心，培养未来的技术型企业家。鞑靼斯坦共和国为土库曼斯坦学生提供免费教育，住宿、国际旅费和医疗保险也由东道国承担，学生每月可获得 15 000 卢布的实习费用。教育中心的培养专业如下：工业机器人技术、电气工程、工业自动化、化学、BIM 设计、商业信息学、IT 技术（Python 编程）、微电子、护理。教育中心实行双重教育制度，将学习与现代技术实习相结合。此外，完成学业后，再加工世界技能大赛等各种国际水平的证书，受训人员将获得国家模式的中等职业教育文凭。学习期限为 4 年。

土库曼斯坦还与多个外国公司合作开展教学大纲培训活动。例如：美国 General Electric 公司在阿什哈巴德市设立了教学中心。该中心配备先进设备，并通过电信系统和大型建筑工地与发电厂进行连接。中心对专家、教授级教师以及工程大学学生进行培训。韩国 Hyundai Engineering 公司为石油天然气领域专家设立培训中心，中心每年培训人数达到 400 人。Storm 教学中心与新加坡 Hazar Doganlary 和 Caspian Driller 公司合作组织远程教学和电子培训课程。①

土库曼斯坦的工程机械产业人才需求在不断上升，但由于该国教育体系供给存在不足，更多的职业培训由相关企业的营销培训中心解决，如俄罗斯卡玛斯集团在土库曼建设了若干个培训中心，为客户培训维修、操作人员。

---

① Европейская комиссия.（Опубликовано Агентством по образованию, аудиовизуальным средствам и культуре – EACEA）. Обзор системы высшего образования. Туркменистан, 2017. С. 4.

第七章
塔吉克斯坦工程机械产业生态与校企合作发展

公元9—10世纪，塔吉克人建立萨曼王朝，塔吉克斯坦民族文化、风俗习惯基本形成，但直到苏联解体后，塔吉克民族国家才正式独立。10—13世纪加入伽色尼王国和花拉子模王国，后被蒙古鞑靼人征服。14—15世纪归属帖木尔后裔统治的国家。16世纪起加入布哈拉汗国。1868年，北部一部分并入俄国。1917年11月—1918年2月，北部建立苏维埃政权。1918年年底全境建立苏维埃政权。1924年10月14日成立塔吉克苏维埃社会主义自治共和国，属乌兹别克苏维埃社会主义共和国。1929年10月16日改为塔吉克苏维埃社会主义共和国，成为苏联15个加盟共和国之一。1990年8月，塔吉克最高苏维埃发表主权宣言。1991年8月底更名为塔吉克斯坦共和国，同年9月9日宣布独立，苏联解体后加入独联体。目前，塔吉克斯坦是集体安全条约组织、欧洲安全合作组织、北约"和平伙伴关系"计划、伊斯兰合作组织、上海合作组织、亚洲相互协作与信任措施会议（简称亚信会议）成员国。

自1991年独立以来，塔吉克斯坦经历了许多严峻的考验，包括内战、政治纷争、经济下滑和民族和解进程。自1997年内战结束以来，塔吉克斯坦保持了相对稳定，这有利于国家的社会经济发展，有利于吸引投资，为商业和旅游业的发展提供了条件。目前塔吉克斯坦已经建立了稳定的政治、经济和社会治理体系和国家制度。

一、塔吉克斯坦社会经济发展概况

塔吉克斯坦地处中亚东南部，国土面积为 14.31 万平方千米，是中亚五国中面积最小的国家。塔吉克斯坦境内多山，约占其国土面积的 93%，因此塔吉克斯坦是世界上著名的"高山之国"。塔吉克斯坦的东部、东南部与我国新疆维吾尔自治区接壤，南部与阿富汗交界，西部与乌兹别克斯坦毗邻，北部与吉尔吉斯斯坦相连，是我国向西开放的重要通道国，也是共建"一带一路"倡议的重要参与者。

塔吉克斯坦是世界上人均能源储藏最为丰富的国家之一。特殊的地形为塔吉克斯坦带来了丰富的高山水资源。塔吉克斯坦的水蕴藏量位居世界第 8，人均水资源位居世界第 1，因此在中亚地区有"水塔"之美誉。丰富的水资源也使塔吉克斯坦具备了巨大的水电开发潜力。

塔吉克斯坦矿产资源丰富，种类全、储量大。目前已探明铅、锌、铋、钼、钨、锑、锶和金、银、锡、铜等贵重金属，油气和石盐、硼、煤、萤石、石灰石、彩石、宝石等 50 多种矿物质，其中有 30 处金矿，总储量达 600 多吨。另外，在塔吉克斯坦境内共探明 140 处建材原料矿，其中 40 处已经开采，多处储量可维持 20～25 年甚至更长时间的开采，为生产砖、惰性材料、陶瓷石膏、面板、水泥等建材提供了原料保证。此外，塔吉克斯坦有储量为 1.13 亿吨的石油和 8 630 亿立方米的天然气，煤炭资源也较为丰富，预测总储量约 45.98 亿吨。

（一）人口、城市化与基础设施

根据最新的人口数据，2023 年塔吉克斯坦总人口已经突破 1 000 万，男性 4 954 007 人，女性 5 124 500 人，男女比例为 1∶1.05，人口密度为 71.3 人/平方千米，人口增长率为 2.24%。[①] 1991—2022 年塔吉克斯坦人口情况见表 7-1。

---

① 数据来源：根据联合国统计部门数据得出。

表 7-1　1991—2022 年塔吉克斯坦人口情况

年份	人口	增长率
1991	5 342 704	2.40%
1995	5 722 339	1.52%
2000	6 168 261	1.55%
2010	7 446 743	2.18%
2015	8 354 250	2.42%
2016	8 559 370	2.46%
2017	8 772 813	2.49%
2018	8 991 465	2.49%
2019	9 211 840	2.45%
2020	9 429 924	2.37%
2021	9 641 343	2.24%
2022	9 857 502	2.24%

塔吉克斯坦劳动力人口占总人口的 25.26%，城镇人口比重为 28%，是中亚城市化水平最低的国家。劳工移民流出较为明显，离开该国（移民）的总人数高于为长期居留目的进入该国（移民）的人数。

塔吉克斯坦人口的年龄金字塔是递进型或增长型（见图 7-1）。这种金字塔通常是发展中国家的特点，其人口特点是预期寿命相对较短，死亡率和出生率较高。除其他原因外，高死亡率和高生育率与健康和教育水平低有关。

塔吉克斯坦人出生时的平均预期寿命为 66 岁，低于世界平均预期寿命（约为 71 岁，根据联合国经济和社会事务部人口司的数据）。男性出生时的平均预期寿命为 63 岁，女性出生时的平均预期寿命为 69.3 岁。

塔吉克斯坦的总人口负担系数为 59.5%，这意味着塔吉克斯坦的社会负担相对较高，在塔吉克斯坦工作的每一个人必须提供 1.5 倍以上的货物和服务。塔吉克斯坦的潜在替代率为 54.1%，养恤金负担率为 5.4%。

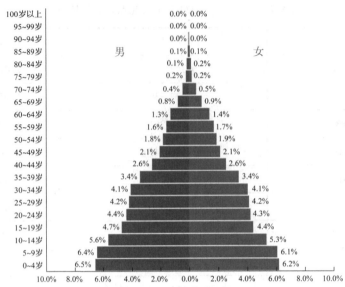

图 7-1 2022 年塔吉克斯坦人口年龄性别分布

塔吉克斯坦全民受教育程度高，15~24 岁人口的识字率为 99.88%，其中男性为 99.86%，女性为 99.89%。

塔吉克斯坦在教育和卫生领域面临挑战。尽管近年来有所改善，但教育和保健的可及性和质量仍然堪忧，特别是在农村地区。政府正在努力改善这些领域的情况。

根据世界银行的报告，塔吉克斯坦的城市化水平在中亚国家中是最低的。将塔吉克斯坦与其他独联体成员国以及中低收入和中下收入国家的平均水平进行比较，塔吉克斯坦也不高。据统计，53% 以上的劳动适龄人口从事农业，但该国只有 1/4 的 GDP 来自农业。同时塔吉克斯坦只有 7% 的耕地是灌溉农业，农业基础设施水平和现代化水平很低，大量的农业剩余劳动力亟待转移。塔吉克斯坦的失业率高，工资水平低，许多塔吉克斯坦人被迫在国外寻找工作，主要是在俄罗斯，还有其他独联体成员国。政府需要积极努力，减少对境外务工收入的依赖，为创业和国内中小企业的发展创造有利条件，以便创造新的就业机会和增加人口收入。

30 多年来，塔吉克斯坦城市化进程速度显著增加，但也只有 27% 的人口居住在城市，70% 以上的人口仍生活在农村地区。由于城市化和城市人口的增长，塔吉克斯坦的城市正在发展和扩大，城市基础设施也在快速发展。首都杜尚别是该国最大的城市和经济中心。近年来，塔吉克斯坦的住宅供应一直在增加，大部分住宅供应集中在城市，主要是由于非国家投资。截至2020年年底，住房总量为1.048亿平方米，住房供应为11.1平方米/人，占塔吉克斯坦住房法既定标准（12平方米/人）的92.5%。

促进塔吉克斯坦城市化的主要因素包括：①经济增长；②城市作为就业、教育和服务中心的吸引力；③对更好生活条件和获得社会与公共服务的需求。城市化为经济发展和多样性创造了新的机会，正在成为创业、贸易和创新的中心，吸引投资和创造新的就业机会。

然而，塔吉克斯坦的城市化也面临一些问题。无节制的城市扩张可能导致资源利用效率低下、基础设施不足和环境退化。一些城市缺乏住房、公共服务和社会基础设施，在运输和能源基础设施方面也面临挑战，特别是在郊区。

塔吉克斯坦的基础设施标准不高，供给不足，苏联时代的基础设施如灌溉渠道、公路、水坝、桥梁和河堤等破旧不堪；特别是能源和运输业不足导致贸易成本增加，阻碍了与中国等周边国家的贸易活动。

尽管塔吉克斯坦拥有丰富的水资源，但仅利用了现有水资源的20%（塔吉克斯坦国家投资和国家财产管理委员会2018年数据），而且只有3/4的人能够获得清洁水源（世界银行2018年数据）。此外，灌溉基础设施也基本上效率低下，例如，大约50%的供水系统和大约65%的排水系统被认为无法正常运作（欧洲联盟委员会2014年数据）。

近年来，道路、能源系统、机场、水电站等基础设施的建设和改造项目不断发展，改善区域经济发展的交通可达性，提供可靠的能源基础设施，并刺激经济活动，基础设施发展在为经济发展创造有利环境方面发挥着重要作用。

塔吉克斯坦是一个内陆国，大部分货物和客运是通过公路进行的，96%的陆路运输货物周转量和99%的客运周转量来自高速公路。公路运输占总旅客周转量的74.5%，航空旅行占24.7%（塔吉克斯坦统计局2017年数据）。塔吉克斯坦在世界银行物流绩效指数排名中，在167个国家中排名第147，得分为2.29（满分5），是该区域最低的。其基础设施（2.17分）和海关（2.02分）尤其薄弱（世界银行 2018 年数据）。

塔吉克斯坦铁路是苏联中亚铁路体系的一部分，由两条互不相连的线路组成，一条从塔什干到费尔干纳河谷，途经北部的塔吉克斯坦，第二条连接杜尚别和乌兹别克斯坦南部，这也是铁路在货运和客运中所占份额很小的原因（2019年数据）。

国内和国家间交通缺乏连通性是塔吉克斯坦融入区域和全球产业价值链的主要障碍。塔吉克斯坦交通通达性只有 53%，甚至低于邻国。塔吉克斯坦物流成本占 GDP 的 20% 以上，达到 245 美元/吨，而在德国只需 30 美元左右（国际运输工联 2019 年数据）。

为此，塔吉克斯坦大力加强公路网建设，构成中亚区域经济合作组织走廊一部分的几条国际公路被给予特别关注，例如乌兹别克斯坦撒马尔罕与塔吉克斯坦首都杜尚别之间以及塔什干与塔吉克斯坦北部城市苦盏之间的公路。在塔吉克斯坦，80% 的道路还是土路，随着经济发展，客货运输需求增加，道路标准提升空间很大（国际运输工联 2019 年数据）。塔吉克斯坦还对物流中心进行投资，以提高过境运输效率，例如改善杜尚别—乌兹别克斯坦边境公路的项目，该公路将连接杜尚别与塔吉克斯坦—乌兹别克斯坦边境。

在建项目以公路为主，而铁路项目更多还在规划中。这些主要是大规模投资的跨境项目，以提高与邻国市场的连通性和便利性，包括建设俄罗斯—哈萨克斯坦—吉尔吉斯斯坦—塔吉克斯坦铁路和中国—吉尔吉斯斯坦—塔吉克斯坦—阿富汗—伊朗铁路。这将促进货物、人员和服务在该区域的流动，并使塔吉克斯坦能够更好地融入区域和全球产业价值链。

塔吉克斯坦能源基础设施的总体质量很低。虽然该国实现了普遍电力供应，但现有系统的运作效率低下。输电和配电系统的质量造成损耗达到 17.1%（世界经济论坛 2017 年数据），平均每月经历 6 次停电（世界银行 2019 年数据）。塔吉克斯坦正在努力提高其发电能力，为工业发展（特别是能源密集型的铝生产）提供能源，并增加出口。《塔吉克斯坦至 2030 年国家发展战略》将可再生能源（风能、太阳能）和燃煤发电厂列为提高能源潜力的措施。

能源投资以发电项目为主。由于多山的地理条件，塔吉克斯坦在水电方面具有相当大的潜力，进一步发展水力发电部门、建造新的水力发电厂和更新现有的水力发电厂，可以增加国内消费和出口的发电量，特别是对阿富汗和巴基斯坦出售过剩电力。塔吉克斯坦拥有世界上第八大水力发电潜力，但许多建于苏联时代的水力发电站需要重建，目前水力发电潜力仅得到 4%~5% 的开发。未来，塔吉克斯坦继续推进提高可再生能源发电潜力的战略，目前和计划中的能源投资，90% 以上的发电项目是水电项目。目前该国最重要的水电项目是罗贡水电站，这是《塔吉克斯坦至 2030 年国家发展战略》的主要组成部分，该电站容量为 3 600 兆瓦，耗资近 40 亿美元，计划于 2032 年最终完成。

尽管燃煤发电厂仅占总发电项目不到 10%，但这类项目将有助于解决夏季月份能源供应过剩和冬季能源短缺的不平衡。由于该国对水力发电依赖导致冬季季节性电力短缺，估计有 100 万人没有可靠的电力供应（欧洲经委会 2017 年数据）。该国拥有较为丰富的煤炭资源，目前 3% 的电力来自煤炭。

塔吉克斯坦参与了国际石油和天然气管道以及输电项目。例如，中亚—中国天然气管道 D 线是中国最大的天然气项目之一，耗资约 30 亿美元，由中国提供大量资金。还有一个重要项目是由世界银行资助的中亚—南亚电力输送和贸易项目（CASA-1000），该项目将帮助塔吉克斯坦和吉尔吉斯斯坦向邻国哈萨克斯坦、乌兹别克斯坦、阿富汗和巴基斯坦出口夏季过剩的电力。这一项目实施后，有望整合中亚和南亚电网。塔吉克斯坦打算通过增加电力出口从该项目中大大受益，这将进一步刺激该国的发展。

塔吉克斯坦正从农业国家向工业国家转型，城市化还在快速推进中，需要建设的公共服务、交通运输、能源电力等基础设施项目很多，中国企业一直是这个领域的积极参与者，这里也成为中国工程机械的重要市场。

（二）宏观经济：GDP 和通货膨胀

独立初期，塔吉克斯坦因爆发内战，国民经济严重受损。1997 年塔吉克斯坦内战结束后，如何重建经济体系、改善社会保障制度和提高国民生活水平是政府迫在眉睫的关键任务。在拉赫蒙总统的领导下，塔吉克斯坦的经济逐渐走上了稳定与发展的正常道路。

近年来，塔吉克斯坦不断推进经济改革和加强政府调控，过去 10 多年中，经济表现强劲,根据塔吉克斯坦官方统计数据,GDP 年平均增长率超过 7%。持续的经济增长提高了公民的生活水平,贫困率从 2009 年的 32.0% 降至 2022 年的 13.4%(按 2017 年购买力平价计算,国际贫困线为 3.65 美元/天)。尤其在 2020 年新冠疫情暴发背景下,塔吉克斯坦的经济发展虽受影响,但是其 GDP 增长率依旧维持在 4.5%(见图 7-2)。

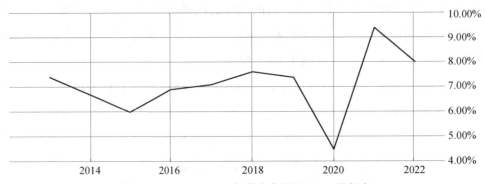

图 7-2　2014—2022 年塔吉克斯坦 GDP 增长率

但从世界范围内来看,塔吉克斯坦经济发展仍然较为落后,经济总量较小,人均 GDP 较低,常年处在全球经济体的 150 名左右,目前还是该地区最贫穷的国家之一,经济主要以农业为基础,产业主要依赖棉花、铝业和电力的生产。近年来,塔吉克斯坦政府已采取措施大力加强基础设施建设、吸引外国投资,并在国内大力发展旅游业。

塔吉克斯坦面临着资源有限、基础设施薄弱和对外部市场依赖等问题。独立后塔吉克斯坦出现的内战极大地阻碍了本国政治经济改革和社会安定,这也是塔吉克斯坦成为中亚地区最贫穷和落后国家的重要原因。

2022 年,塔吉克斯坦 GDP 增加了 1 150 亿索莫尼,同比增长 8%。其中,工业增长 15.4%,达到 429 亿索莫尼,增加了 487 家企业,提供就业岗位 4 000 多个;农业增长 8%,达到 492 亿索莫尼,其中,种植业和畜牧业产量分别增长 7.7% 和 8.7%;货运和客运增长 37.2%,服务业增长 16%,固定资产投资增长 11.4%,全年社会消费品零售总额增长 11.2%。

尽管经济发展取得了重大进步,但塔吉克斯坦经济仍然容易受到外部冲击,因为塔吉克斯坦高度依赖境外务工人员汇款,经济以及出口结构单一,同时债务风险高。此外,私营经济部门规模很小,只占社会投资总额的15%、工业产出的30%和正规就业的13%左右。由于中期内流入该国的汇款仍然缓慢,塔吉克斯坦的经济发展更多依赖采矿业、制造业和建筑业的支持,以及进出口贸易和固定资产投资。

2013年塔吉克斯坦境外务工汇款占GDP比重达到49%,2018年以来这个比重始终稳定在30%以上。尽管塔吉克斯坦经济对汇款的依赖显著下降,但这些境外务工人员汇款仍然是该国的主要收入来源之一。根据塔吉克斯坦中央银行的数据,2019年,来自俄罗斯的汇款超过27亿美元;2021年,来自俄罗斯的劳务汇款占塔吉克斯坦GDP的23%。据估计,大约70%的塔吉克家庭靠这种转移生活,超过100万塔吉克斯坦公民在俄罗斯务工。这使得塔吉克斯坦的社会经济更容易受到塔吉克移民目的地主要国家经济波动的影响,因此,新冠疫情和俄乌冲突对塔吉克斯坦的经济影响很大。

贫困问题是塔吉克斯坦严重的社会经济问题之一,决定了很大一部分人口获得自我发展提升资源的机会有限,如优质教育、健康保障、获得体面工作的机会等。1999年,该国的贫困率曾高达81%。

经济增长与减贫之间的关系并不总是一致的,重要的是如何在人口中分配经济增长的成果。由于城市化水平不高,农村人口占比高,贫困化率指标因季节而异。因为贫困是根据家庭消费来衡量的,取决于不同的收入来源——农产品销售收入、工资收入和境外务工人员汇款。

通货膨胀严重影响该国居民生活水平。该国60%的粮食供给依赖进口,过去几年中,塔吉克斯坦主粮价格有上涨趋势,新冠疫情进一步加剧了这一趋势。2020年年底,塔吉克斯坦的通货膨胀率达到了9.4%。在这种情况下,塔吉克斯坦出现了贫困化水平重新上升的风险,削弱了塔吉克斯坦近年来与贫困作斗争所取得的良好成果。2022年塔吉克斯坦的通货膨胀率为4.2%,相比上一年度下降了3.8%,形势开始好转(见图7-3)。

塔吉克斯坦具有巨大的增长潜力,例如年轻劳动力和不断增长的人口,水资源和矿产资源潜力,农业和食品工业、采矿业、旅游业发展潜力。塔吉克斯坦政府计划在2016—2030年国民收入增长2~3.5倍,构建新的增长模式,大力发展

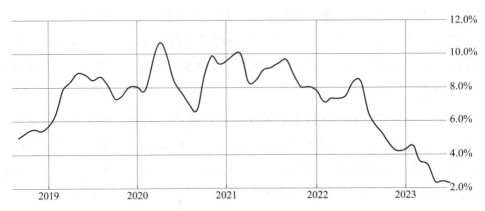

图 7-3　2019—2023 年塔吉克斯坦的通货膨胀率

私营经济，鼓励投资并为迅速增长的人口创造就业机会。塔吉克斯坦将进行公共部门改革，包括提升国有企业的效率和透明度，改善投资环境，能源部门改革，提升贸易连通性、贷款便利性和促进竞争，特别是电信和航空部门的改革。

（三）产业结构

塔吉克斯坦农业资源丰富，是传统的农业国家，农业人口占总就业人口的一半左右。农业以种植业和畜牧业为主，棉花业是塔吉克斯坦农业发展的支柱产业和出口创汇的重要产业。10 多年来，塔吉克斯坦的农业经济基本维持在本国 GDP 的 20%~25%。2020 年，农业产值为 29.0 亿美元。相较其他中亚国家，塔吉克斯坦的农业经济占比较大。但该国的农业基础设施十分落后，农产品存在结构性问题，粮食生产不足，需要改进土地耕作方法、采用新技术和发展农业合作社，促进人民增收和减贫。

近年来，塔吉克斯坦政府明确提出了国家发展的四项战略目标：实现能源独立，突破交通闭塞，实现粮食安全，走向国家工业化。塔吉克斯坦政府希望通过大力发展工业和能源产业，减少国家对农业的依赖，从农业国家转变为工农业国家，努力构建现代工业体系，提升本国的国际竞争力。塔吉克斯坦总统、国家领导人埃莫马利·拉赫蒙宣布 2022—2026 年为工业发展年。

塔吉克斯坦主要工业有采矿、化工、纺织、食品、冶金、燃料、电力、机械制造等，塔吉克斯坦最大的工业中心是杜尚别和苦盏市。

近 10 多年来，塔吉克斯坦的工业对经济增长贡献率不断上升，从 2012 年占经济总量的 22% 增长到 2020 年的 34%。近几年，塔吉克斯坦的工业经济比重占本国经济总量的 1/3 左右，工业发展相对平稳。2020 年，塔吉克斯坦的工业产值达到 29.0 亿美元。2014—2022 年塔吉克斯坦的工业增长率见图 7-4，制造业构成见图 7-5。

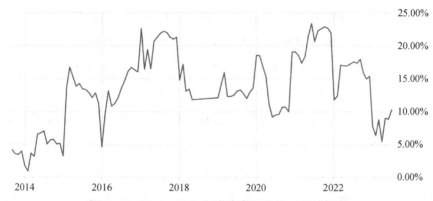

图 7-4　2014—2022 年塔吉克斯坦的工业增长率

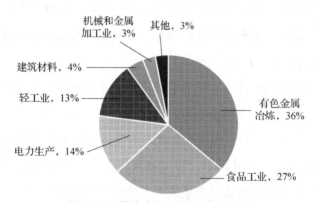

图 7-5　塔吉克斯坦的制造业构成

有色金属冶炼是塔吉克斯坦的主导产业，境内有铅锌、铅、铜钼、金矿、汞锑和萤石加工联合企业，还有宝石加工企业。企业产品主要面向出口，在世界市场上有着稳定的需求。其中炼铝业是其国民经济支柱，也是出口创汇的重要产业。最著名的冶金企业为国有塔吉克斯坦铝业公司，位于图尔松扎德市，1975 年成立，最初名为塔吉克斯坦铝厂，2007 年更名为国有塔吉克斯坦铝业公司。公司充分利用塔吉克斯坦丰富的矿产和廉价的水电资源，是世界著名的粗铝生产企业，98% 的产品出口，为塔吉克斯坦预算提供了高达 75% 的外汇收入和大约

1/3 的出口。但公司设备陈旧、技术落后、资金短缺,严重限制了塔吉克斯坦铝业生产的现代化改革。

塔吉克斯坦化学工业是在现有矿藏、廉价电力和水资源的基础上发展起来的。塔吉克斯坦拥有独特的盐储量——霍查-木乃伊和特布拉克矿床,普什库尔斯克石灰岩矿床、阿克阿尔哈尔硼矿床、磷矿,以及许多其他矿床,建立了生产含氯产品和消毒剂、氨和氮肥的大型企业,生产各种家用化学品、油漆和爆炸物,未来将进一步发展合成盐酸、硬烧碱、饮用水处理凝结剂等生产。工程综合体由大约 100 家企业组成,占工业部门总结构的 7.4%。

塔吉克斯坦国内丰富优质的轻工业原料为其轻工业和食品加工业的发展提供了很好的先决条件。轻工业最发达,主要与原材料的加工有关:棉花、丝绸、地毯等纺织以及各种食品加工业。代表性企业包括塔吉克斯坦纺织公司、丝路公司,塔吉克斯坦与韩国合作企业塔吉克-卡布尔-纺织品公司,塔吉克斯坦与意大利合资企业 Abreshim 和贾沃尼,塔吉克斯坦与中国合资企业里斯塔和杜尚别卷烟厂,塔吉克斯坦与越南合资企业 W–Silk 和 W–Rohi Abreshim,塔吉克斯坦与美国合资企业 Obi Zulol 等。

占据得天独厚的地理优势和水力资源,电力工业是塔吉克斯坦重点支持的优势行业,塔吉克斯坦是中亚重要的电力出口国。

近 10 多年来,塔吉克斯坦的工业增长较快,尤其是外国投资占很大一部分的采矿业表现出相当好的增长率,有力地支撑了国民经济的快速发展。在这方面,中国已成为主要投资者之一。中资企业中国有色矿业集团有限公司、紫金矿业集团股份有限公司、特变电工股份有限公司等也大量投资该国采矿业,包括中色国矿帕鲁特公司、中塔泽拉夫尚有限责任公司、塔中矿业股份有限公司等。在塔吉克斯坦,中塔合资企业的黄金产量占塔吉克斯坦黄金总产量的 80% 以上。其他采矿冶金企业还有阿德拉斯曼铅锌联合企业、塔吉克斯坦与英国的黄金开采和加工企业萨拉夫肖恩和达尔沃。

除此之外,塔国多山的地理环境使其交通网络布局非常不完善,加之其工业基础设施较差,极大地阻碍了对外经济交流与合作。为此,近年来塔吉克斯坦政府不断吸引外资,以期共同改善本国落后的基础设施建设。2015 年,塔吉克斯坦政府通过了《塔吉克斯坦至2030年国家发展战略》，计划投入1 180亿美元用于经济社会发展①，并明确提出要大力发展山区交通网，为本国矿产资源开发和经济增长创造更加有利的外部环境。

第三产业是塔吉克斯坦国民经济体系中占比最大的行业。2020年，第三产业占到GDP的35%，较2012年的44%稍有下降（见表7-2），这与塔吉克斯坦近年来努力发展工业、推进国家工业化有关。在塔吉克斯坦的服务业中，零售业比重占一半以上，其中尤以食品销售业为主。

表7-2　2012—2020年塔吉克斯坦各产业增加值占GDP比重情况

单位：%

年份	各产业增加值占GDP比重		
	第一产业	第二产业	第三产业
2012	23	22	44
2013	21	23	44
2014	24	23	41
2015	22	30	39
2016	21	32	37
2017	20	32	39
2018	20	34	37
2019	21	33	37
2020	24	34	35

资料来源：根据世界银行相关资料整理。

近年来，塔吉克斯坦因其自然美景，包括高山风光、湖泊和历史景点，成为越来越受欢迎的旅游目的地。旅游业的发展代表着发展经济和创造新就业机会的潜力。

---

① Национальная стратегия развития Республики Таджикистан на период до 2030 года. https://www.mfa.tj/ru/bishkek/view/4513/natsionalnaya - strategiya - razvitiya - respubliki - tadzhikistan - na - period - do - 2030 - goda？ysclid＝l8l2lmul35646479089（访问时间：2022年8月10日）。

《2009—2019年旅游发展构想》中设定的任务是到2020年实现每年吸引超过100万游客到塔吉克斯坦。根据塔吉克斯坦旅游发展部的数据，2019年就已经接待了120万游客，实现旅游收入2.675亿美元，政府预算收入约4 170万美元。但新冠疫情严重打击了塔吉克斯坦旅游业，塔吉克斯坦总统颁布法令，宣布从2020年4月1日至9月1日对某些类别的企业实行免税期，以扶持本国企业发展。

建筑业确保了所有经济部门固定资产投资的实现，并且具有跨部门联系和高乘数效应。2015—2020年固定资产投入运营增长75.9%，固定资产投资增长20.8%，非生产设施建设占固定资产投资总额的41.1%以上，生产设施建设支出占到工业、商业和通信等领域投资的50%以上，表明建筑业发展与这些行业投资活动有着高度相关性。2020年年初建筑业从业人员为10.19万人，占全国从业人员的4.1%，2010年这一数字为7.23万人，占全国从业人员的3.2%。2020年建筑工人平均应计工资为2 403.84索莫尼，与2010年相比增长2.9倍。由此可见，建筑业属于塔吉克斯坦社会经济发展的关键行业。

塔吉克斯坦机械制造业比较薄弱。处于苏联生产分工体系下的塔吉克斯坦，本身不具有完整的制造业体系，现在也只有金属加工和金属产品生产、铝初级加工和铝产品生产、机械设备生产、公共汽车生产、电气和电子设备生产、零部件生产，以及处理黑色金属、有色金属废料的小型企业。2020年年初，塔吉克斯坦有295家机械制造企业，国有企业占总数的21%，其中大部分从事金属加工生产，只有约25%生产机械设备。2019年，机械工业产值超过20亿索莫尼，占全国工业产值比重仅为7.4%。塔吉克斯坦代表性工业企业见表7-3。

表7-3 塔吉克斯坦代表性工业企业

	公司	行业
1	塔吉克斯坦铝业	有色金属
2	塔吉克斯坦纺织机械	轻工机械
3	TOK蓄电池制造有限公司	蓄电池
4	ЭЛТО电气制造开放股份公司	电气产品

续表

	公司	行业
5	Нафиса 纺织股份公司	服装
6	亚洲 Plus 蓄电池制造有限公司	蓄电池
7	塔俄合作 Оптима 汽车有限公司	汽车组装
8	塔土合作 Akia Avesta 汽车有限公司	汽车组装

塔吉克斯坦一些厂商开展国际合作，建立汽车和工程机械产品组装工厂，以满足国内需求。如2013年9月，首都杜尚别建立能源运输和自行车组装厂，组装生产俄罗斯无轨电车 TROL-5275.03 Optima。2018年2月，塔吉克斯坦与土耳其联合工厂 Akia Avesto 启动生产，组装 AKIA 品牌土耳其大客车的5种车型。

（四）对外开放

塔吉克斯坦于2013年成为世界贸易组织成员，但没有加入欧亚经济联盟。塔吉克斯坦的主要贸易伙伴是俄罗斯、哈萨克斯坦、中国、土耳其、乌兹别克斯坦、瑞士、德国、日本、伊朗、巴基斯坦、阿富汗、吉尔吉斯斯坦、意大利、土库曼斯坦、美国（见表7-4和图7-6）。

表7-4 2021年塔吉克斯坦的主要贸易伙伴

国家	贸易额/百万美元	出口额/百万美元	进口额/百万美元	市场份额/%
俄罗斯	1 353	72.5	1 280.5	21.3
哈萨克斯坦	1 178.6	360.1	818.5	18.5
中国	839.3	159.6	679.7	13.1
土耳其	390.5	232.2	158.3	6.1
乌兹别克斯坦	447.8	129.6	318.2	7.1
瑞士	916.4	896.7	19.7	14.4
德国	107.4	0.3	107.1	1.7

续表

国家	贸易额/百万美元	出口额/百万美元	进口额/百万美元	市场份额/%
日本	88.9	2.0	86.9	1.4
伊朗	121.0	38.9	82.1	1.9
巴基斯坦	32.3	15.2	17.1	0.5

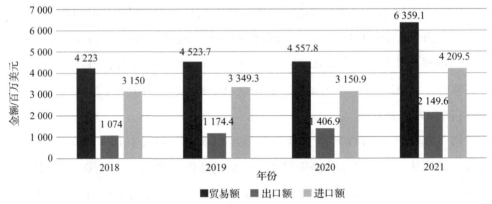

图7-6 2018—2021年塔吉克斯坦对外贸易情况

数据来源：Торговые партнеры Республики Таджикистан.
https://tajtrade.tj/menu/28?l=ru

根据塔吉克斯坦统计局数据，2022年塔吉克斯坦外贸总额超过73亿美元，同比增长15%；其中，出口额超过21亿美元，同比减少0.4%；进口额约52亿美元，同比减少23%；贸易赤字超过30亿美元。

塔吉克斯坦的出口产品结构较为单一，出口产品主要为各类原材料，其中，矿产品（水泥、电力、矿石、精矿等）占出口总额的41.8%，贵金属、半贵金属和宝石、半宝石占24.7%，贱金属（原铝）及其制品占14.9%，纺织材料及其制品占13%；主要进口产品中矿产品（石油产品、液化气、煤炭等）占进口总额的19.3%，机械设备占11.9%，贱金属及其制品占9.8%，化工产品占9.6%，植物源性产品占9.3%，成品食品占8.9%。铝及其铝制品是塔吉克斯坦最大的出口单项产品，约占出口总额的 6.29%。①

2022 年，塔吉克斯坦与世界上 110 个国家保持贸易往来，前三大贸易伙伴为俄罗斯（22.9%）、哈萨克斯坦（19.7%）和中国（16.6%）；前三大出口目的国为哈萨克斯坦（22.6%）、瑞士（18.1%）和中国（17.2%）；前三大进口来源国为俄罗斯（30.7%）、哈萨克斯坦（18.5%）和中国（16.3%）。

塔吉克斯坦的进口更加多样化，但集中于消费品，即纺织品和机床。塔吉克斯坦同一些邻国一样，没有国家石油和天然气工业，依靠进口碳氢化合物来满足需求，炼油产品占进口总值的 6.2%。而在其进口产品结构中，进口比重最大的产品为矿产品、粮食作物、机械设备等。虽然塔吉克斯坦的矿产资源丰富，矿产品出口比例也较高，但是其进口比例也是最高的，这主要缘于其国内产品加工技术不发达，出口多为原料。

吸引外资是塔吉克斯坦经济发展的重要因素。近年来，塔吉克斯坦政府正在采取措施努力改善投资环境和基础设施条件，吸引外国投资，将外国公司吸引到能源、采矿、旅游和农业等各个部门，创造新的就业机会，改善人民的生活条件。

2022 年，塔吉克斯坦吸引了约 4.3 亿美元的外国直接投资，其中中国、土耳其和俄罗斯是主要的投资来源国。这些投资主要用于采矿业、制造加工业和建筑业，其中 85% 用于采矿业，13% 用于制造加工业，而 2% 用于建筑和其他行业。

2012—2022 年，中国对塔吉克斯坦进行了大规模投资，总计约 29 亿美元。其中，约 22 亿美元为直接投资，超 7 亿美元为其他投资（贷款和无偿援助）。同期俄罗斯对塔投资约 9.92 亿美。其中，40%（3.97 亿美元）为直接投资，1.6%（约 1 600 万美元）为证券投资（购买证券），58%（5.75 亿美元）为其他投资。塔吉克斯坦国家投资委员会指出，在此期间，中国和俄罗斯的投资主要流向采矿、金融中介、建筑、通信等经济领域。

中国已成为塔吉克斯坦最大的直接投资来源国之一。根据塔方统计，2022

---

① Торговые партнеры Республики Таджикистан. https://tajtrade.tj/menu/28？l＝ru（访问时间：2022 年 8 月 7 日）。

年中国对塔吉克斯坦的投资达到 2.57 亿美元，其中直接投资 1.92 亿美元，占塔同期引进外国直接投资总额的 74%。中国对塔吉克斯坦的直接投资规模不断扩大，中资企业已成为当地工程承包市场的重要力量，合作领域包括矿产资源勘探、开采及冶炼加工等。

目前在塔吉克斯坦中资企业有 300 余家，主要投资企业有中石油中塔天然气管道有限公司、中泰新丝路纺织产业有限公司、华新亚湾水泥有限公司、海力公司等，涉及农业、矿业、纺织、电信、水泥以及基础设施建设等领域。

中国和塔吉克斯坦的贸易投资合作，大量中资企业在塔吉克斯坦投资参与基础设施建设，为中国工程机械创造了大量市场需求，尤其是与投资领域相关的机电产品，如建筑机械、筑路机械和矿山机械，这些产品以直接出口、KD 组装以及二手机器等形式不断进入该国市场。

二、塔吉克斯坦工程机械市场分析

近年来，塔吉克斯坦国家政治稳定，经济快速增长，对工程机械需求比较旺盛。采矿业发展很快，城市化加速推进，政府大力推进道路、桥梁、能源和水利等基础设施建设，带动了对挖掘机、推土机、起重机和叉车等工程机械的需求。

塔吉克斯坦工程机械市场的竞争很激烈，同类产品和服务不止一家企业可以提供。同时，政府的财政水平和金融信贷服务水平制约了塔吉克斯坦对工程机械的需求，给从事工程机械销售和维修的企业带来一定的挑战。产品质量、价格、保修服务和信誉是客户选择工程机械考虑的因素，同时，相关的行业立法和规范，如认证、安全标准和环境法规，都可能会影响工程机械的进口和销售。

工程机械制造商在塔吉克斯坦的成功市场定位需要考虑当地特点、竞争环境和客户需求，能够提供高质量产品、高水平的服务和有竞争力价格的企业才有可能取得成功。因此主要关注以下要点：

（1）提供优质产品：工程机械的质量是吸引客户的重要因素。企业应努力提供可靠和高质量的产品，以满足安全标准和客户的要求。

（2）价格竞争力：在竞争环境下，制定有竞争力的价格至关重要。企业可以进行市场分析和定价，为他们的客户提供有吸引力的价格。

（3）扩大产品范围：企业可以扩大工程机械的范围，包括不同型号和类型的产品，以满足客户多样化的需求。这有助于吸引更多的客户，增加销售量。

（4）改善售后服务：优质及时的售后服务是留住客户和建立长期关系的关键因素。企业可以提供保修服务、备件和维修服务，以确保工程机械的可靠性和长寿命。

（5）高效率营销推广：有效的营销和推广策略将有助于提高品牌知名度和吸引新客户。企业可以通过多种渠道进行推广，包括广告宣传、在线出席、参加展会、与合作伙伴合作等。

（6）认清本土需求：了解当地的市场特点和客户需求是一个重要方面。企业可以根据塔吉克斯坦的具体要求调整其产品和服务，同时考虑到气候条件、地形特征和使用特殊设备的行业的特点。

（7）建立长期的合作伙伴关系：与客户、经销商和供应商建立长期的合作伙伴关系可能是一个重要的成功因素。企业可以通过提供有利的条件、培训和支持来寻求长期合作。

（8）创新技术发展：工程机械不断改进，新技术的采用对客户具有吸引力。企业可以跟随行业的创新，努力采用先进技术，从而提高企业的竞争力。

（9）经销商网络发展：建立有效的经销商网络将有助于扩大企业的市场份额，实现更广泛的客户覆盖。企业可以寻找市场经验丰富的合作伙伴和分销商。

（10）保持政府和国际项目合作：参与政府和国际基础设施项目可以为企业提供新的增长和发展机会。企业可以跟踪此类项目，寻求与客户和承包商的合作。

（一）塔吉克斯坦工程机械市场供需影响因素

塔吉克斯坦工程机械市场的供求取决于该国社会经济发展，尤其是建筑业、基础设施项目、农业和其他需要工程机械的行业的发展。工程机械需求取决于经济的周期性，在基础设施建设和发展时期，对工程机械的需求通常会增加，包括修建道路、桥梁、水电站、住宅和商业设施，以及农业基础设施。

塔吉克斯坦工程机械市场主体很多，这些制造商和经销商，既有本土企业，也有境外企业，它们的供应能力取决于其生产能力、技术基础、产品质量，充分的竞争带给了客户多样化选择。某些公司可能专门从事某些类型的工程机械,如建筑或农业设备,而另一些公司则可能提供更广泛的产品线。

但是,塔吉克斯坦工程机械市场容量有限,更容易受到外部因素的影响,如世界经济波动、地缘政治变化以及相关国家的监管政策的变化。无论是制造商还是经销商,都必须面对以下市场影响因素:

世界经济趋势:世界经济的变化,如市场行情、货币波动和世界贸易的变化,都可能影响工程机械市场的供求。企业必须关注全球趋势并分析其对当地市场的影响。

地缘政治局势:政治稳定和与其他国家的关系可能对工程机械市场产生影响。地缘政治局势的变化可能会影响对外贸易、资源可得性和投资环境。企业应监测政治环境的发展并评估其对工程机械市场的影响。

政府政策法规:政府政策的变化,包括财政支持、税率、贸易协定和法规,可能会对工程机械市场产生重大影响。企业必须监测法律和监管的变化,以便作出适当的反应和适应。

基础设施建设:基础设施建设,包括道路、桥梁、机场和其他设施的建设,可以刺激对工程机械的需求。企业必须跟踪基础设施开发项目并预测对工程机械专用设备的需求。

竞争与营销:工程机械市场的竞争可能会很激烈,企业必须制定有效的营销策略,才能吸引客户的注意力,在竞争中脱颖而出。这可能包括建立一个独特的品牌、利用不同的销售网络和客户服务渠道。

在塔吉克斯坦市场从事工程机械经营的公司必须充分考虑到上述所有因素对工程机械供求的影响,为此建议:

研究和分析塔吉克斯坦工程机械市场的具体情况,包括其潜力和特点。这可能包括对工程机械需求最大的行业进行研究,了解客户的需求和要求。

与本地和海外的工程机械制造商和供应商建立有效的伙伴关系,这可以保证为客户提供广泛及时的产品和技术服务升级。

制定有竞争力的报价,并考虑到塔吉克斯坦客户的具体需求。例如,使工程机械更好地适应当地气候条件以及建筑或农业项目的特殊要求。

自建共建高效的销售和客户服务渠道。这可能包括建立经销商网络或服务中心，为工程机械提供运营支持和维护。

关注工程机械产业的技术趋势和创新，并将其应用到业务中。例如，使用清洁和节能技术可能对客户具有吸引力，并符合现代社会发展的环保节能要求。

总体而言，成功参与塔吉克斯坦工程机械市场需要分析市场情况，适应变化，提供符合客户需求和市场要求的高质量和有竞争力的工程机械。

大型建设项目的大力发展和实施，离不开包括起重机械在内的各类工程机械。为及时有效采购并使用各类机械，租赁工程机械是一个重要选项，而不是采取需要大量资金投入的直接采购方式。

塔吉克斯坦提供工程机械租赁业务的主要公司如下：

Technika – Arenda 公司（www.tehnika – arenda.tj）：专门租赁建筑和专用设备，包括起重机、挖掘机、装载机和其他设备。

建筑设备租赁公司（www.bts.tj）：提供广泛的建筑设备租赁服务，包括推土机、平地机、压路机、混凝土泵等。

阿尔法设备租赁公司（www.alpha – techno.tj）：专门租赁建筑和工业设备，包括汽车起重机、起重机、发电机、焊接设备等。

Techstroy – Service 租赁公司：提供建筑和道路设备的租赁服务，包括钻机、小型装载机、前端装载机、沥青摊铺机等。

机械租赁公司（www.machineries.tj）：租赁建筑专用机械，包括起重机、推土机、挖土机、混凝土泵车等。

（二）塔吉克斯坦工程机械本土制造商

在塔吉克斯坦，本土机械制造业在国家发展和满足对专门技术的需求方面发挥着重要作用。塔吉克斯坦有几个从事机械制造和专门设备生产的国有企业，生产各类工程机械，包括建筑、道路、工业和其他专用设备，致力于提供符合全球安全和效率标准的高质量和可靠的产品。

塔吉克斯坦的一些工程机械制造商包括：

（1）塔吉克斯坦铝业工程机械厂：组装生产自卸卡车，同时在中、俄、德、日等品牌卡车底盘基础上生产各类工程机械。

（2）冶金人股份公司：塔吉克斯坦主要的机械制造企业之一，专门生产建筑和工业机械，产品包括汽车起重机、推土机、挖掘机、平地机等。

（3）塔吉克斯坦建筑机械股份公司：生产建筑机械，包括混凝土搅拌机、混凝土泵、捣固机、振动机和其他建筑机械。

（4）Dostm 股份公司：专门生产金属加工和建筑机械，包括焊接机、工业压缩机、发电机和其他工程机械。

（5）Kommash 股份公司：专门生产建筑和道路机械，产品种类繁多，包括沥青摊铺机、压路机、微型挖掘机和其他特殊机械。

（6）塔乌合资的 Talko – Krantas 工程机械厂：塔吉克斯坦第一家工程机械制造企业，由塔吉克斯坦铝业公司和乌兹别克斯坦著名工程机械制造企业 Krantas Group 公司合资组建，每年生产 30 多种型号的工程机械，出口到许多独联体成员国。Krantas Group 公司拥有丰富的本土化组装生产经验，可以助力塔吉克斯坦不断提升产品的国产化水平，降低生产成本，提升产品竞争力，增加政府税收，创造更多就业岗位。2019 年，这家合资企业生产了第一批自卸卡车产品，底盘由陕汽提供，车厢由乌兹别克汽车集团提供。该企业还与国机合作，组装生产挖掘机。合资企业更熟悉本土的工况环境，有针对性地进行调试优化，使产品更加耐用和适用，产品的使用寿命将比从其他国家进口的更长。

2020 年 9 月，塔吉克斯坦政府批准了《2020—2025 年机械工业发展规划》，在此期间机械制造业总产量将增长 2.4 倍，年均增长率预计在 10%～21%，机械制造行业的产量将大幅增长。这是一份国民经济工业化转型的指导性文件。塔吉克斯坦本土化方案的实施将大大改善进口替代的情况，吸引对塔吉克斯坦工业部门的投资，并实现塔吉克斯坦工程机械向第三国市场的出口。

（三）塔吉克斯坦工程机械供应链分析

世界知名的工程机械品牌已经进入塔吉克斯坦市场，提供符合国际质量标准和技术要求的各种产品，凭借新技术、高性能和可靠性获得了客户的认可，这些品牌包括卡特彼勒、小松、沃尔沃、杰西博、日立、利勃海尔、斗山、山猫、现代、凯斯等。

塔吉克斯坦市场对这些品牌的工程机械的需求很大，原因如下：

以产品的质量可靠性取胜：卡特彼勒、小松和沃尔沃等品牌以其高标准的可靠性和质量而闻名于世，特别是在执行复杂的建筑和工程任务时，塔吉克斯坦客户对其产品的耐用性、效率和可靠性高度认可。

以技术创新和舒适性取胜：杰西博、现代和利勃海尔等品牌以技术创新和发展著称。它们提供先进的综合工况解决方案，提高机械的性能、安全性和舒适性，对于寻求现代高效解决方案的客户有吸引力。

以高度专业化的设备取胜：斗山、山猫专注于紧凑型机械，凯斯建筑设备为建筑工作提供多样化的解决方案。

以普遍性的服务保障取胜：塔吉克斯坦地理条件不佳，交通可达性不高，高效及时为客户提供优质服务和技术支持难度很大。这些知名品牌拥有广泛的经销商和服务中心网络，能够为客户提供及时的服务。

国际工程机械品牌在塔吉克斯坦的主要最终客户如下：

建筑公司：从事从住宅到商业和工业设施的各种设施建造的大大小小的建筑公司是工程机械的主要客户，它们可以使用挖掘机、装载机、汽车起重机等专用机械，完成土方开挖、物料装卸、路面铺设等各种施工作业。

公路和基础设施公司：专门从事公路建设和基础设施开发的公司，如公路、桥梁、隧道、机场和铁路建设，也是潜在客户，它们可以使用特殊设备进行土方开挖、沥青铺设、地面加固和其他与道路建设有关的操作。

采矿企业：从事包括矿石、岩石和矿物开采在内的采矿活动的企业，可以使用专用机械进行采石、物料运输和采矿设备维修。挖掘机、自卸车和专用设备广泛应用于该行业。

林业公司：从事伐木和木材加工的公司也可以是工程机械的客户。伐木挖掘机、重型卡车和专用拖车等专用机械用于木材的砍伐、采伐和运输。

卡特彼勒、小松、沃尔沃、杰西博、日立、利勃海尔、现代、山猫、斗山、凯斯等知名工程机械品牌拥有全球化的生产基地布局，相当一部分产品生产基地在中国大陆地区，不考虑品牌因素，归根结底还是中国制造的竞争。产品供应链包括以下阶段：

进口和分销：这些品牌产品可以通过塔吉克斯坦进口公司或官方分销商出口

到塔吉克斯坦，由这些公司负责在该国组织进口、海关程序，以及产品的仓储和流通。

经销商网络：国际工程机械品牌在塔吉克斯坦不同地区建立包括授权经销商和服务中心的经销商网络。经销商为终端客户提供工程机械的产品信息、咨询、销售、租赁、维修等服务，还可以提供金融和租赁服务。

维修和零部件：工程机械品牌制造商通常为其产品提供原厂零部件和配件，这是通过授权经销商或专门供应的。此外，授权服务中心为客户提供保修和保修后服务、维修和技术支持服务。

供应各种品牌工程机械的塔吉克斯坦知名经销商如下：

Alfa–Techno 公司是卡特彼勒和小松在塔吉克斯坦的经销商，提供种类繁多的建筑及矿山机械、配件及维修服务。

Axioma 公司是沃尔沃在塔吉克斯坦的官方经销商，提供各种型号的挖掘机、装载机、压路机和其他工程机械，并提供维修服务。

杰西博（塔吉克斯坦）有限责任公司是杰西博品牌在塔吉克斯坦的经销商，提供广泛的工程机械，包括挖掘机、装载机、迷你装载机和其他型号。

Globus–Techno 公司是塔吉克斯坦日立和斗山品牌的经销商，提供各种型号的挖掘机、装载机和其他工程机械，并提供技术支持和服务。

Intertrak 公司是凯斯品牌在塔吉克斯坦的授权经销商，提供广泛的工程机械，包括挖掘机、装载机、平地机和其他型号。

总之，工程机械经销商提供各种国际品牌和型号的工程机械，在塔吉克斯坦市场工程机械供应链中发挥着重要作用，它们充当制造商和最终客户之间的中间人，提供销售、服务和设备支持。它们在市场上的存在确保了工程机械的可用性和可靠性，有助于基础设施建设的发展。

（四）塔吉克斯坦的中国工程机械品牌

中国品牌的工程机械产品具有卓越的性价比、创新的解决方案和广泛的车型选择，广受塔吉克斯坦客户的欢迎，吸引了建筑、道路工程、采矿等不同行业客户的关注。

塔吉克斯坦市场上一些著名的中国工程机械品牌有徐工、三一重工、中联重科、山推、柳工、中国一拖和龙工等。这些中国工程机械品牌在塔吉克斯坦市场之所以受到认可和欢迎，可能有以下几个原因：

创新和技术解决方案：中国工程机械品牌积极投入研发，提供创新解决方案和改进技术，这使它们能够与国际品牌竞争，并提供符合现代要求和标准的产品。

质量和可靠性：中国工程机械品牌正在不断努力提高产品质量。它们使用现代技术，严格控制生产过程，以确保其设备的高质量和可靠性。它们还注重其产品的耐用性和运行效率，这对于在苛刻的建筑和采矿条件下工作的客户来说很重要。

可负担的有竞争力的价格：中国工程机械品牌通常以有竞争力的价格提供产品，吸引了许多不同预算限制的客户。这对中小型企业尤其重要，因为它们必须以合理的价格获得高质量的设备。

车型选择多、灵活性强：中国工程机械品牌提供多种车型，满足客户的不同需求。它们提供多种配置和设备选择，以满足不同行业和工种的要求。此外，中国工程机械品牌往往愿意根据客户的要求对其产品进行调整和改变。

总体而言，中国工程机械品牌以其有竞争力的价格、广泛的型号选择、高性价比吸引客户，以市场反应敏锐、产品更新迭代迅速适应客户需求，提供现代高效解决方案。此外，中国工程机械品牌通常拥有更加灵活的售后服务体系和零部件供应，确保了产品在塔吉克斯坦的运行可靠性。

随着塔吉克斯坦经济持续稳定增长和国力恢复，基础设施和固定资产投资不断增加，中国工程机械已成为中塔贸易新的增长点。塔吉克斯坦进口中国的工程机械主要包括装载机、挖掘机、推土机、起重机、压路机、碎石设备、混凝土泵、混凝土搅拌机、工程自卸车、散装水泥车等。中国工程机械品牌在塔吉克斯坦占有相当大的市场份额，并对建筑和采矿行业的发展产生了重大影响。

塔吉克斯坦的中国工程机械知名品牌较多，产品线丰富，为建筑、道路建设等行业提供产品，建立起了包括产品生产、供应、分销和服务的价值链网络。

徐工、三一重工、中联重科、山推等知名中国工程机械品牌正在积极开发塔吉克斯坦市场，与供应商合作在中国组织生产，与经销商合作，建立起跨境的产品制造、分销和服务的价值链和供应链。

价值链还包括技术支持和售后服务。中国工程机械品牌为客户提供经过培训和合格的专业服务团队，对设备进行维修、保养和操作咨询。

中国工程机械品牌在塔吉克斯坦的供应链使客户能够获得广泛的产品选择、专业的服务和技术支持，这有利于塔吉克斯坦建筑业和其他相关行业的发展。

塔吉克斯坦是中国工程机械品牌的一个重要区域细分市场，塔吉克斯坦很多工程机械经销商从事中国工程机械品牌的销售和服务，同时塔吉克斯坦的中资企业是中国品牌供应链上的重要一环和客户群体，这些代表性企业如下：

亚洲机械集团是徐工的授权经销商，供应包括挖掘机、装载机、起重机等在内的各种工程机械。

Grand Motors 公司是三一重工在塔吉克斯坦的品牌代表，提供挖掘机、装载机、卡车起重机和其他工程机械。

Dafco 公司是中联重科的授权经销商，提供各种机械，包括混凝土泵、起重机、挖掘机和其他建筑机械。

山推（塔吉克斯坦）公司是山推的品牌代表，专业销售包括推土机、装载机、平地机等在内的筑路机械。

中国机械设备工程股份有限公司专门为中国各工程机械厂家的工程机械提供销售和服务，包括但不限于徐工、三一重工和中联等公司。

中国机械进出口（集团）有限公司是中国工程机械在塔吉克斯坦的主要供应商，提供来自不同制造商的产品，包括徐工、三一重工、中联重科、山推等。

中国水利电力对外有限公司专门为水电项目提供专用设备，提供来自中国领先制造商的产品，包括徐工和三一重工。

中国路桥公司是塔吉克斯坦主要的建筑和道路设备供应商，提供来自不同中国品牌的产品，包括徐工、三一重工、中联重科等。

塔吉克斯坦大力发展基础设施项目，一部分中资企业在塔吉克斯坦从事工程总承包项目，还有一部分中资企业投资塔吉克斯坦的采矿业，带动了中国工程机械对塔吉克斯坦的出口，中国品牌的工程机械有着稳定的客户市场。

三、塔吉克斯坦职业教育发展与校企合作

当前,塔吉克斯坦依旧延续苏联时期的免费义务教育体系。2020年,塔吉克斯坦境内的各类中小学教育机构有3 911所,中小学生数量为210.89万人。中等职业教育机构78所,在校生共有9.77万人。塔吉克斯坦拥有37所高等院校和4所分校,在校学生数量为24.59万人。塔吉克斯坦较为著名的高等院校有塔吉克斯坦国立大学、斯拉夫大学、苦盏大学、塔吉克斯坦农业大学、塔吉克斯坦医科大学、塔吉克斯坦师范大学、霍罗格大学等。2014年起,塔吉克斯坦的高等教育开始采用学士—硕士—博士三级学位制,并建立起了归总统直属的塔吉克斯坦国家高等教育认证委员会。

独立后的塔吉克斯坦出台了一系列教育法律法规,其中教育法是教育体系运行的基本法律,包括了与初等职业教育相关的各项条款法规。成年人教育法(2017年)是塔吉克斯坦实施终身职业教育的基本法,该法提出了"终身教育"理念,确定了职业技能等级、形式和非形式教育。

由于国家体量小,塔吉克斯坦的职业教育规模不大,但体系架构完整,包括初等职业教育和中等职业教育两个层次,校企合作在塔吉克斯坦的职业教育发展和人才培养中发挥着重要作用。

(一)塔吉克斯坦职业教育体系概况

1. 初等职业教育

塔吉克斯坦公民在接受普通基础教育和普通中等教育的基础上,根据自己的意愿和能力,在考核基础上进入初等职业教育机构(职业中学)学习,有计划内免费教育和计划外收费教育两种类型,学费标准由政府规定,采取全日制、夜校、函授、远程和校外形式,其实施方式由国家教育主管部门确定。职业中学对于许多不是很富裕的家庭来说比较有吸引力。

初等职业教育由61所职业中学实施。职业中学提供14个领域的教学:经济学、工艺学、交通和设备、电子设备、动力学、化工业、轻工业、采矿工业、建筑学、农业、冶金学、电信学、餐旅服务、家政服务。职业方向分为96个。据塔吉克斯坦相关统计数据,2018年有13 000名学生从职业中学毕业,其中30.3%的毕

业生在不同行业就业,26.5%在高校继续学业,39.2%自己创业,还有4%参军。

2. 中等职业教育

中等职业教育相当于中国的专科教育,旨在为学生获得特定领域的职业技能和专业知识,为就业做好准备。塔吉克斯坦在各种教育机构,如职业学院、技术学院和培训中心提供中等职业教育。

中等职业教育机构学习期限为3~4年。对于受过普通基础教育的人,最长4年;对于受过普通中等教育的人,最长3年;对于从符合专业特点的医学和文化领域的教育机构毕业的人,最长4年。中等职业教育机构的培养采取全日制、夜校、函授、远程和校外形式,其实施程序由国家教育主管部门确定。

公民通过高考后在国家中等职业教育机构接受计划内免费教育,计划外培养根据合同接受教育,并收取费用。

中等职业教育涉及广泛的专业领域,包括机械工程、电气工程、建筑、信息技术、汽车工程、农业等。课程通常既包括理论课程,也包括实践教学,以确保学生在所选择的专业领域获得必要的技能和工作经验。

中等职业教育的目标是培养能够成功地将其知识和技能应用于实践的中层专业人员。它是一个重要的教育层次,为毕业生融入劳动力队伍提供了手段。但大多数中等职业教育毕业生选择高等教育继续学业,不超过25%的毕业生直接进入劳动市场。

2021年,塔吉克斯坦中等职业教育由50所学院实施(如果包括医学院和师范学院在内,总数为72个),其中工程技术类中等职业教育机构有20所(见表7-5)。这些学院由不同部门和国有企业管理:教育和科学部20所,文化部6所,农业部2所,卫生部15所,能源部3所,工业和技术部1所,塔吉克铝厂1所,罗贡水电站1所,青年、体育和旅游委员会1所。

表7-5 工程技术类中等职业教育机构

编号	学校名称	所在地
1	杜尚别计算机学院	杜尚别市
2	杜尚别尤苏波娃矿业学院	杜尚别市
3	塔吉克斯坦技术大学奥西米院士技术学院	杜尚别市

续表

编号	学校名称	所在地
4	杜尚别技术学院	杜尚别市
5	图尔孙扎德冶金学院	图尔孙扎德镇
6	努拉巴德地区工程技术学院	努拉巴德区
7	罗贡市工程技术学院	罗贡市
8	瓦赫达特旅游和服务学院（非国立）	瓦赫达特镇
9	鲁达基区技术师范学院	鲁达基区
10	苦盏创新学院（非国立）	苦盏市
11	马特钦斯基区农学院	马特钦斯基区
12	扎法罗博德区理工学院	扎法罗博德区
13	苦盏市技术学院（非国立）	苦盏市
14	卡尼巴达姆市卡赫霍罗夫技术学院	卡尼巴达姆镇
15	Penjikent 技术和创新学院（非国立）	彭吉肯特市
16	博赫塔尔专门学院	博赫塔尔镇
17	丹加尔国立大学理工学院	丹加尔区
18	库利亚布经济技术学院（非国立）	库利亚布市
19	皮扬吉区技术和创新学院（非国立）	皮扬吉区
20	贾拉鲁丁巴尔西区能源学院	贾拉鲁丁巴尔西区

当前，塔吉克斯坦的职业教育经费几乎全部由公立学校提供。尽管在政府生均拨款方面初等和中等职业教育机构基本相同，但中等职业教育机构的基础设施和设备比职业中学更好，能够吸引相当多的自费学生，通常拥有更多的财政资源。

职业教育与经济发展密切相关，塔吉克斯坦经济基础相对薄弱，经济发展对国际市场依赖程度很高，因此职业教育面临着一些现实问题。

首先，塔吉克斯坦政府的职业教育预算不高，甚至相当一部分职业教育发展所需资金来自国际金融组织贷款。

其次，职业教育人才培养工作落后于劳动力市场发展的实际需求，社会对职业教育关注度不高，青年人对此兴趣不大。

最后，职业教育教师对薪资和工作条件满意度低，与课程和教学相关的设施资源落后，缺少现代化实习实训教学设备。

（二）塔吉克斯坦劳动力市场分析

塔吉克斯坦经济发展水平不高，劳动力市场存在总量不平衡，总体上供大于求，失业率较高，失业人口大约在 50 万，严重依赖境外就业。

塔吉克斯坦劳动力市场存在结构性不平衡，即劳动力需求结构和教育机构培养供给结构不平衡，主要表现在某些行业人才过剩，而某些行业人才短缺。据统计，塔吉克斯坦的经济法律专业人才相对过剩，而工程技术专业和医疗专业人才相对短缺。根据《塔吉克斯坦工业发展五年计划（2022—2026）》中的目标，塔吉克斯坦的食品轻工、采矿冶金、机械制造等工程技术类人才比较紧缺。

根据塔吉克斯坦失业人口中的受教育情况统计，2019 年，接受过中等普通教育的失业者占总失业人口的 65%，接受初等职业教育的失业者占 14%，接受过中等职业教育的失业者占 13%，接受过高等教育的失业者占 7%。其中初中等职业教育失业者占总失业人口的 27%，这说明他们获得的技能要么在市场上没有需求，即不符合经济的要求，要么在经济中存在停滞过程，导致失业。① 从图 7-7 的数据可见，塔吉克斯坦职业教育的发展空间很大。

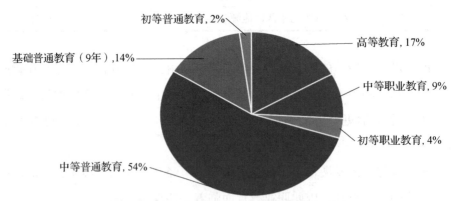

图 7-7　塔吉克斯坦就业人口受教育水平分布

---

① https://www.undp.org/sites/g/files/zskgke326/files/2022-09/UNDP-TJK-Pub_2022_09_RU.pdf.

总而言之，塔吉克斯坦的职业教育体系还不能满足该国社会经济发展需求，无法确保劳动力市场对高素质专业技术人员的现有需求，因此需要进行质的改革。正如塔吉克斯坦总统的批评："追求形式属性，而不是在学生中形成真正的应用技能，目前的教育制度更注重数量，而不是教育质量，有必要改革教育制度。"

塔吉克斯坦的平均工资水平低。据统计，2020年月平均工资为135美元（约1 480索莫尼），其中农业领域的工资最低，为55.5美元，只有平均水平的40%。数据显示，除电力、政府和医疗领域外，2020年工资水平与2019年相比有所下降。2021年月平均工资为1 522.19索莫尼，与2020年5月相比增长了8.2%。塔吉克斯坦的最低工资为400索莫尼。

塔吉克斯坦男女同工不同酬问题比较突出，无论是国内还是境外就业。塔吉克斯坦男女工资差异问题在工资较低的部门最为明显，在这些部门，女性就业率较高。例如：2020年，男性在农林部门等第一产业的月平均工资为654.47索莫尼，而女性为546.66索莫尼；在第三产业的餐饮住宿业，男性月平均工资为1 216.42索莫尼，女性为855.35索莫尼（见图7-8）。

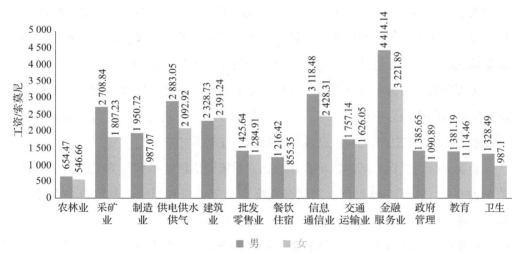

图7-8 2020年塔吉克斯坦各行业男女工资水平①

---

① https：//www.undp.org/sites/g/files/zskgke326/files/2022-09/UNDP-TJK-Pub_2022_09_RU.pdf。

但是,建筑行业中男性月平均工资为 2 328.73 索莫尼,女性为 2 391.24 索莫尼。近 10 多年来,塔吉克斯坦的建筑业发展很快,专业人才需求量很大,对技术工人、技术员、设计师和管理人员等各类高素质技术人员的需求逐年增加,细分领域的劳动力需求增长很快,同时,行业内部对从业人员的专业技能有一定要求,尤其是设计、技术和造价等岗位的专业技能要求不受性别影响。

另外,这也反映了职业教育培养方案的目标要求和行业发展实际需要之间存在差距,导致行业人才培养质量分布不均衡、不稳定。同时,也反映了行业高等教育体系组织结构效率低下,这是整个建筑业发展面临的又一挑战。当然,这也说明教育尤其是塔吉克斯坦的职业教育发展在男女平等方面能够发挥积极作用。

因此,为了国家经济发展,必须根据经济部门对职业教育毕业生和不同职业培训水平的人力资源需求,对教育系统进行调整,使其和劳动力市场的需求同步。

(三) 塔吉克斯坦职业教育改革实践

塔吉克斯坦校企合作模式的苏联基因痕迹仍在,企业作为教育机构的合作伙伴,为学生提供实习场所,学生获得真实的工作经验,将他们的知识付诸实践,提高专业训练水平。这种合作是一种事实上的双元制教育模式,为学生提供了不仅获得理论知识,而且获得在特定行业工作所需的实际技能的机会。

塔吉克斯坦的企业与教育机构之间是互利共赢的关系。首先,它有助于教育机构更加面向劳动力市场的需求,考虑当前的要求和行业趋势。其次,企业有机会吸引已经有一定工作经验、适应生产环境的年轻人才。

企业与教育机构之间的成功合作,建立明确的伙伴关系和双方之间的相互理解至关重要。教育机构和企业之间必须定期交流信息和经验,制定符合企业需求、实现学生最优培养的实习方案,以不断提高教育和培训质量。

企业与教育机构之间的合作有助于提高就业率和减少失业。学生有机会在学习过程中与企业建立联系,提前规划自己未来的职业生涯;企业也可以提前遴选和吸引具有与现代市场环境要求相适应的相关知识和技能的年轻人才。

企业与教育机构的合作形式多种多样,如组织学生实习,交流分享经验,共同开展课程设计。这种伙伴关系促进了从教育机构获得的理论知识与在实际工作环境中的实际应用之间的密切联系。

塔吉克斯坦的双元制教育得到了教育机构和企业越来越多的支持和认可。政府也在相关规划和倡议中推动这种教育模式，并为合作创造有利的政策环境。企业和教育机构在制定适应劳动力市场要求的教育方案方面的积极合作也是成功的一个重要因素。

企业和教育机构之间的合作具有进一步扩大和深化的潜力，必须继续发展这种伙伴关系的机制，并为教育机构和企业之间交流知识、经验和资源创造条件，这将确保提供能够有效应对现代劳动力市场挑战和要求的高素质人员。

企业与教育机构之间的合作也有一些问题，这些问题可能会阻碍这种伙伴关系的有效性，其中一些问题包括：

企业与教育机构缺乏有效的沟通交流，教育机构对劳动力市场需求的了解不够导致培养方案与企业要求不匹配。由于教育机构与企业之间缺乏沟通，许多培养方案的课程更新缓慢，并不总是反映劳动力市场的最新趋势和要求。

职业教育侧重于理论教学，没有为学生提供足够的实践机会，缺乏实践经验，限制了他们将所学知识应用于实际工作的能力。双元制教育模式需要有经验丰富、技术娴熟的企业导师，能够为学生提供真正的培训和辅导，否则将制约双元制教育模式的效果。

为了解决这些问题，可以采取以下措施：

发展和加强企业与教育机构之间的关系，定期交流信息和经验，建立有效的制度化的合作关系，及时对行业的最新发展趋势做出反应，及时更新人才培养方案。

教育机构的教师必须接受强化再培训，以适应劳动力市场的要求。例如参加额外的职业培训、企业实习以及与企业从业人员分享工作经验。教育机构应创造机会，让学生在企业获得实践经验，包括顶岗实习、参加设计或实际项目工作。

国家可以通过提供财政支持、制定相关政策和鼓励建立校企伙伴关系，加强校企之间的全方位合作。

要对实施校企合作的效果进行监测和评价。确定有效的评价指标体系和评估制度十分重要，以便发现问题，作出必要的调整。

这些措施为企业与教育机构的合作创造有利条件,这将有助于提供更好的培训,以满足劳动力市场的需要,促进经济发展。

目前,职业教育已经是塔吉克斯坦政府人力资源发展领域的核心工作,塔吉克斯坦政府正在积极推动职业教育发展。

《塔吉克斯坦至2030年国家发展战略》[①]强调,教育和科学是提升国家安全和国家经济竞争力的最重要条件,因此,必须提倡并实施12年义务教育体系,并在职业教育领域大规模实施国际教育标准。战略还指出,职业教育的质量和规模对于塔吉克斯坦经济竞争力的提升是至关重要的。教育体系和就业市场之间应当紧密联系,以保障不同层级专业人才数量与就业市场需求之间的平衡。

《关于考虑劳动市场需求的专业人才培养方案》的提出是为了紧跟就业市场发展需求。这是明确职业教育与劳动市场需求联系的唯一一份文件,它确立了职业教育体系中专业人才培养的基本国家政策方向。

政府正在积极完善中等职业教育机构网络,建立多专业方向教育机构是一个非常重要的任务。以11所中等职业院校为基础建立了职业学校,负责实施16个职业的培训工作,以9所中等职业院校作为高等教育组成部门,负责培养中级专业人才。

塔吉克斯坦政府积极推动校企合作,教育机构和企业合作的实施方案通常包括以下几个方面:

实习和实习计划:企业可以为学生提供实习机会,使学生能够获得实际工作经验,获得将知识付诸实践的机会,而企业也能够评估潜在员工。

联合项目和研究:企业可以在联合项目和研究的设计和实施中与教育机构合作,通常与开发新技术、改进生产工艺或解决行业的具体问题有关。

培训计划和课程:企业可以为学生组织专业培训计划和课程,学习特定行业的工作细节或掌握新技能,使学生对自己的职业有更深入的了解。

职业教育理事会:企业可以参与培养方案设计,提供行业专家意见,促进更密切的校企合作和经验交流。

---

① Республика Таджикистан. Национальная стратегия развития до 2030 г., Душанбе, 2016 г.

资金支持：企业可通过赞助、助学金或奖学金等形式向教育机构提供资金支持，改善学生培养的物质技术保障条件，确保学生获得更高质量教育。

塔吉克斯坦一些比较成功的校企合作伙伴如下：

（1）索莫尼银行与杜尚别国立大学经济和银行学院；

（2）技术化工建设股份有限公司与建筑中等专业学校；

（3）罗尚电信有限责任公司与塔吉克斯坦国立大学信息技术系；

（4）帕米尔旅游服务有限责任公司与旅游职业学院；

（5）开放式股份公司 Almalek 与冶金机械制造职业学院；

（6）塔吉克斯坦农业有限责任公司与乌利别科娃农业技术职业学院；

（7）Tekstilgrand 有限责任公司与轻工业设计中等专业学校；

（8）东方能源股份有限公司与能源职业学院；

（9）金属技术有限责任公司与机械制造中等专业学院；

（10）金刚石股份有限公司与珠宝职业学院；

（11）建筑工业投资有限责任公司与建筑中等专业学院。

总之，塔吉克斯坦比较认可这种培养模式，并在积极学习、引进和执行这种模式，尤其向哈萨克斯坦和乌兹别克斯坦学习职业教育双元制培养模式的成果经验。

但从实施效果看并不明显，一个原因可能在于塔吉克斯坦教育体系体量小，青年人口比例高，大量人口出国务工和留学，导致职业教育生源不充分；还有一个原因可能在于塔吉克斯坦经济体量小，制造业不发达，专业技术人才需求规模小，企业需求不强烈。

结　语

　　工程机械产业与职业教育产教融合是提升产业技能人才培养质量的重要途径。通过产教融合，职业教育能够更紧密地对接产业需求，培养符合企业实际工作要求的技能型人才，同时企业也能从教育过程中获得人才支持，实现双赢。随着全球经济深度融合和国际竞争的加剧，职业教育必须紧跟时代步伐，提升办学国际化水平，工程机械产业与职业教育在国际化道路上的高质量融合发展扩大了中国道路的国际影响力。

　　俄罗斯作为苏联的主要继承者，在工程机械产业方面拥有深厚的基础。中亚五国在机械制造业方面的发展程度参差不齐，但其丰富的自然资源和优越的地理位置使该地区的工程机械市场发展潜力巨大。得益于苏联时期的职业教育基础，俄罗斯和中亚五国也形成了具有一定规模和特色的职业教育体系。近年来，该地区各国逐渐认识到职业教育对于产业发展的重要性，为了进一步推动产业与职业教育融合发展，各国政府采取了一系列政策措施：首先，加强立法保障，出台相应的法律法规，明确政府在职业教育发展中的角色和责任。推动"双元制"教育体系落地，鼓励校企合作，促进产业与职业教育的融合发展。其次，增加财政投入，强化职业教育的经费保障。例如，俄罗斯和哈萨克斯坦政府设立各类校企合作职业教育专项培养计划，设立国家级人才培养项目，组织参加国际技能大赛活动。最后，完善监督管理机制。采取竞争性的经费项目申请机制，构建和完善质量评估体系，开展职业教育人才培养质量评估工作。

　　尽管这些国家工程机械产业与职业教育的融合发展方面取得了一定的成效，但仍存在一些问题需要克服。首先，各国的职业教育发展水平参差不齐，导致部分国家的学校基础设施薄弱，师资力量不足，从而影响了教育质量和服务经济发展能力的提升。其次，产业与职业教育的融合程度有待进一步提高。部分企业和学校对产教融合的重要性认识不足，缺乏有效的合作机制和激励机制。最后，各国的职业教育国际化进程中仍然普遍存在跨文化适应能力不足问题，与我国工程机械企业的在地化生产经营活动的人才需求存在结构性不平衡。

为此，提出政策建议如下：

中国职业教育机构应以产业生态思维谋划办学国际化工作，融入工程机械产业的产业链和价值链，战略性地超前规划办学目标、办学模式、专业设置等工作，及时调整和完善课程设置，加强实践教学，不断调整和优化教育内容和教学方式，确保学生能够迅速适应新技术和新工艺的变化，以应对未来的挑战，服务中国企业的出海国际化发展战略。

中国职业教育机构应携手中国工程机械产业开展国际化工作，共同支持企业驻在国开展职业教育活动，联合驻在国相关教育机构申请各类国家人才培养教育项目，承担企业社会责任，提升中国企业品牌美誉度，为中国企业提供优质技术人才储备，支持驻在国社会经济发展，为企业在地化生产经营活动奠定社会基础。

中国职业教育机构应对接企业驻在国职业院校，联合工程机械产业知名企业，开展职业技术人才跨境双校园培养的合作，面向特定国别市场开展定制化人才培养，同时吸引企业驻在国优质生源，打造职业教育来华留学生趋同化培养体系，提升人才培养体系的国际竞争力。

中国职业教育机构应与业内上下游企业共同开展国际合作，利用政府间多边或双边国际合作机制，与俄罗斯及中亚五国的政府部门、行业协会和职业院校建立合作关系，与俄罗斯及中亚五国的相关企业建立战略合作伙伴关系，实现资源共享和互利共赢，形成产业链整体竞争优势，共同拓展俄罗斯及中亚市场。

中国职业教育机构应加强对职业院校教师的培训和选拔，提高师资队伍的整体素质和教学水平，拓宽国际视野，增强专业技能和创新能力，深入了解俄罗斯及中亚市场的需求和竞争态势，制定差异化营销策略，了解并遵守俄罗斯及中亚五国的经贸法规，积极申请各种认证证书，降低贸易壁垒带来的不利影响，为企业做好市场调研和智库服务。

中国职业教育机构应做好中国职业教育模式的国际推广和资源输出，积极参与国际职业教育组织和项目的合作，通过与国际知名企业和教育认证机构开展合作，鼓励校企和跨境师资交流，优化教育理念、教学方法和课程资源，提升跨文化交流与合作能力。放大鲁班工坊品牌影响力，继续打造郑和学院品牌，AI 技术赋能构建跨境数字化实训平台，提升人才培养体系的国际竞争力。

未来，我们应该继续关注俄罗斯与中亚五国在工程机械产业与职业教育融合发展方面的最新进展和经验做法，加强各国间的交流与合作，共同推动本地区的产业发展和人才培养事业迈上新台阶。